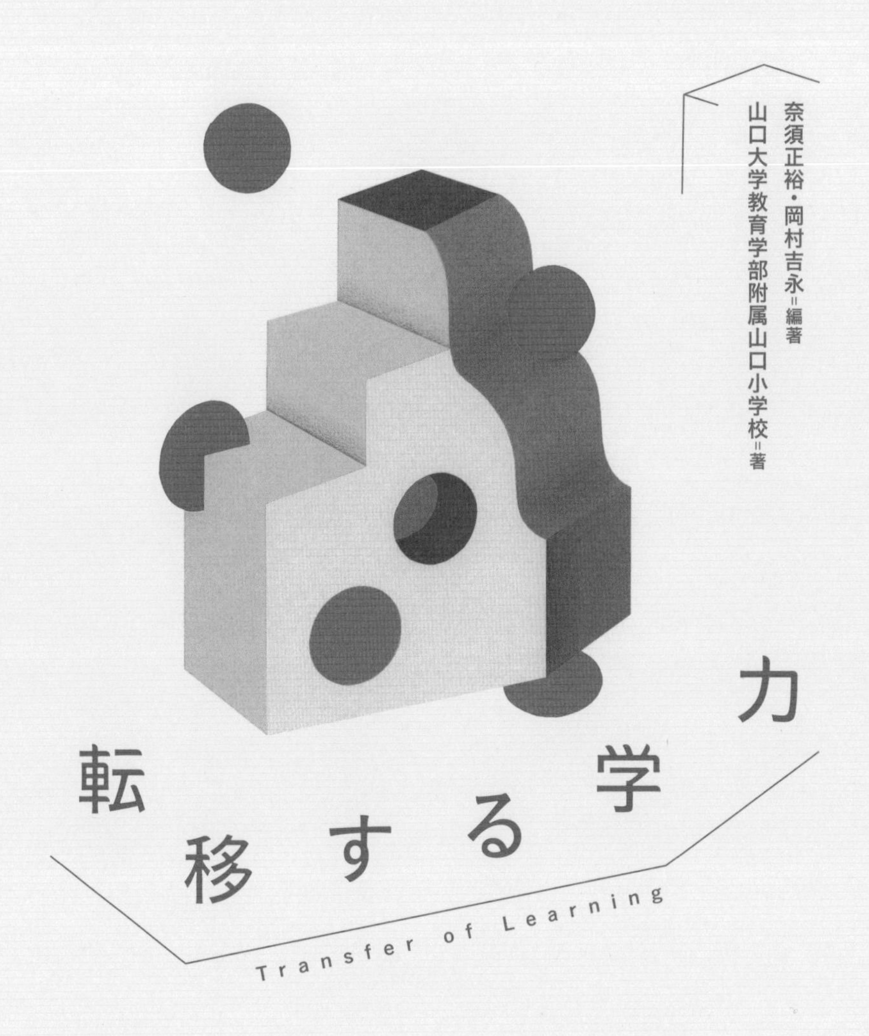

転移する学力

Transfer of Learning

奈須正裕・岡村吉永＝編著
山口大学教育学部附属山口小学校＝著

東洋館出版社

はじめに

グローバル化の進展や加速的な技術の進歩によって、私たちは社会、経済、環境等のさまざまな分野において前例のない変化に直面しています。このことを危機ととらえるのではなく、人類の進歩のために挑戦する機会と考えたいと思っています。VUCA の時代を生きる子どもが自らの可能性を発揮し、よりよい社会と幸福な人生の創り手となる力を身に付けられるようにすることは、今の教育を任されている我々の責務ともいえます。その責務を果たすために、経済協力開発機構（OECD）は、2015 年から「教育とスキルの未来 2030」プロジェクトを立ち上げ、次の二つの大きな問いを示しました。

○現代の生徒が成長して、世界を切り拓(ひら)いていくためには、どのような知識や、スキル、態度及び価値が必要か。
○学校や授業の仕組みが、これらの知識やスキル、態度及び価値を効果的に育成していくことができるようにするためには、どのようにしたらよいか。

本校では、これらの問いに応えるべく、これからの社会を生きていくために必要な力を明らかにし、その力を育成するために新教科「創る科」を創設しました。そして、2018 年度から文部科学省の研究開発学校の指定を受け、研究開発課題「価値の創出と受容、転移をコアにした教科融合カリキュラムに関する研究開発～『創る科』の創設を通して～」に取り組んできました。「創る科」で育む資質・能力を、学習指導要領（2017 年告示）に示された各教科等で育む資質・能力と有機的につなげることで、これらの資質・能力がより効果的に育成できることを授業実践の中で検証してきました。

「創る科」および各教科等で育む資質・能力のそれぞれが有機的につながるためには、「創る科」の学習内容である八つの汎用的認知スキルを各教科等の学びに転移させ、各教科等の本質である「見方・考え方」を働かせる学びにつなげることが重要になります。さらに、これらの汎用的認知スキルを各教科等の学びや日常生活において自在に使いこなすことのできる「転移する学力」を育むことが大切だと考えています。

さて、本書の書名を『転移する学力』と致しました。みなさんは「転移する学力」とは、どんな学力と思われますか。私たちは、単元や事例が異なっていても、問題を見出し、課題を設定し、解決していく中で、最もふさわしい考えを導き出すことができる「道具」だと考えています。各教科等では「見方・考え方」、創る科では「汎用的認知スキル」が、それに当たります。学習指導要領の言葉では、「教科等横断的な視点に立った資質・能力」ともいえるでしょう。

このような考えをもとにして編成した教科融合カリキュラムの実施は、必然的に各教科等の授業時数を削減することをも可能とし、我が国の喫緊の課題の一つであるカリキュラム・オーバーロードの解消や働き方改革への一つの提案になると考えています。

「創る科」に関わる学校評価から、保護者の意見を二つ紹介します。

「企業向けの研修においても『課題解決スキル』などをテーマにしており、問題を見出す力の授業はまさに同様の学習だった。社会人になって行うような学びに小学生で触れる機会があることはすばらしく、ありがたい環境だと思う」

「他の学校の授業時間が延びる中、この時間内でできることがよいと思います。教科により重複する部分も多いかと思うので、効率的に進めば、この科目は何のために勉強するのかということも、より理解しやすいのではないでしょうか」

このような「創る科」に対する保護者の共感が得られるようにご指導をいただきました上智大学の奈須正裕先生、国立教育政策研究所の福本徹先生、そして、「創る科」を創設された山口大学の岡村吉永先生をはじめ、運営指導委員、研究支援委員、カリキュラムアドバイザーのみなさまに、心からお礼申し上げます。

また、発刊に当たり多大なるご支援をいただきました東洋館出版社の河合麻衣様に深く感謝いたします。

2023年10月

山口大学教育学部附属山口小学校長　吉鶴 修

もくじ

第3章
創る科で子どもを優秀な学び手とするために

第4章

汎用的認知スキルを自在に使いこなす力を育む

第1章

転移する学力を育むために

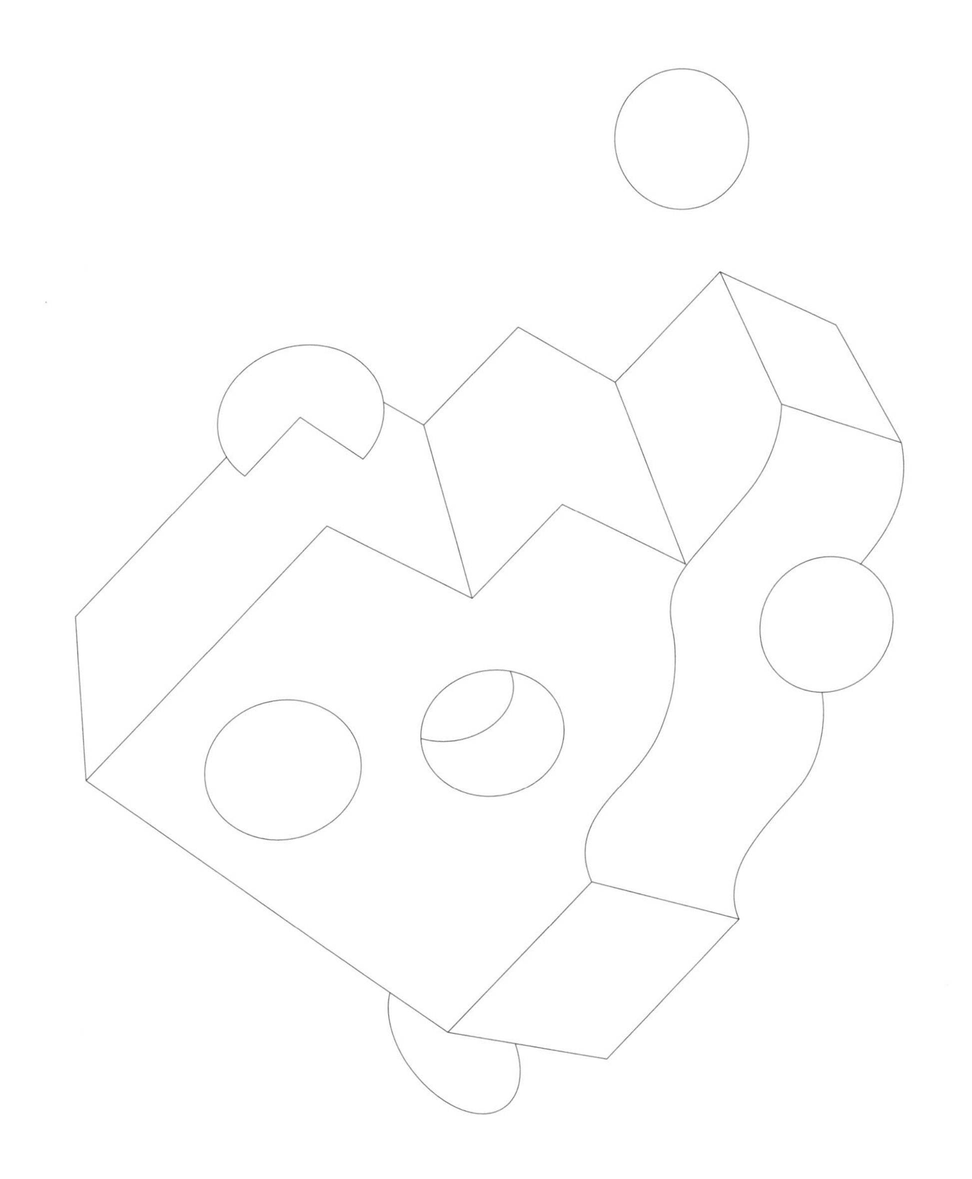

資質・能力を基盤とした教育へ

学習の転移に関する誤った信念

学力という言葉から人々が連想するのは「何を知っているか」、つまり知識や技能の所有量でしょう。では、なぜあんなにも多くの知識を子どもたちは学ぶのでしょうか。当然、単に溜め込んでおくためではなく、それらを上手に活用し、人生で出合うさまざまな問題を首尾よく解決していくためにちがいありません。

ところが、日本の子どもは実に多くのことを知ってはいるのですが、それらをはじめて出合う場面に活用することが本当に苦手なのです。例えば、2007年の「全国学力・学習状況調査」において、同じ平行四辺形の面積に関する知識を適切に用いれば正答できる問題にもかかわらず、授業で教わったとおりのたずねられ方をするA問題の正答率が96％と非常に高い数値を示したのに対し、図形が地図中に埋め込まれたB問題の正答率は18％まで落ち込みました（図）。

当時、多くの人がこの事実を前に驚きを隠せませんでした。誰しもが、A問題ができればB問題だってそこそこできるにちがいないと考えていたのでしょう。これは、人々が大いなる転移（transfer）の働きを無意識のうちに期待していたことを意味します。その期待が裏切られたからこそ、驚いたのです。

転移とは、**先行する学習が後続の学習や問題解決に何らかの影響を及ぼす現象**です。所有する知識や技能が、当初学んだのとは異なる対象や文脈の問題場面に活用され、質の高い問題解決を成し遂げるといったことが、その典型です。このような転移の働きを期待するからこそ、学校は多くの知識を教えてきました。

しかし、1970年代までに心理学者たちは、転移はそう簡単には起きないし、その範囲も限定的であると結論付けます。少なくとも、何かしらの知識や技能を習得してさえいれば、それが有用な場面に出合うと自動的に呼び出され、学習や問題解決を推進してくれるといったことは、およそ期待できません[(1)]。

もっとも、心理学が見出したのは、人々が漠然と期待してきたような無条件での転移が起きないこと、つまり、ただ知識や技能を教えただけでは転移はほとんど生じないということでした。逆にいえば、しかるべき条件を満たしたカリキュラムや教育方法を準備すれば転移は生じますし、その先で、全ての子どもを質の高い問題解決者にまで育て上げることもまた、不可能ではありません。では、どのようなカリキュラムや教育方法が求められるのでしょうか。

次の図形の面積を求める式と答えを書きましょう。

(1) 平行四辺形

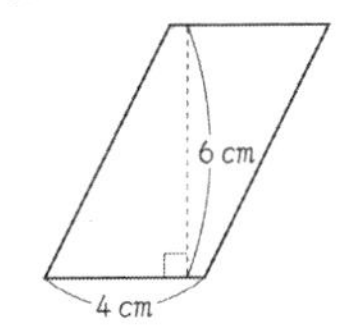

(3) ひろしさんの家の近くに東公園があります。
東公園の面積と中央公園の面積では，どちらのほうが広いですか。
答えを書きましょう。また，そのわけを，言葉や式などを使って書きましょう。

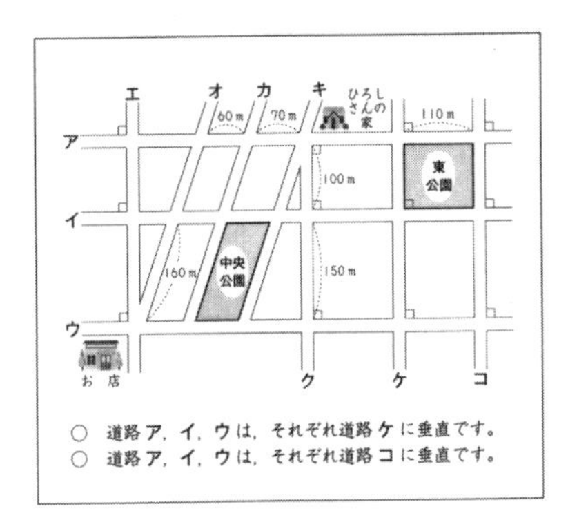

図　6年生算数のA問題(左)とB問題(右)　正答率：A問題96%、B問題18%
(「平成19年度全国学力・学習状況調査」小学校算数A問題大問5(1)、B問題大問5(3)より)

(1) 奈須正裕「学習理論から見たコンピテンシー・ベイスの学力論」奈須正裕・久野弘幸・齊藤一弥『知識基盤社会を生き抜く子どもを育てる：コンピテンシー・ベイスの授業づくり』ぎょうせい、2014年、pp.54 − 86

学習指導要領改訂が目指したもの

このような問題意識の下、2017年版学習指導要領（平成29・30・31年改訂）では、学力を「知識及び技能」「思考力、判断力、表現力等」「学びに向かう力、人間性等」の三つの柱で表すとともに、「各教科等の特質に応じた見方・考え方」を軸に内容が再構成されました。これにより、従来の内容中心から資質・能力を基盤としたものへと学力論が大幅に拡張されたのです。

ちなみに、資質・能力とは「有能さ」を意味する英語のコンピテンシー（competency）を訳出したものです。ここでいう有能さとは、対象や場面と効果的に関われることを意味しています。もちろん、知識の所有は有能さに不可欠な要因です。しかし、知識さえもっていれば、また知識の量が多ければ多いほど対象や場面と効果的に関われるかというと、ことはそう簡単ではありません。

さらにいえば、有能さそれ自体も最終ゴールではありません。人が人生の中で出合うさまざまな問題場面に対し、有能さを発揮して質の高い問題解決の実現に取り組むのは、個人としてよりよい人生を送るとともに、よりよい社会づくりに主体として参画していくためでしょう。OECDは、これを個人的・社会的ウェル・ビーイングと呼んでいます。思えば当然のことながら、有能さの教育は、このウェル・ビーイング、つまり人生をよりよく生きるためになされるのです。従来の学校教育は問題解決における有能さや、その先にあるウェル・ビーイングという本来の目的をいつの間にか忘れ、手段であったはずの知識の所有それ自体を自己目的化してきた、つまり主客転倒が生じていたのかもしれません。

加えて、所有する知識が問題解決における有能さを高めるには、未知の問題場面にも自在に転移する質を備えている必要があります。しかし、従来の学校教育は主に学習評価を巡る事情からこれを等閑視（とうかんし）し、もっぱら知識の所有それ自体を問い、ひどい場合には暗記的な質でも可としてきました。前述のB問題やOECDのPISA調査、大学入学共通テストなど、知識の活用を問うテストが広がりを見せているのも、こういった風潮への問い直しといえるでしょう。

また、情報環境の進歩と普及により、情報としての知識自体はいつでも、またどこからでも容易に手に入れられるようになりました。もちろん、的確な検索を効率よく行うにも、ある程度の知識は不可欠です。しかし、そこで求められるのは深い意味理解を伴う統合化された知識であり、自在に転移可能な質の知識に他なりません。逆にいえば、そのような質の知識を一定程度身に付けていれば、細かな知識の網羅的所有を大幅に割愛することも可能です。

できるだけ多くの知識と出合い、これを身に付ける機会を提供するのは望ましいことです。しかし、カリキュラムには量的な限界があり、時代の進展や科学の進歩に伴い、**既に大幅な過積載**（カリキュラム・オーバーロード）**状態にあります**。知識の所有のみを引き続き優先させることは、結果的に子どもたちを有能さの向上という本来の目的から遠ざけかねません。そこで一旦原点に立ち返り、生涯にわたる子どもの問題解決における有能さを高めるには、どのようなカリキュラムや教育方法が望ましいのか。これを総ざらいで点検し、必要に応じて刷新しようというのが有能さ、つまり資質・能力を基盤とした教育なのです。

それは、教育に関する主要な問いを「何を知っているか」から「何ができるか」、より詳細には「どのような問題解決を現に成し遂げるか」へと転換します。そして、学校教育の守備範囲を領域固有知識の単なる習得にとどめることなく、それらをはじめて出合う問題場面で自在に活用できる質にまで高め、さらに創造的な思考や的確な判断、豊かな表現などを支える汎用的認知スキル、多様な他者と協働して粘り強く問題解決に取り組むことを可能とする社会・情動的スキル（＝非認知能力）、自らの学びを正確にモニターし適切に調整するメタ認知の育成にまで拡充すること、すなわち学力論の大幅な拡充と刷新を求めます。

学力の三層構造モデル

学習指導要領は、前述の三つの柱で資質・能力を整理しています。しかし、学習指導要領改訂に先立って2012年12月に文部科学省内に設置された「育成すべき資質・能力を踏まえた教育目標・内容と評価の在り方に関する検討会」では、別な角度からの整理もなされていました。

検討会が2014年3月に公表した「論点整理（主なポイント）」では「学習指導要領に定められている各教科等の教育目標・内容を以下の三つの視点で分析した上で、学習指導要領の構造の中で適切に位置付け直したり、その意義を明確に示したりすることについて検討すべき」としています。

ア）教科等を横断する汎用的なスキル（コンピテンシー）等に関わるもの

①汎用的なスキル等としては、例えば、問題解決、論理的思考、コミュニケーション、意欲など

②メタ認知（自己調整や内省・批判的思考等を可能にするもの）

イ）教科等の本質に関わるもの（教科等ならではの見方・考え方など）

ウ）教科等に固有の知識や個別スキルに関するもの

三つの視点と三つの柱は、イメージしている学力それ自体に違いはありません。学力というのはいわば立体的な構造物なので、その表現に際しては、何らかの方針を定めて描く必要があります。地球という実体に対し、さまざまな図法の地図が存在するようなものです。地図と同様に実体が同じでも表現が異なれば、当然その印象や有用性、得られる気付きもそれなりに違ってきます。

学習指導要領が三つの柱による表現を採択した最大の理由は、学校教育法第30条第2項に規定された「学力の三要素」、すなわち「基礎的な知識及び技能」「知識及び技能を活用して課題を解決するために必要な思考力、判断力、表現力等」「主体的に学習に取り組む態度」との整合性でしょう。また、学習評価の観点として用いるという実際的な都合にも、三つの柱は適合していました。

その一方で、三つの視点だからこそ見えてくるものもあります。とりわけ重要なのは、三つの視点が単に検討すべき視点が三つ存在することを示す以上に、学

力をこのような三層構造でとらえるという視座を提起している点です。

ちなみに、ア）では教科等を横断する汎用的なスキルがコンピテンシーと同義になっています。上述のとおり、コンピテンシーとは問題解決における有能さであり、当然、ウ）教科等に固有の知識や個別スキルも必要です。コンピテンシーという言葉は、広義の用法として有能さ全体を指す場合と、狭義の用法として、有能さのうち領域固有知識と対置されることの多い汎用的認知スキルや、等閑視されがちだった社会・情動的スキルを特に強調して指す場合とがあるのです。

歴史的にも、ア）とウ）は「問題解決力の育成が本質で、知識はその手段」とする経験主義と「まずは知識を教えなければ、そもそも考えることすらできない」とする系統主義の論争を典型として「あれかこれか」の対立図式で議論されがちでした。これに対し三層構造では、イ）教科等の本質、後に学習指導要領で「各教科等の特質に応じた見方・考え方」と呼ばれるようになったものを仲立ちとすることで、二元論的解釈に陥りがちなア）とウ）を有機的に結び付け、調和的に実現する学力論なりカリキュラムがイメージされています。つまり、ア）は狭義のコンピテンシーですが、イ）やウ）も含めた全体、それも三層の一体構造とすることで、広義のコンピテンシーが実現されると考えるのです。

附属山口小学校ではこの三層構造に対し、第1に、ウ）教科等に固有の知識や個別スキルを扱う中で、いかにして、イ）各教科等の見方・考え方を育む授業づくりを実現するかという課題に取り組んできました（第2章）。そして第2に、ア）汎用的認知スキルを足場に創造性や問題解決力の育成を図る「創る科」の創設と、「創る科」を核とした教科融合カリキュラムの編成に挑んできたのです（第3章、第4章）。また、その全てに〈創出〉〈受容〉〈転移〉という過程を位置付けることで、はじめて出合う場面にも自在に転移可能な学びの実現を目指してきました。つまり、附属山口小学校の取組は、この三層を一体構造とすることで、広義のコンピテンシーを実現する試みといえるのです。

学力を構成する三層の相互関係と附属山口小学校の取組

各教科等の見方・考え方と領域固有知識

では、三層の一体構造とは、具体的にどのようなものなのでしょうか。このことを明らかにするために、三層の相互関係を検討していくとともに、そこで見えてきたさまざまな課題に対し、附属山口小学校がどのように取り組んできたのかを簡単に整理してみたいと思います。まず、日々の教科等の授業改善にも深く関わってくる、イ）とウ）の関係から考えることにしましょう。

ウ）は、教科等の内容、そこで指導する領域固有知識そのものです。一方、イ）各教科等の見方・考え方は、次の二つからなると考えられてきました。

第一は、**その教科等ならではの知識や価値や美の生成方法です**。例えば、理科は条件制御、系統的な観察、誤差の処理といった近代自然科学の方法論を体系的、段階的に指導してきましたし、社会科では多様な立場への視点の移動という方法論を含め、多面的・多角的な見方を一貫して大切にしてきました。

第二は、**その教科等に固有の知識や技能、つまりウ）を統合し包摂する主要な概念です**。理科における粒子やエネルギー、社会科における公正、自由、環境負荷、立地条件などが、その典型です。

見方・考え方と同様の概念は世界各国でも提案されていて、鍵概念（key concepts）、大きな観念（big ideas）などと呼ばれ、ニュージーランドやカナダのブリティッシュ・コロンビア州をはじめ、既にいくつかの国や地域では、これらを基盤にカリキュラムを編成する動きも進んでいます[2]。

それが可能なのは、各教科等で指導するいかなる領域固有知識も、もとを正せば、その教科等の見方・考え方に基づく探究や議論から生まれてきたからです。したがって、日々の授業でも見方・考え方との関わりを意識することで、個々の知識に関する意味理解は一層深まり、結果的に定着もよくなるでしょう。

例えば、粒子という主要な概念との関連を意識することで、小学校４年生理科の空気の圧縮の実験の際に子どもが描いたモデル図に対し「みなさんが描いた図を見て、先生気が付いたんだけれど、空気を押し縮めたときに粒の数が減っている人と、変わらない人がいる。どこからこの違いが生まれてきたのかなあ」といった問いかけが可能となります。この問いを巡って議論する中で、子どもたちは空気の出入りがない以上、体積が変化しても粒の数は変わってはいけないことに気付くでしょう。そして、質量保存に関する素朴ではあるが本質的な理解や、物質の状態とその変化に対する着眼へと学びを深めていくのです。

また、一見すると多岐にわたる膨大な領域固有知識も、見方・考え方を踏まえることで、意味ある構造化を果たすことができるはずです。これにより、子どもたちはその教科等の世界を、高度に統合化された概念的な意味として把握することが可能となります。それは、その教科等の学びの全体像が目の前に晴れ晴れと広がり、全てを鮮明に見渡せるような感覚をもたらします。ついには、子どもたちをして「この教科の学習ではこのことを押さえておけば、いつもだいたい上手くいく」「この教科ではいろいろな事柄を学びはするけれど、結局はいつも同じところに帰ってくる」といった感覚さえ生み出すでしょう。何より、このような統合化された概念的理解となっていてこそ、領域固有知識は子どもたちの洗練された、また創造的な問題解決を強力にサポートします。

これは、熟達者と初心者の知識の比較研究からも明らかです。物理学の熟達者

---

(2)　白井俊『OECD Education2030プロジェクトが描く教育の未来：エージェンシー、資質・能力とカリキュラム』ミネルヴァ書房、2020年、pp.209-219

（物理の博士号取得者）と初心者（学部学生）が斜面を物体が滑り落ちる力学問題を解くのに用いる知識は、要素の数では大差ないものの、知識同士の結び付き方や構造化に決定的な違いがあり、それは思考にも影響していました[3]。

初心者はまず、斜面の角度や長さといった表面的特徴を連想し、最後にようやくニュートンの法則やエネルギー保存へと意識を向かわせます。一方、熟達者はいきなりニュートンの法則など斜面問題に関わる物理法則を想起し、次に法則の適用条件について考え、最後に斜面の表面的特徴へと意識を向けていました。また、初心者は斜面問題とバネの問題を別種の問題と見なしましたが、熟達者は解決に用いる原理や法則を根拠に同一カテゴリーに属すると判断したのです。

熟達者は物理学の学問構造に近似した質の知識を所有しており、そのことが世界を単なる物質の集まりではなく、物理法則によって支配されているシステムとして見ることを促していました。そして、日常生活で出合う事物や現象ですら、必要であれば、その表面的な特徴に惑わされることなく、深層に潜む法則や原理の角度から眺め、処理することができるのです。

このように、特定の教科等を学ぶとは、知識の量が増えるだけでなく、**知識同士の結び付き方が、その教科等の見方・考え方に沿った方向へと組み替わり、さらに洗練の度合いを高めることなのです。**その結果、子どもたちは世界をこれまでとはまったく違ったふうに眺め、関わったり取り扱ったりできるようになります。これが、より洗練された、より創造的な問題解決の実行を可能とするのです。

明示的な指導と〈創出〉〈受容〉〈転移〉

では、そのためには、どのような授業が求められるのでしょうか。従来、なされてきたのは、見方・考え方を踏まえた質の高い学びを繰り返し経験させるアプ

（3） Chi, M.T.H., Glaser, R., & Rees, E. 1982 Expertise in problem solving. In R. Sternberg, ed., *Advances in the Psychology of Human Intelligence, volume 1.* Erlbaum.

ローチでした。典型は理科で、科学の認識論や方法に立脚した実験や観察を経験させ、さらに得られたデータから何がいえ、何がいえないか、科学的推論の進め方に関する丁寧な指導がなされてきました。このように、多くの理科授業はオーセンティックな（真正の）学習になっています。しかし、残念ながら子どもの「科学する」態度や能力は、必ずしも十分とはいえないようにも思います。

いかに科学の原理にのっとった実験や観察でも、単に数多く経験しただけでは不十分です。個々の経験を通して、子どもたちがその文脈がもつ制約条件の中でのみ気付いていることを、一段抽象化した意味として把握できるよう働きかけ、さらに表面的には大いに異なりはするが、本質的には同じ原理の異なる現れに過ぎない複数の学習経験を俯瞰（ふかん）的に整理・比較・統合することで、明晰な自覚を伴い、自在に転移する見方・考え方にまで高めていく必要があります。

例えば、理科の振り子の実験で「どんな工夫が必要かな」と問えば、さまざまに試してみる中で、子どもたちは「何度も測って平均値を取ればよさそうだ」と気付きます。この段階で教師は「誤差の処理」を理解したと思いがちですが、いまだ振り子という具体的な対象や文脈との関わりの中での気付きにとどまっており、誤差の処理という抽象的な概念的理解にまでは到達していません。

そこで、授業の最後に「どうして今日の実験では何度も計っていたの」とたずねると、子どもたちは「理科の実験では正確なデータを得るためにいつもそうしているから」などと答えます。ここで「そうかなあ。この前の検流計のときには何度も計ったりはしていなかったよ」と切り返してやれば、子どもは「だって、検流計はピタリと針が止まるから。ああ、そうか、同じ実験でもいろいろな場合があるんだ」とようやく気付くのです。

この発見を契機に、これまでの実験や観察の経験を総ざらいで整理し、それぞれの工夫を比較しながら、その意味を丁寧に確認していきます。そして、整理の中で見えてきた科学的探究を構成する主要な概念について、子どもが自覚的に操れるよう「条件制御」「系統的な観察」「誤差の処理」などの言語ラベルを付与します。さらに、主要な概念を用いて新たな実験や観察について思考を巡らせる機会を適宜設けるのです。このような段階的で明示的な（explicitあるいはinformed）指導により、子どもたちは次第に科学の方法論やその背後にある論理を深く理解し、ついには自在に転移させられるようになっていくのです。

附属山口小学校では、明示的な指導に学び、さらに日々の授業づくりの中で着実に子どもたちの学びの自覚化を促すべく、〈創出〉〈受容〉〈転移〉という三つの過程を位置付けて実践を深めてきました。詳しくは第2章をご覧いただきたいのですが、その丁寧すぎる明示性の高さに驚き、「ここまでしなくても」と思われるかもしれません。しかし、実際にはこれくらいして、ようやく全員の子どもが自覚化した価値をはじめて出合う場面に自発的に転移させられるようになります。この事実は、いかに従来の授業が大雑把であり、それがゆえに、子どもたちに潜在する多くの可能性を見逃してきたかに気付かせてくれるでしょう。

一つのポイントは、表面的には大いに異なって見える複数の事柄が、同じ原理の異なる現れに過ぎないと気付けるよう指導することです。この気付きが、先行する学習で得た知識や技能、見方・考え方などを、後続の学習や問題解決に活用することを思いつかせ、また実際に活用できるよう導きます。**具体と抽象の間を頻繁に往復することで、見た目に惑わされることなく、その奥にある本質に気付けるようになること**。これが転移の極意です。

もちろん、ここでいう本質とは、その教科等で扱う膨大な個別的知識を生み出した認識や表現の方法と、個別的知識を統合し包摂する少数の主要な概念、つまり各教科等の見方・考え方に他なりません。毎日の授業では各領域に分かれた個別的な知識を扱いますが、附属山口小学校が進めてきたように、常に見方・考え方を意識し、関連付けて学べるようにすること、さらに、ときに立ち止まり、見方・考え方に沿った知識の構造化を図ることが大切です。

汎用的なスキルと領域固有知識

続いて、長年、対立図式でとらえられてきたア）とウ）について考えます。

ア）の教科等を横断する汎用的なスキルとは、その名のとおり特定の領域に依存しない認知スキル及び非認知スキルです。このうち、非認知的な社会・情動的スキルが教科や領域を超えたある程度の一般性をもつことは、日常経験からも納得できるでしょうし、学術的にもそう考えられています。

例えば「為せば成る」という自信を、心理学では統制感（locus of control）と呼びますが、その内実は自分の努力の有効性に関する一般化された期待（generalized expectancy）とされてきました[4]。当初は特定の場面で実感した努力の有効性を、後に他の場面でも繰り返し経験することにより、ついにはどんな場面や文脈であっても、努力は一般的によい結果をもたらすという信念を生じさせるというわけです。現実には、場面や文脈により努力が奏功しないこともあります。それでもなお一般化された期待が十分に高ければ、人は粘り強く取り組みますし、そうすることで実際に困難を克服できることも少なくありません。すると、その経験は一般化された期待をさらに高めることになります。

一方、汎用的認知スキルや、その問題解決における有効性を巡っては、激しい論争があります。経験主義者たちは、一般的な問題解決力や思考力こそが本質的な学力だと主張してきましたが、具体的に何を指すのか、今一つはっきりとしませんでした。しかし、1950年代に人工知能が誕生すると、事態は一変します。

初期の人工知能であるジェネラル・プロブレム・ソルバー（General Problem Solver：GPS）というコンピュータ・プログラムは、代数、幾何、チェスなどさまざまな領域の問題を次々と手際よく解決しましたが、そこで用いられていたのは、丘登り方略や手段－目標分析といった汎用的な問題解決方略でした。

丘登り方略とは、とにかく上へ上へと進み続け、もはや上に進めなくなったら立ち止まり、頂上＝目標に到達したと判断する方略です。手段－目標分析とは、目標の実現に必要な手段的活動を探索し、さらにその手段的活動を目標と見た場

---

(4)　Rotter, J. B. 1966 Generalized expectancies for internal versus external control of reinforcement. *Psychological Monographs*, 80, 1-28.

合に必要な手段的活動を探索するという作業を、目標と現状のずれがなくなるまで繰り返すことで、現状から目標に至る筋道を明らかにする方略です。

これらの方略はいずれも、その活用に際して特定の領域固有知識を必要としません。その意味で、今日でいう汎用的認知スキルの一種であり、これこそが経験主義者たちが長年、探し求めていたものだったのです。何よりGPSが明らかにした、汎用的認知スキルが領域の異なるさまざまな問題解決に有効であったという事実は、経験主義者の主張を強力に支持しました。

しかし、GPSのような試みは、研究領域の拡大に伴いたちまち挫折します。GPSはパズルや定理の証明のような純粋な形式論理操作では好調でしたが、物理学や医療診断のような多くの事実的知識に問題解決が左右される領域ではすぐに行き詰まりました。これらの問題解決では、領域固有知識を文脈に応じて適切に活用することが必要であり、効果的だったのです。

汎用的認知スキルは、当初期待されたほど万能な知的道具ではありませんでした。しかし、ごく限られたスキルを身に付けることで、広範囲にわたり一定の効力を発揮することを勘案するならば、かなり高い優先順位でカリキュラムのリストに挙げられることには十分な妥当性があります。

加えて、GPSの挫折は汎用的認知スキルを単独で用いた場合のものであり、それぞれの問題解決に有用な領域固有知識と組み合わせていたならば、結果は大いに違っていたでしょう。実際、子どもたちが何らの知識ももたない状況で問題解決に当たることはあり得ません。汎用的認知スキルか、領域固有知識かという問いの立て方が、教育実践を考える上ではナンセンスだったともいえるのです。

このように考えるならば、さまざまな問題解決において有効性が見込まれる汎用的認知スキルを特定し、それを着実に習得できるカリキュラムの創造が望まれます。附属山口小学校の「創る科」は、まさにこのようなカリキュラム領域として創設されました。詳しくは、第3章と第4章をご覧ください。

ここで大切なのは、汎用的認知スキルを単なる形式的な操作として教えて終わりにするのではなく、さらに学び取ったスキルを多様な問題場面に活用する機会

を組織的に提供することで、自在に転移する質にまでに高めることです。言うまでもなく、これは先に述べた明示的な指導や、それをより実践的に深めた〈創出〉〈受容〉〈転移〉そのものです。これらの手立ては、汎用的認知スキルの習得においても同様に有効であり、不可欠でもあるのです。

もちろんそこでは、それぞれの場面で必要となる領域固有知識を適切に呼び出し、効果的に活用することで、質の高い問題解決へと至る経験を得られるようにすることが肝要です。汎用的スキルと領域固有知識は、両者あいまってはじめて、創造的な問題解決を実現できるのです。また、そのような活動や経験の中でこそ、非認知能力も徐々に高まっていくことが期待されます。

従来、汎用的認知スキルと領域固有知識は対立図式で議論されがちでした。しかし、両者は適切に組み合わされることで、問題解決に対し互恵的に働きます。つまり、対立どころかお互いがお互いを必要としていたのであり、このような関係を実現するカリキュラムや授業づくりこそが、今求められているのです。

汎用的認知スキルと各教科等の見方･考え方

最後に、ア）とイ）の関係について考えましょう。既に見たとおり、非認知的な社会・情動的スキルは教科や領域を超えた一般性を有しています。一方、認知スキルは汎用的とはいえ、認知的働き、すなわち思考や判断を支えるものである以上、その対象や文脈、つまり教科等の影響を受ける可能性があります。

汎用的認知スキルに関わっては、近年「比較する」「関連付ける」「先を見通す」「具体化・抽象化する」などの思考スキルや、その実行を支える思考ツールがさまざまに開発・実践されてきました。思考スキルは、学習指導要領では「考えるための技法」と呼ばれ、各教科等の学習活動としても明記されています。

これらは、例えば「比較する」という活動なり着眼という意味では確かに汎用的です。しかし、同じ比較でも、比較する対象や文脈によって様相は微妙に変化します。理科の比較は厳密な条件制御の下で行われるのが鉄則ですが、図画工作科や音楽科の鑑賞領域での比較では、それは不可能でありナンセンスです。

と同時に、それでもなお同じ比較という思考操作である限り、常に現れてくる特徴や留意点などの共通項もあるはずです。大切なのは、その思考操作において**何が常に共通しており、何が対象や文脈によって変化するのか、さらに変化の理由は何かといったことに関する理解です**。そのような質にまで高まってこそ、汎用的認知スキルは自在に転移するのです。

汎用的認知スキルの活用において、最も強く、そして体系的に影響を与えるのは、イ）各教科等の見方・考え方でしょう。例えば、購買行動は家庭科で扱いますが、「どれがお買い得か」という場面設定は算数科にも登場します。複数の商品や情報を比較して望ましい購買行動を考える文脈は同じでも、家庭科と算数科では比較の目的、前提条件、問題解決に用いる知識や技能は大きく違ってくるでしょう。算数科では「単位量あたりの大きさ」や「割合」がもっぱらの関心事ですが、家庭科では家族の人数や賞味期限なども勘案します。単位量あたりの値段が安いからといって、業務用の１キロのマヨネーズを買ったりはしません。つまり、算数科と家庭科では、何が合理的な判断かの基準が違うのです。

もっとも、近年はオーセンティックな学習を求める動きの中で、ここでいう家庭科的な視点も取り入れた算数科授業も開発されるようになりました。しかしその一方で、現実世界がもつさまざまな制約を脱した、純粋な論理に依拠する数学的世界だからこそ出合える見方・考え方を大切にした授業もまた、別な意味でオーセンティックだとされています[(5)]。

汎用的認知スキルの活用に際し、各教科等によって様相が変化する理由は、その教科等が何を本質とし、どのような見方・考え方に立つのかに大きく依存しています。したがって、汎用的認知スキルを活用する中で、なぜ各教科等によって活用の枠組みや基準が異なるのかと考えていけば、自ずと各教科等が一貫して用いている見方・考え方の根源的な特徴にも行き着くはずです。この気付きは、各

---

(5)　小野健太郎『オーセンティックな算数の学び』東洋館出版社、2022 年

教科等の本質や系統に関する子どもたちの洞察を一気に深めるでしょう。

このように、汎用的認知スキルを身に付け、さまざまな教科等の学びと関連付けることで、個々の認知スキルに対する理解が深まり、より適切に活用できるようになります。加えて、汎用的認知スキルの視点から各教科等を見ることにもなり、各教科等の見方・考え方に関する理解も、一層深まっていくでしょう。これがさらに進むと、ついには各教科等の間でもさまざまな融合が生じてきます。その展開の様相については、第3章、第4章をご覧ください。

なお、これまでは汎用的認知スキルがまず先にあり、それを各教科等の学びに転移させるという筋道で考えてきましたが、すっかり逆な見方も可能です。例えば、厳密な条件制御の下での数値測定による比較という認識の方法は、自然の事物・現象をよりよく探究するために発展してきた近代自然科学の方法や原理であり、学校では理科で体系的に指導します。ニュートンらが近代自然科学を生み出した17世紀から18世紀、人間や社会の研究は思弁や素朴な観察が主な方法であり、実験をしたり数学的にこれを表現したりはしませんでした。心理学などが近代自然科学の方法を人間や社会にも援用するようになったのは、実に19世紀も半ばのことです。今日では、人間や社会に関わる広範な研究領域が、近代自然科学の方法を援用し大きな成果を挙げていますし、そのことは社会科などでもある程度取り扱っていると思います。さらには、既に日々の学校生活の中でも「しっかりと条件を揃えて比べないと、正しい比較にはならない」ことは、子どもたちの間における常識的な知識生成の方法になっているでしょう。

このように、汎用的認知スキルの中には、もともとは特定の学問・科学・芸術の領域で培われたその領域ならではの見方・考え方が、後に当初の領域や対象を超えて他の領域や対象に活用されることで、汎用的と見なされるようになったものもあるように思います。したがって、汎用的認知スキルの重視は、各教科等の軽視を意味しません。それどころか、全ての教科等の学びがそれぞれの特質に応じた見方・考え方を充実させるほどに、その他領域への援用という意味での汎用的認知スキルは、豊かさと確実性を増すのです。 （奈須正裕）

第2章

各教科等の見方・考え方を授業で育む

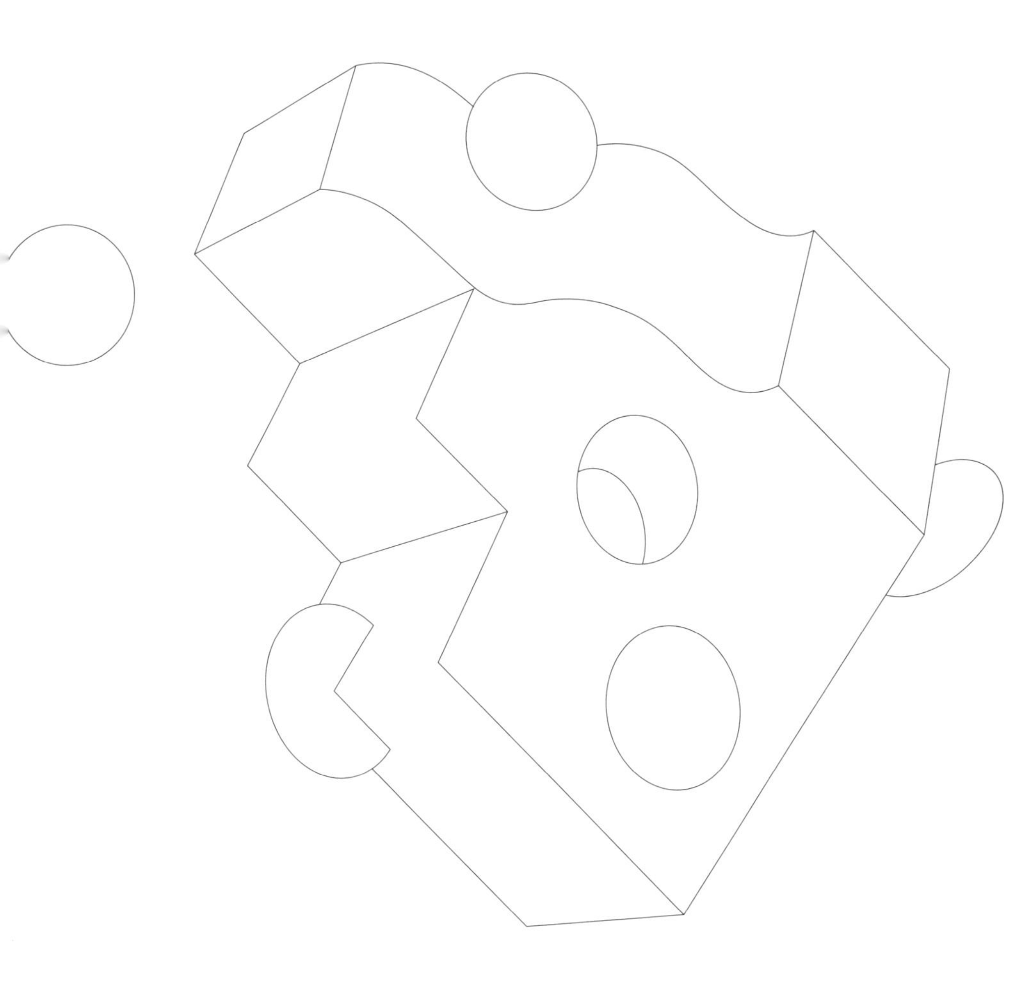

各教科等の見方･考え方に向き合い、授業を変える

「見方・考え方」という言葉が、登場してずいぶん時間が経ちましたが、授業に何か変化が見られるようになったのでしょうか。「見方・考え方」は、各教科等を学ぶ本質的な意義の中核をなすものであるとされています。しかし、子どもが「見方・考え方」を働かせることよりも、学習内容をどのように教え込むかということがいまだに重視されている気がしてなりません。例えば、算数科の学習、5年生の割合では、「〜の」に線を引かせ、もとにする量を決め、「く・も・わ」の公式に当てはめる指導や2年生のかけ算でひたすら九九の暗唱に時間を割く指導は一つの例でしょう。

では、なぜ形式によった授業をしてしまうのでしょうか。教師にとって指導の手順が明確で教えやすいことや子どもが深く理解せずとも問題が解けるようになるなど、いくつか理由は考えられそうです。日々、多くの教科等を指導する小学校教師にとって、教材研究の時間が不足しているということも考えられます。しかし、形式によった授業を行ったときの子どもの姿を思い浮かべてみてください。心から満足したときにだけ見せる子どもの笑顔はありますか。正答だけを求められすぎて苦しそうではありませんか。それぞれの教科等の学習で感じる楽しさやおもしろさを十分味わうことができているでしょうか。子どもが、「見方・考え方」を働かせない形式偏重の授業では、内容を深く追究したり、友達との関わりを通して、自分の力で考えたりすることを楽しむ過程にはなりにくいのです。

教師と子どもの双方にとって学びがいのある授業をつくるために、「見方・考え方」を中心に据えた授業に取り組んでみませんか。ここで扱う「見方・考え

方」は、『小学校学習指導要領（平成29年告示）解説　総則編』に「『どのような視点で物事を捉え、どのような考え方で思考していくのか』というその教科等ならではの物事を捉える視点や考え方」として示されています（p.4）。各教科等にも「見方・考え方」は示されています。しかし、いざ「見方・考え方」を中心とした授業を考えようと思っても、「見方・考え方」が教師にとって曖昧で、分かりにくさを感じさせるものであることは事実です。「見方・考え方」を働かせている具体的な子どもの姿がはっきりしないのです。これでは子どもが「見方・考え方」を働かせる授業をつくることはできません。

果たしてこのままでよいのでしょうか。子どもの学びを豊かなものにするためにどのようなことが求められるのでしょうか。時数だけかかってしまい、子どもの活用可能な力には結び付かないということでは、豊かな学びを実現しているとはいえません。ましてや、「カリキュラム・オーバーロード」が世界的な教育課題として叫ばれている今、学びの豊かさを求めて時間数が増えるようでは到底学校現場では受け入れられません。そこで、本校では、「見方・考え方」に向き合い授業を変える選択をしたのです。「見方・考え方」を授業の中心として扱うことによって、豊かに学ぶ子どもを育んでいます。各教科等の学習で「見方・考え方」を中心にした授業を行うことによって、子ども一人一人の「見方・考え方」を育み、その結果、単元を超えて「見方・考え方」を自在に使いこなすことができるようにしたいと考えているのです。さらには、自分の力で学習を進めるようになり、教えることも少なくなります。つまり、**少ない時数で豊かに学ぶこと**ができるということです。

そのためには、子どもの姿から「見方・考え方」とは何かを考える必要があると考え、「見方・考え方」を日々の授業の子どもの姿から具体的な言葉として整理しました。「『見方・考え方』ってこんな子どもの姿を引き出せばいいのか！」と、教師にとっても分かりやすく身近なものであれば、授業が変わります。このことは、形式偏重の授業からの脱却や、子どもも教師も笑顔であふれた学ぶ楽しさを実感できる授業にもつながります。

創出

―子どもの言動には価値がある―

各教科等の見方・考え方をとらえた子どもは、さまざまな場面にこれを転移させ、自ら進んで学んでいきます。反対に、各教科等の見方・考え方をとらえられていない子どもは、学びを転移させることが難しく、学習内容（コンテンツ）に沿った思考の仕方になるため、少しでも場面や文脈が変わってしまうと対応しきれなくなるのです。そうすると、子どもはその先の学びへと進もうとしなくなります。いや、進めることができないといってよいでしょう。つまり、各教科等の見方・考え方をとらえられていないと、子どもの学びは停滞しやすくなってしまいます。それは、自ら学びを進める力が十分には備わっていないということでもあります。

また、授業の中で、学ぶことを楽しんでいないと感じる子どもの姿も見られます。例えば、各教科等の学習を、テストで点数を取るため、入試のためといった学び方をしている子どもと「どうして〜なのだろう？」と自ら問いを立てて考えを広げ、深める子どもとでは、学習から感じる楽しさも大きく変わってきます。どちらの学び方がよいかというと当然、自ら問いを立て追究していくほうです。学ぶことの楽しさがまったく違います。では、子どもは各教科等の学習の何をおもしろいと感じているのでしょうか。そこには、各教科等の見方・考え方を成長させていくことで得られる知的好奇心や満足感、達成感や期待感などがあるはずです。だからこそ、各教科等の見方・考え方をとらえることを楽しみ、活用していける子どもにとって、自らの学びをどんどん進めていくことは自然なことだと考えられます。しかし、各教科等の見方・考え方をとらえられていない子どもにとっての学びは、それ自体におもしろさを見出すことができない、ただ苦痛なものと感じられるのかもしれません。

当然ですが、全ての子どもには各教科等の見方・考え方をとらえる能力が備わっています。子どもは、授業の中で自然と各教科等の見方・考え方を働かせています。何より、子どもがやっていることや発言は粗削りではありますが、宝石にもなりうる原石です。このような子ども観をもって子どもに関わると、かける言葉や授業づくりの考え方も変わります。ただ、多くの子どもは自分がしていることや発言について、そのよさや意義に気付けていません。各教科等の見方・考え方をとらえようとする芽は出ていても、無自覚でとらえきれていないということです。教師には、各教科等の見方・考え方を子どもから引き出し、無自覚な状態を自覚化させていくという重要な役割があるのです。本校では、子どもが無自覚ながらも各教科等の見方・考え方を生み出す過程を〈創出〉として授業の過程に位置付けています。〈創出〉の定義を以下に示します。

創出：無自覚ではあるが、見方・考え方を生み出したり、示された見方・考え方について考えたりする過程

〈創出〉の過程が各教科等の見方・考え方をとらえ、豊かに学ぶ子どもを育むきっかけとなることは言うまでもありません。〈創出〉での、主な支援は「提示の仕方」や「場の工夫」です。授業者は、単元を通して自在に使いこなせるようにしたい各教科等の見方・考え方を設定し、子どもが無自覚ながらもそれらを働かせていくきっかけをつくります。特に単元導入では必須の過程といえるでしょう。

創出 （主な支援）	● 単元において子どもが繰り返し働かせる見方・考え方を設定し、単元を構成する。 ● 見方・考え方に着目できるように、教材提示の仕方を工夫する。 ● 見方・考え方に着目できるように、教材との出合いの文脈を工夫する。

算数科事例

「基準」「比例」の見方を無自覚でも必然的に引き出す

子どもから引き出す教科等の本質に迫る見方

「単位量あたりの大きさ」「速さ」「割合」と聞いてどのようなことをイメージされるでしょうか。「子どもが苦手としている単元だ」「指導が難しい」といった感想をもっている方も多いことと思います。しかし、これらの単元は子どもにとって本当に学びが困難なのでしょうか。ともすると、「単位量あたりの大きさ」「速さ」「割合」といった単元の指導では、はじめに公式を示し、問題文から読み取ったことを公式に当てはめて答えを求めさせるといった形式偏重の学習となりがちです。こうした指導の場合、子どもに与えられているのは、都合のよい特定の場面、あるいは典型的な文脈における解決方法であって、教科の本質に迫る見方・考え方ではありません。そのため、少しでも場面や文脈が変わると学んだはずのことが活用できなくなり、学校での学習は実生活で役に立たないといった批判を生む一因になってしまいます。

子どもは本来素直に学ぶものです。その学びの中で発する言葉や動きはさまざまで、その一つ一つに価値があります。しかし、その価値ある言動に気付けるかどうかは教師の内容理解や教材解釈によるところが大きいです。それらが浅いまま授業を行うと、子どもがどれだけ価値あることを発言したとしても、みすみす逃してしまうこともあり得ます。また、いくら内容理解や教材解釈が十分であったとしても、子どもから引き出したい価値ある言葉が必ず表出されるとは限りません。ただそれを待っていたのでは、偶然に頼った不安定な授業になってしまいます。教材を解釈する際に教師は、単元ごとに子どもに獲得させたい教科等の見方・考え方を明確に設定し、そこに迫るための子どもの言葉をどう引き出すか、そのための手順や方法、工夫といったものを準備しておく必要があるのです。

これから説明する実践で大切な見方は、「基準」や「比例」の見方であり、これらの見方は、三つの単元に共通する見方でもあります。共通しているということは、特定の場面や文脈だけでなくさまざまな場面や文脈でも活用が可能です。そして、設定した見方を引き出す（創出する）ために教材をどのように提示するか考えます。設定した見方を無自覚でも必然的に引き出すことができるようにしたいものです。教師が子どもの発言や動きを価値あるものとしてつないでいくことができれば、三つの単元も子どもにとっては学びがいのあるとても楽しい学習となります。

見方を引き出す教材の見せ方

「単位量あたりの大きさ」の学習で部屋の混み具合を比べる際、図1を提示し、三つの部屋の中でどの部屋が混んでいるかを問いました。実際の面積や人数を数値としては示していません。ここで引き出したい見方は、子どもの言葉にすると「1m^{2}あたり」「1m^{2}あたりの人数で揃える」です。「1m^{2}あたり」に子どもが無

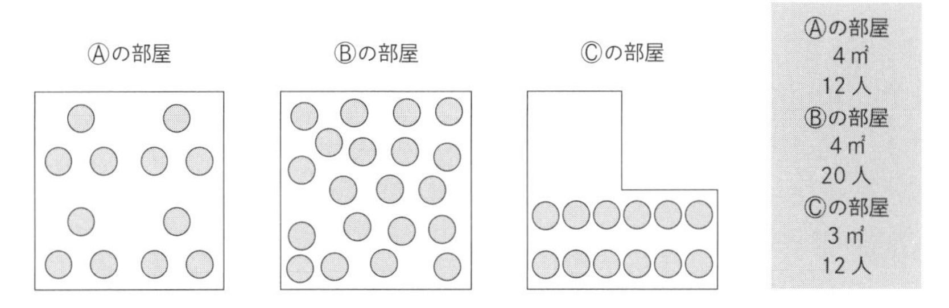

図1　見方を引き出す教材の見せ方

写真1　$1m^2$あたりの人数を揃える子ども

自覚に着目し、「人数を揃える」ことができるようにします。そのために、$1m^2$ に着目できるような部屋の形にしたり、部屋の中の人数を揃えたくなるような配置にしたりしたのです。それぞれの部屋を比べてみると、$1m^2$ の違いに着目できるのではないでしょうか。

子どもは、Ⓐ とⒷの混み具合は同じ面積で人数が違うことを理由に、Ⓐ とⒸの混み具合は同じ人数で面積が違うことを理由に簡単に混み具合を比べました。しかし、ⒷとⒸの混み具合については面積も人数も違うので簡単には比べることができませんでした。比べにくいと感じる理由を全員で考えていると「面積も人数も違うんだったら面積を揃えればいい」と面積を揃えようとしたのです。$4m^2$ と $3m^2$ の面積を揃えるには、$12m^2$ に揃える方法が思い浮かびます。比例は既に学習していたので、「現実にはないけれどね」と納得いかない様子ではあったものの、面積と人数を倍にして比べました。比例を仮定し、加えて女の子が「$1m^2$ あたりの人数で比べてもいいんじゃない？」とつぶやき、写真1のように $1m^2$ あたりの人数を揃え始めました〈創出〉。この発言は、単位量あたりの大きさの学習で必ず引き出したい「基準」の見方です。その子はどうして $1m^2$ あたりの人数で比べようと思ったのでしょうか。「どうしてそんなこと思いついたの？」と問い返すと、「部屋の形を比べると $1m^2$ がはっきり見えたから……」と、導入で提示した部屋の図がきっかけとなっていることが分かりました。子どもが $1m^2$ という基準に着目して混み具合を比べることができるよう、無自覚な段階から教材の見せ方が重要であることが分かります。

量の感覚と見方

速さの学習でも同じことがいえます。速さの学習の単元導入において図2の

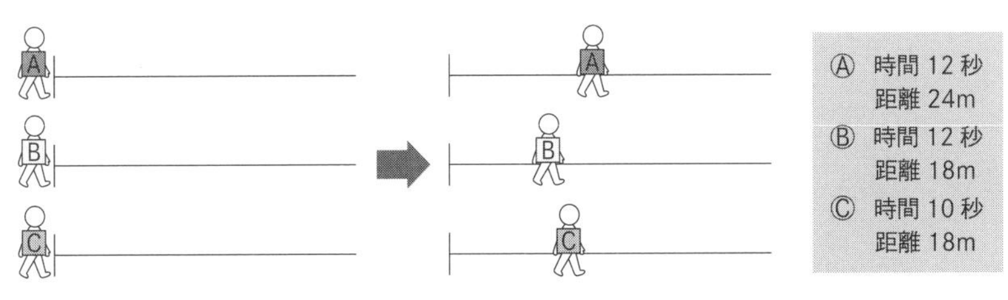

図2　量の感覚と見方を引き出す教材の見せ方

とおり、3人が実際に歩く様子を一人ずつアニメーションで提示しました。歩く時間や距離の数値は子どもが仮定できるよう示していません。アニメーションで提示したのは、「速さ」という体感的にとらえる量が時間と距離の二量に依存していることに気付かせ、数値化していく過程を大切にしたかったからです。

アニメーションの提示後、誰が歩くのが速いのかを問い、速さを比べていきました。ⒶとⒷは歩く時間が同じですが、距離は違います。ⒷとⒸは歩く距離は同じですが、時間は違います。この場合については、単位量あたりの大きさの学習で部屋の混み具合を比べた経験から、「混み具合の学習と似ている！」と簡単に比べていました。続いて、ⒶとⒸです。歩く時間も距離も違います。「歩く時間も距離も違うから比べにくい」「全部の条件がそろっていないから比べにくいよ」と比べることが難しいと感じる理由について考えました。

さて、ここで引き出したい見方は何でしょうか。子どもの言葉で言うと「1秒あたり」や「1mあたり」という基準の見方と「このままずっと同じペースで歩き続けたとしたらね」という比例の見方です。では、これらの見方をどのようにすれば引き出せるのでしょうか。前述した、距離や時間を曖昧にしてアニメーションを提示することが重要でした。歩く時間が示されていないので、子どもはアニメーションの人間の歩く時間を「1、2、3……」といった具合に、それぞれ測ります〈創出〉。量の基準はいつも「1」です。例えば、時間の学習でも「1秒」ですし、長さの学習でも「1cm」を基準にしています。1秒あたりの歩く距離で比べさせたいのであれば、「1秒に揃えたい」といった思いを子どもが必然的に

写真2　1秒あたりの歩いた距離に着目する子ども

もつことができるようにしなければなりません。

Ⓐと©の歩く速さを比べる際に、「基準がそろっていないんだったら、揃えればいいよ」「だったら、1秒あたりの歩いた距離で比べればいいんじゃない」と1あたりの量を基準として揃えることで比べることができました。写真2は、まさに1秒あたりの歩いた距離を調べているところです。一方、「でも現実的にこの速さで歩き続けることは無理じゃない？」と怪訝な顔をしている子どももいました。子どもの「実際に歩いてみようよ」の言葉をきっかけに、実際にその速さで歩いてみました。「はじめは絶対にその速さでは歩けない！」「このペースでずっと歩くのは無理だよ！」と現実的には難しいことを感じていました。しかし、子どもは1秒あたりに歩く距離で比べるという方法は納得がいくため、何とかこの方法を成立させようとするのです。「はじめからずっと同じペースで歩き続けたとしたらね」と等速運動を仮定し、1秒あたりに歩く距離で比べることを納得していったのです。比例を仮定し、基準を揃えることを、このような子どもの言葉から引き出していくのです。

そのためには、単位量あたりの大きさの学習と同様に教材の見せ方を工夫することが効果的でした。「1秒あたりの歩く距離で比べることができないかな」と最初のうちは無自覚でもよいので、1あたりの量に着目して比べることができるようにしたいものです。

基準の仮定と見方

割合の学習〈導入〉で、バスケットボールのシュートの上手さを比べる場面があります。ここで引き出したい見方は、「基準を揃える」ことです。子どもがシ

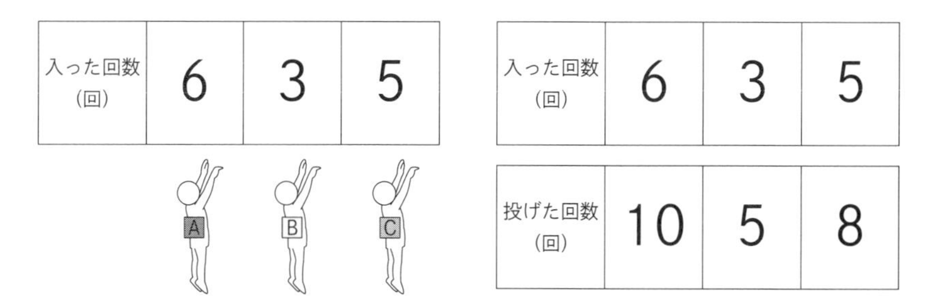

図3　基準の仮定と見方を引き出す教材の見せ方

ュートの上手さを比べるために、基準となる投げた回数に着目し、揃えることができるように教材の見せ方を工夫します。上に示した図3（左）のとおり、入った回数のみを提示しました。間髪入れずに子どもから「これだけでは無理だよ」「投げた回数が分からないと比べられない」と返ってきました〈創出〉。この発言から「基準」の見方を働かせていることが分かります。子どもは無自覚にも基準が必要であることを感じているのです。投げた回数を曖昧にすることによって投げた回数という基準に着目できるようにしました。子どもが投げた回数を知りたいと発言したとき、つまり、基準に着目したときにすぐに数値を与えません。「何回だったら比べられると思っているの？」と投げた回数を子どもに委ねるのです。さて、投げた回数を何回で仮定したくなりますか？　その仮定した数値には必ず意図があるはずです。子どもからは「全て10回だったらいい！」「全て6回だと比べられる！」と返ってきました。共通していえることは、投げた回数を揃えて仮定しているということです。教師から基準を揃えて提示しなくても、シュートの上手さを比べるためには、「基準を揃える」とよいことを子どもは感覚的にも分かっています。この子どもがもっている感覚を引き出すことが教師の役割なのです。

さて、投げた回数を10回と6回と発言した子どもの意図に違いがあることはお分かりのことと思います。10回と仮定したのは、これまでの学習で10のまとまりのよさを十分に感じてのことでしょう。もしかすると、1という基準を10

写真3　基準の1について図で説明する子ども

等分してシュートの上手さを分数や小数に表そうとしているのかもしれません。投げた回数が10回だと数値化しやすいと感じる気持ちはよく分かります。実際に、写真3にもありますが、図を用いてⒶの10回中6回入ったことを$\frac{6}{10}$や0.6と表すことで基準の1について考えていきました。では、6回と仮定した意図は何でしょうか。こちらは、基準の1がはっきりと分かります。Ⓐが6回中6回入ったことを$\frac{6}{6}$、つまり1としてみることでⒷやⒸの上手さを数値化して比べるという意図があるのでしょう。いずれにせよ「基準」の見方を引き出すことに変わりはありません。このように、数値一つとっても子どもに委ねることで、見方を引き出すことができます。「基準を揃える」ことを無自覚にも引き出すことによって、投げた回数が揃っていない場面でも揃えて比べようとします。多くの子どもは写真4のように、分母、つまり投げた回数を揃えて入った回数で比べました。「8回投げて5回投げたⒸが最も上手いよ」「ⒶとⒷは同じ上手さだね」と比べた結果を発表したのですが、それではやはり納得できない子どもがいます。「10回投げて6回入ったからといって、必ず40回投げたときに24回入るといえるの？」と話すのです。混み具合や速さを比べたときに怪訝な表情を浮かべていた子どもの姿を思い出しました。しかし、今度は子どもの表情が違います。疑問を言葉にしながらもどこか明るい表情でした。「比べるときはいいんじゃないかな？」「必ずしもそうとは限らないけれど、算数の考えとしてはいいんだよ！」と比べるためには必要な考えであることに納得したのです。このように、比べる場面では比例を仮定する必

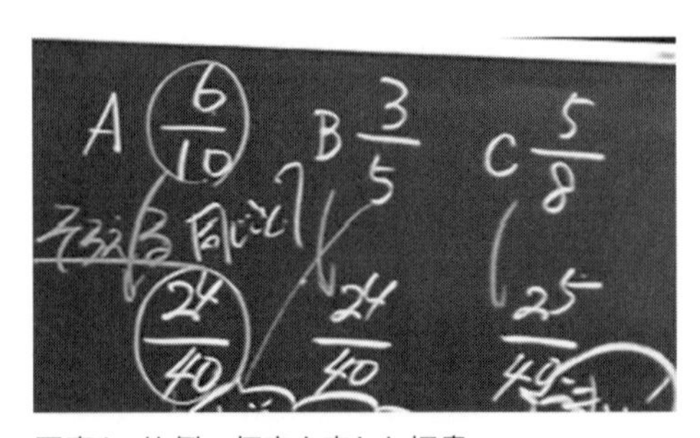

写真4　比例の仮定を表した板書

要があります。

子どもの表情が変わったことからも分かりますが、混み具合や速さ、シュートの上手さなどを比べる学習では「基準を揃える」見方をとにかく引き出すことが大切です。「基準を揃える」見方が、比例を仮定して比べることにつながり、多様な場面や文脈で活用可能な力となるのです。

子どもが本来もっている見方

「単位量あたりの大きさ」「速さ」「割合」の単元では、「基準を揃える」見方を引き出すことが、比例を仮定し、比べる子どもの姿につながることを述べてきました。異種の量の割合と同種の量の割合という違いはありますが、見方は共通しているので、単元を超えて活用可能です。まずは、指導者である教師自身が該当の単元において最も引き出したい見方を子どもの言葉や姿で明確にとらえておくことは欠かせません。そして、その見方を子どもからどのように引き出すかは工夫が必要です。その引き出し方として教材の見せ方を工夫することを述べてきました。例えば、「単位量あたりの大きさ」では、1m^2あたりの人数に着目できるような部屋の形や人数を揃えたくなるような配置を、「速さ」では、１秒あたりの歩く距離に着目できるように時間も距離も曖昧にし、アニメーションのみを提示しました。「割合」でも、基準量に着目できるように投げた回数を曖昧にし、子どもに委ねながら展開しています。これらの教材の見せ方に共通していえることは、**子どもに着目させたい箇所こそあえて示さないということです。**特に、数値は曖昧にしておくとよいでしょう。今回でいえば、「基準」に着目し、「基準を揃える」ことを必然的に引き出すためには、はじめから基準や数値を示さないということです。子どもは基準や数値が曖昧であれば自分で仮にでも設定して考えます。子どもが基準や数値を自分で仮定したとき、既に見方を無自覚でも働かせているのです。教材の見せ方は、子どもから見方を引き出すためにも重要な要素の一つです。子どもから見方を無自覚にでも必然的に引き出すことのできる教材の見せ方を考えていくことが求められるのではないでしょうか。

単元ごとに引き出したい見方を設定し、子どもからどのように引き出すかを考えて授業を行ってきました。いつものように授業をしていると、一人の女の子が「5年生の算数って全部『揃える』だね！」と話し始めました。確かに、それまでに学習した単元を振り返ってみると「基準を揃える」見方が中心となっています。そして、その後の学習を見通しても中心となる見方は「基準を揃える」です。また、5年生も終盤に差し掛かった2月に、「比例（関係）さえ見抜けば、5年生の学習はほとんどいける！」と自信をもって算数科の学習に取り組む子どももいました。内容としては単元ごとに違いますが、見方ではつながっていること、表面上では一見違うように見えるけれども、実質的には同じことをしていると感じたのでしょう。子どもから見方を毎時間引き出すことを積み重ねると、子どもの見方はとても豊かになり、学習の進度も加速度的に進むのです。教師が見方を設定し、授業の中で引き出すことに力を注げば、子どもは自分の中にある見方を働かせるだけでなく、成長させていきます。子どもが単元を超えて見方を使いこなしていくことができるように、子どもが本来もっている見方を引き出すことを大切にしたいものです。

（岡本貴裕）

生活科事例

自分との関わりでとらえる見方、思いや願いの実現に向け考える姿を引き出す

本来もっている子どもの力

「子どもは本来すごい力をもっている」。常日頃からそう感じています。様子を見ていると、その力は楽しんでいるときや夢中になっているときに発揮されています。自ら主体的に遊んだり、学んだりする中でこそ、子どもはもてる力を出していけるのです。その力を十分に発揮していけるように、生活科では対象を自分との関わりでとらえ、よりよい生活に向けて思いや願いを実現していく中で考えたり工夫したりすることを身近な生活に関わる見方・考え方としています。つまり、いかに「自分事」にしていくか、いかに「思いや願いを実現」していくかを意識して単元構成することが大切なのです。しかし、全ての子どもに「自分事」と感じさせるのは簡単ではありません。なぜならば、子どもは一人一人異なる経験をもち、対象に対する思いも異なるからです。「思いや願いの実現」においても同様です。

そこで、「対象との出会いを工夫すること」が必要だと考えます。全ての子どもが自分事になる共通体験です。また「繰り返し対象と関わること」も必要です。「思いや願いを実現する」という学習過程において、上手くいかないという体験こそが、考えたり工夫したりする子どもの姿を生みます。試行錯誤するには、十分な時間が必要なのです。このような場を設定すれば、子どもたちは自ずと身近な生活に関わる見方・考え方を生かし自ら学びを進めていくのです。

対象との出会いの工夫により見方･考え方を生かす子どもの姿

生活科で学習する材料は、子どもたちの生活の中にあると考えています。あるとき、育てている一鉢に水やりをしようと（写真1）、箱の中から自分のペットボトルを探すのに苦労している様子が見られました。この困り事を学習材にできないかと考えました。単元名「ペットボトルがぐっちゃぐちゃ」、第1学年の6月の実践です。「自分事」となるように、本単元での身近な生活に関わる見方・考え方を「困った状況の解決」としました。

写真1　育てている花に水やりをする様子

写真2　ペットボトルが散乱している様子

写真2を見せると、子どもたちが口にしたのが「ペットボトルがぐっちゃぐちゃ」（困った状況の把握）という言葉です。「何か困っていることはない？」とたずねると、次のようなことを言い始めました。「見つかりにくい」「自分の物が見つからないから人の物を借りた」「名前が見えにくい」「形が似ている」「探すのに時間がかかる」「だから遅れる」「重なっている」「自分の物が下にある」「だから出席番号順に置いた方がよい」「ペットボトルに番号を書けばよい」「目印がよい」〈創出〉。

困った状況の把握	困った状況と見る「見方」	困った状況を解消する「考え方」
ペットボトルがぐちゃぐちゃ	見つかりにくい。	自分の物が見つからないから人の物を借りた。
	名前が見えにくい。	だから遅れる。
	形が似ている。	だから出席番号順に置いた方がよい。
	探すのに時間がかかる。	ペットボトルに名前を書けばよい。
	重なっている。	目印がよい。
	自分の物が下にある。	

図　子どもたちの発言内容を見方・考え方で整理したもの

これらの言葉を図のように整理してみると、子どもたちのこれまでの経験を通して有している見方・考え方が表れていることがよく分かります。「見つかりにくい」「名前が見えにくい」「形が似ている」「探すのに時間がかかる」「重なっている」「自分の物が下にある」は、このような状況があるので困っているという「見方」です。また、「自分の物が見つからないから人の物を借りた」「だから遅れる」「だから出席番号順に置いた方がよい」「ペットボトルに番号を書けばよい」「目印がよい」これらのことは、困った状況を解消する「考え方」です。

解決策が出たところで「出席番号順に置く方法はどう思う？」と子どもたちにたずねました。「気持ちがよくなる」と19人が賛成しましたが、「中（内側）のほうが見えない」と9人が反対しました。そこで「箱に番号を書けばよい」「分ける仕組みをつくればよい」「ペットボトルが入るように幅を考えた方がよい」という新たな解決策が生まれ、一人の子どもが説明をし始めました（写真3）。

写真3　ペットボトルを分ける仕組みを説明する姿

「画用紙をこんなふうに切って」と言うので、イメージを共有できるように画用紙を渡し、実際にやってみるように促しました（写真4）。この説明を聞いて見通しをもった子どもたちは、「ペットボトルを整理する入れ物を作ろう」と言い出しました。

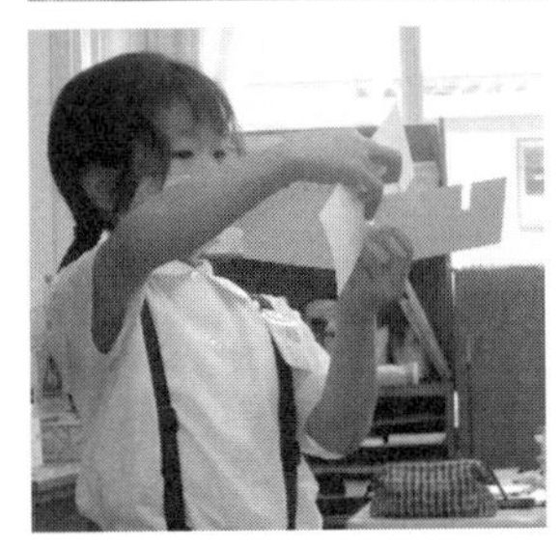
写真4　作り方の図とそれを説明する子どもの姿

このように、困っている状況を「材」にすることで、「困った状況の解決」という見方・考え方を生かして、「自分事」として取り組むことにつながっていったのです。

材料は何にするかをたずね、子どもたちが言った「段ボール」「プラスチック」「紙粘土」「厚紙」の4種類の他に「スチレンボード」を加えました。「密を防ぐ」「安価」「異なる材質」「扱いやすい」という理由からです。「段ボールや厚紙は雨でやぶれそう」「紙粘土はペットボトルが汚れそう」「プラスチックはテープで貼れないかもしれない」そんな考えが出てきましたが、子どもたちは「やってみたらできるかもしれない」と言って、五つの材料の中から自分で選択し、グループに分かれて活動を始めました。ここにも「材料による特性」という、既に有している見方・考え方が表れていますし、「困った状況の解決」という見方・考え方が表れています。

活動していく中で、紙粘土が固まったり、プラスチックが硬くて切りにくかったり、スチレンボードが割れたりなど「材料による特性」が表れました。また、35人分のペットボトルを入れる物ということで「同じ大きさ（ペットボトル1個分）の物を作ること」に苦労していました。そこで、この二つに視点を絞ってそれぞれのグループの考えていることを伝え合う場を設けました。

写真5　スチレンボードグループの様子

写真6　紙粘土グループの様子

子どもたちは、課題に直面しながらも、繰り返し対象と関わることで、材料に合わせた作り方を考え出し、解決していく姿が見られました。

例えば、スチレンボードグループは、割れないようにガムテープを貼って補強したり、ペットボトルを1本ずつ分けて入れる計画を途中で変更し、列で8本入れる方法を発見したりしていました（写真5）。

紙粘土グループは、途中紙粘土が固まってしまい水につけて溶かすことを思いついたり、逆に溶かしすぎてしまい日に当てて乾かすという方法を見つけたりしていきました（写真

6)。さらに、紙粘土をひも状に伸ばす際に太さがまちまちになったり、一つの入れ物の中に、ひも状の格子を35人分作ろうとしたりしたために、一つの格子が小さくなってペットボトルが入らなかったのですが、入れられるようにするために入れ物の数を増やして解決していきました(写真6)。

この単元の振り返りで子どもたちからは、「材料には特性がある」「絵をかいたり、物を使ったりしたら、考えが伝わりやすい」「考えが変わっていってよりよいものができた」「みんなで力を合わせればできた」「作り方が分からない物でも作ることができた」「難しいことを完成させた」という言葉が出ました。「困った状況の解決」という見方・考え方を生かし、自分事として学んだことが分かります。この見方・考え方を生かすことは、自立し生活を豊かにしていくことにつながるでしょう。

繰り返し対象と関わることで
見方・考え方を生かす子どもの姿

生き物が好きな子どもたちが多く、休み時間のたびに外に出て生き物を捕まえる姿が1年生の4月から7月に見られました。その一方で、捕まえた生き物を虫かごに入れたまま何日も過ぎる姿や生き物にまったく興味を示さない子どもの姿も見られました。また、バス通学の子どもが多く、地域との関わりの薄さも課題と感じていました。このようなことから「生き物と関わる経験をしてほしい」「生き物を大切にしてほしい」「地域を知ってほしい」と考え、地域に出かけて生き物を捕まえ、自分の育てたい生き物を決めて育てていく学習を考えました。

次に挙げるのは、単元名「だいすきだよ!　○○くん」、第1学年の10月の実践です。生き物の存在が「自分事」となることが、目指す子どもの姿だと考え、本単元での身近な生活に関わる見方・考え方を「生き物への愛着」としました。

単元の導入では、生き物を捕まえたり育てたりした経験をたずねながら、地域

写真7　五十鈴川でカニを捕まえる様子

写真8　捕まえたカニを家に連れて帰る様子

に出かけて自分で生き物を捕まえて育ててみたいという思いにつなげていきました。生き物の存在が「自分事」となるように、地域の三つの場所「世界の森公園」「五十鈴川」「亀山公園」に行き、生き物を探して捕まえるという共通体験の場や育てたい生き物を自分で決める自己決定の場を設定しました（写真7）。捕まえたその日から生き物のことを気にかけて家にまで連れて帰る姿が見られ、「生き物への愛着」が既に生まれていること〈創出〉を感じました（写真8）。

しかし、子どもたちがそれぞれ勝手に行う世話は生き物にとってよいことばかりではありません。生き物のためと思ってしたことが、実は生き物にとってはよくないこともあるからです。そのことに気付くためには、毎日生き物の世話をして、変化や成長に気付くことが大切であろうと考えました。「繰り返し対象と関わる」ということです。

そこで、毎日世話をする時間を朝の時間に設定し、気付きを「○○さんにっき」に書き溜めていくようにしました。育て始めの頃は、「口の中が黒い（バッタ）」「餌を食べるときははさみで切って食べる（ザリガニ）」等、はじめて知る生き物の様子を観察し、発見したことや驚いたことを日記に書いていた（現状・状況の把握）子どもたちでしたが、世話を続けていくと「ヨーグルトの入れ物にのるようになった」「ご飯と水を替えて元気になった」等の気付きが日記に表れるようになりました。「ヨーグルトの入れ物」「ご飯と水を替える」は、子どもたちが生き物に対して自ら働きかけている様子、「のるようになった」「元気になった」は、働きかけをしたことにより以前と変化した様子が表れています。これらの「環境、住処（すみか）、健康、生命、成長」等の様子や変化の気付きは、命ある生き物を見る「見方」を生かしている〈創出〉だといえるでしょう。また、子どもたちの世話の様子を見ていると、カニの食べ物をキャベツから麩（ふ）に変えたり、ザリガニが隠れられるように石を入れたりする姿も見られました。生き物の様子や変化に気付き、餌や住処を変えているこれらの行動は、「生き物への愛着」という見方・考え方を生かしているといえるでしょう。しかし、子どもたちは、それらが生き物のことを考えて行っている行動だとは意識していませんでした。

ある日ザリガニのザニちゃんを育てているAさんは、毎日家に連れて帰り、また学校に連れてくる中、右のはさみの先が折れていることに気が付きました。そのことについて全体で話をすると「バスで揺れたのでは？」「隠れ家のための石が入っていたからでは？」「どこかに挟まったのでは？」「バスから降りるとき虫かごにぶつかったのでは？」などの考えが出てきました。Aさんに毎日連れて帰るわけをたずねると「ほうれん草をあげるため」「観察したいから」と答えました。それに対し「連れて帰るのは揺れるから生き物がかわいそう」「連れて帰るのは自分が大変」など、連れて帰ることに対しての生き物の気持ちや自分たちの大変な思いが出てきました。そんな話をした後もAさんは、ザニちゃんを連れて帰りました。ただ、翌日からは、中にプラスチックのケースを入れて隠れ家を作っていました（写真9）。最初にあげていた食べ物（餌）ではないものをあげ始める他の子どもの姿もあり、以前と今とで世話の仕方を変えたことに着目する授業を仕組みました。

「ザリガニにメダカをあげたら頭を残したよ」という子どもの発言に、「今メダカをあげたって言っていたけれど、最初は何をあげていた？」と問い返しました。「煮干しとかキュウリとかをあげていた」という子どもの言葉を聞いて、「どうして餌を変えたのだと思う？」とさらに全体に問い返しました。す

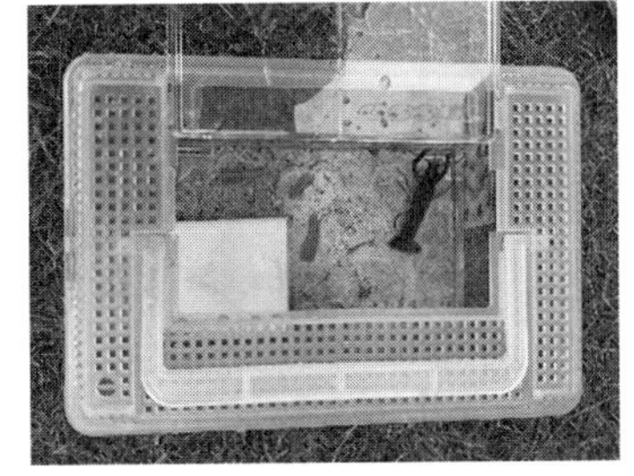

写真9　隠れ家をプラスチックケースに変えた様子

ると、「いろいろな味があった方がいい」「生き物が飽きちゃう」「ぼくたちだって毎日同じものだといやだ」という意見が挙がり、生き物の立場に立って考えることができました。そして、これまでも生き物の立場に立って世話をした人がいるかたずねると、多くの子どもたちが手を挙げました。その中の一人であるAさんが、「ザリガニの隠れ家を石からプラスチックに変えたこと」を紹介しました。理由をたずねると「石だとぶつかって痛いから」と答え、生き物の立場を考えながら世話をしていたことに改めて気付くことができました。

生き物の立場に立って考えることを意識した子どもたちは、一層自分との関わりを深め、より生き物の立場に立った関わりをするようになりました。ザリガニを育てていた子どもは、捕まえた場所の水が汚れていたからと、あえて毎日水を替えないで様子を見るようになりました。カマキリを育てていた子どもは、目立つものが捕まえやすいからと「バッタ（跳ぶ）」「キタキチョウ（黄色）」をあげるようになりました。他にも、食べる速さや量からより好きな食べ物を見つけたり、広い場所と狭い場所を作り、温度に合わせて生き物が自分の居場所を選択できるようにしたり、より生き物の立場に立った関わりを考えて世話をする様子が見られました。

生活科で目指すもの

これらの事例を通して分かることは、子どもたちは、これまでの生活経験を通して既に有している見方・考え方があります。それらを創出させるために教師が大切にするべきなのは、「対象との出会いを工夫すること」「対象と繰り返し関わる時間をしっかりと確保すること」です。「小学校での学習＝新しいことを教える」と思われがちですが、幼児教育を通して学んできた子どもたちは、適切な場さえ与えられれば、もてる力を存分に発揮する力が備わっています。教師は、そのための場を設定し、子どもの活動やつぶやき、あるいは発言や振り返りからその力をしっかりと見取らなければなりません。さらに、個々の学びをつなぎ、協

写真10　自由帳にメモをとる子どもたち

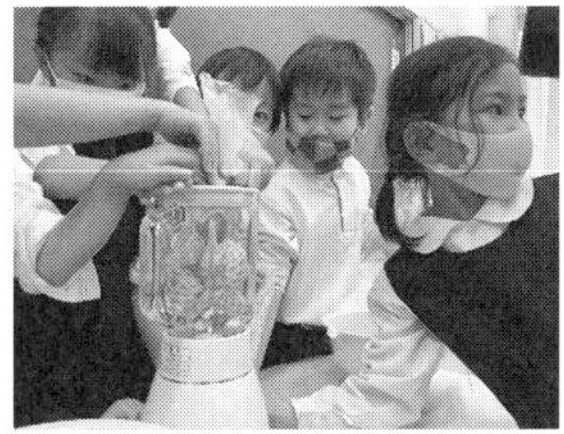
写真11　シャボン玉に色を付けたいと家からみかんを持ってくる子どもたち

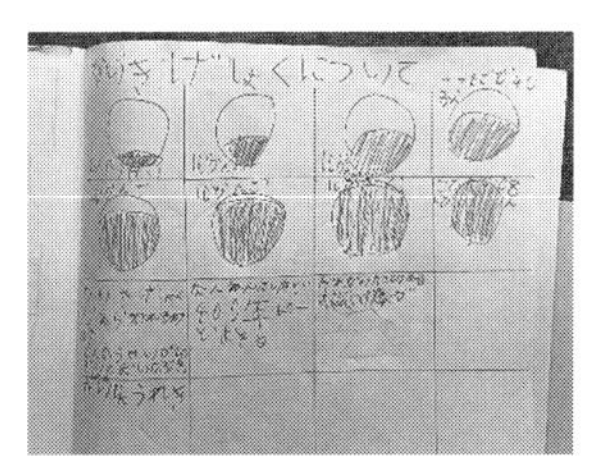
写真12　皆既月食について調べたノート

働の学びとなるように、学びを整理したり、方向付けたりしなければなりません。生活科で求められる教師の力は、実に多くのことが含まれているため、とても難しく思われます。しかし、見方によってはとてもシンプルだともいえるでしょう。それは、子どもの思いに寄り添うということだからです。「子どもが何を楽しんでいるのか」「子どもが何をしようとしているのか」を見取り、支えていくことで、子どもが本来有しているすごい力に気付いていくことができるのだと思います。

自ら学ぶ楽しさを知った子どもは勝手に学び始めます。「忘れたくないから」と自由帳がメモ帳になります（写真10）。次の生活科の授業に向けて、材料や道具を持ってきたり、作品を作ってきたりもします（写真11）。「花」「昆虫」「皆既月食」など興味をもったことは、言われなくても調べてきます（写真12）。「自ら学ぶ」という全ての学びの土台を、生活科で育てているといっても過言ではないでしょう。

（志賀直美）

受容、転移

―自覚させ、活用できるように高める―

子どもが自分の力で考え、学ぶことを楽しむことができるようになるためには教師は何をするべきでしょうか。やはり、子どもから「見方・考え方」を引き出すということです。しかし、それを引き出して終わりでは子どもの力にはなりにくいです。なぜなら、創出された「見方・考え方」に子ども自身が気付かずに、時間が過ぎ去ってしまい、「見方・考え方」が子どものものにならないからです。子どもがどれだけ「見方・考え方」を創出したとしても、子ども自身が働かせていた「見方・考え方」やそのよさに気付かなければあまり意味はありません。創出だけで終わってしまうと、子どもからせっかく「見方・考え方」を引き出したとしても、棒に振ってしまうことになります。つまり、子どもが問題解決の際に創出した「見方・考え方」そのものやそのよさに気付く過程が大切になります。

また、「見方・考え方」を自在に使いこなしていく子どもを育むためには、引き出した「見方・考え方」を自覚させ、活用できるように高めていくことが必要です。自分自身が働かせた「見方・考え方」やそのよさに気付いたとしても、実際に使えなければ、宝の持ち腐れです。では、子どもが「見方・考え方」を活用可能な水準まで高めるためには何をする必要があるのでしょうか。計算ドリルや大量のプリントに取り組む時間を確保すれば、子どもは「見方・考え方」を使いこなすことができるようになるのでしょうか。決してそうとはいえません。確かに習熟の時間は大切です。しかしドリルやプリントの繰り返しは、形式的な手続きの確認であって、「見方・考え方」を使いこなすことにはつながりません。そのため、手続きをいくら反復しても少し場面や文脈が変わると、その意味や使い方が分からなくなってしまう子どもは少なくありません。文脈や場面が変わっても、子どもが獲得した「見方・考え方」を活用できるようにすることが大切です。

ここまで述べたことを整理すると、子どもが創出した「見方・考え方」を自覚化し、他の場面や文脈において自覚的に発揮していく過程を仕組む過程が大切であるということです。その過程を〈受容〉〈転移〉と定義しました。

受容：無自覚であった見方・考え方を自覚的にとらえていく過程
転移：受容した見方・考え方を他の場面や文脈においても活用できるのかを考えたり実践したりする過程

〈受容〉では、「問い返し」や「振り返り」を行うなどして、子どもが気付きにくい事柄の本質や側面に目を向けさせ、見方・考え方を自覚的にとらえさせていくような指導が重要です。そのためには、言語化を促すなどの働きかけが欠かせません。〈転移〉では、「他の問題や場面の意図的な設定」をするなど、自覚化した「見方・考え方」を活用する場面を仕組みます。そこで子どもは、「見方・考え方」が使えるかを試したり、さまざまな場面や文脈でも積極的に使ったりすることを経験します。つまり、学習活動を通して、受容した「見方・考え方」を活用するところまでを大切にするのです。

単元を通して、〈創出〉と〈受容〉〈転移〉の一連の過程を仕組み、子どもが学習の中で自在に「見方・考え方」を発揮していくことができるようにします。その積み重ねが、子どもの見方・考え方を成長させ、資質・能力を育んでいくのです。

受容 （主な支援）	● 子どものさまざまな考えや発言を認める。 ● 子ども自身や仲間の言動に対して、その理由や意図、思いについて問い返す。 ● 仲間の発言に対して再現を促す。 ● 単元や1単位時間ごとに見方・考え方の振り返りを促す。
転移 （主な支援）	● 見方・考え方を活用する場面を設定する。 ● 見方・考え方を活用できそうな場合を考えるよう促す。 ● 課題と照らし合わせて活用できそうなことを問う。 ● 見方・考え方を活用せざるを得ない状況や場を設定する。

理科事例

質的・実体的な見方を自覚化し活用する

質的・実体的な見方の自覚化〈受容〉を促すための教師の支援

本単元で扱う質的・実体的な見方とは「見た目ではなく、素材に着目すること」です。単元の冒頭、子どもたちに「磁石ってどのようなものにくっつくのかな？」と問いかけると、表1のように整理することができました。子どもたちは三つの視点で磁石に引きつけられるものをとらえていることが分かります。

表1　子どもたちがとらえた三つの視点

見た目	具体物	素材
銀色のもの ピカピカなもの　等	くぎ クリップ　等	金属っぽいもの 鉄のようなもの　等

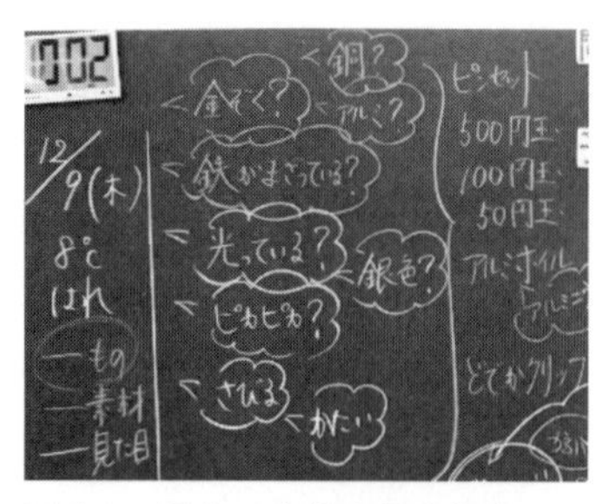

写真1　視点の自覚を促す板書

子どもたちが、自分の視点を自覚化できるように、磁石に引きつけられるものの特徴を色分けし板書していきました（写真1）。“見た目”に関するものは黄色チョーク、“具体物”に関するものは青色チョーク、“素材”に関するものは赤色チョークで整理しています。

その後、チョークで色分けした板書を用い

て子どもたちと視点を共有し、理科室にあるさまざまなものに磁石を近づけて調べる活動に移りました。そのとき、驚きの表情を浮かべながら駆け寄ってきたK児が「先生、磁石が意外なものにくっついた」と、報告してきたのです。詳しく説明するよう促すと、磁石を手に持って“消火器”に近寄り、「赤色なのに磁石にくっつく」とK児。そこで私は、学級の全員に手を止めるように促し、K児の話を共有しました（写真2）。その上で、「Kさんは何に驚いているのかな？」と問うと、子どもたちは以下のようなやり取りを始めました。

写真2　驚きを話すK児

T児：Kさんは銀色（見た目）のものに磁石がくっつくと思っていたから驚いているのではないかな。
R児：ぼくも銀色（見た目）のものが磁石にくっつくと思っていたけど、色（見た目）は関係ないということかな。
N児：消火器（具体物）が何でできているか（素材）が気になるね。

K児の驚きを意図的に取り上げ、学級の全員で視点を共有したことにより、“見た目”を重視していた子どもたちが“素材”に目を向けることの重要さに気付き始めたのです。板書への明示化や子どもの素朴な感覚への問い返しを繰り返すことで、子どもたちは学びの文脈の中で無理なく質的・実体的な見方を自覚化していくのだと考えています。

教材提示と板書の工夫による質的・実体的な見方の自覚化〈受容〉

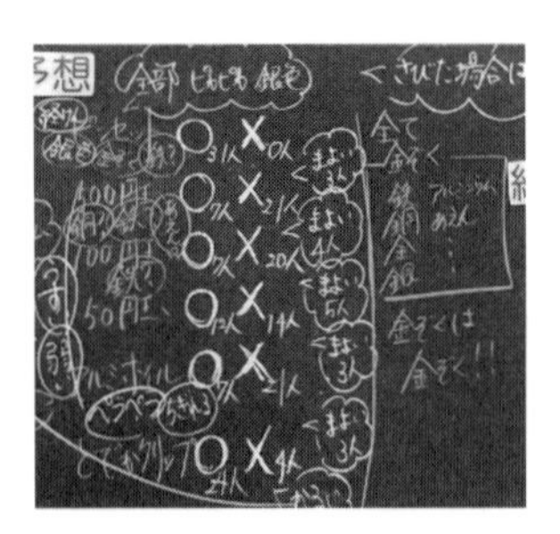

写真3　提示した具体物と子どもたちの予想

「結局、磁石に引きつけられるのはどのようなものか」という学習課題を共有し、六つの具体物（ピンセット、500円玉、100円玉、50円玉、アルミホイル、目玉クリップ）を提示します。このように、“見た目”は全て銀色っぽくてピカピカしているが“素材”の違う具体物を意図的に提示することで、より質的・実体的な見方を働かせながら問題解決をすることができるようにしました。子どもたちは、「金属っぽい」「鉄っぽい」などといった“素材”に着目しながら予想していきます（写真3）。全ての予想を交流した後、板書を見るよう促し、「どのようなことを根拠に予想したの？」と子どもたちに問いました。「みんな“見た目”ではなく、“素材”を考えながら予想していたと思うよ。板書も黄色のチョークではなく赤色のチョークが増えているよ」と、質的・実体的な見方を自覚しながら話す子どもたちの姿〈受容〉がありました。

言語化を促すことによる質的・実体的な見方の自覚化〈受容〉

「どのように調べていく？」と実験の方法について問いかけると、班ごとに話合いが始まりました。ある班の交流の様子を紹介します。

Ｙ児：	まずは実験だよ。どれが磁石にくっつくのかを調べるとよいね。
Ｍ児：	そうだね。その後、くっつくものとくっつかないものを比べていけばよいと思うな。
Ｔ　：	くっつくものとくっつかないものの何を比べるの？
Ａ児：	何でできているか。成分や素材だよ。

まさに質的・実体的な見方を働かせながら実験方法を考える子どもの姿です。全体でも実験の方法と実験結果表の書き方を共通理解し、実験を開始しました。全班の実験の結果が一つになった表は、写真４のとおりです。実験結果表をもとに、結果の事実について交流する中で写真５のように分類することができました。

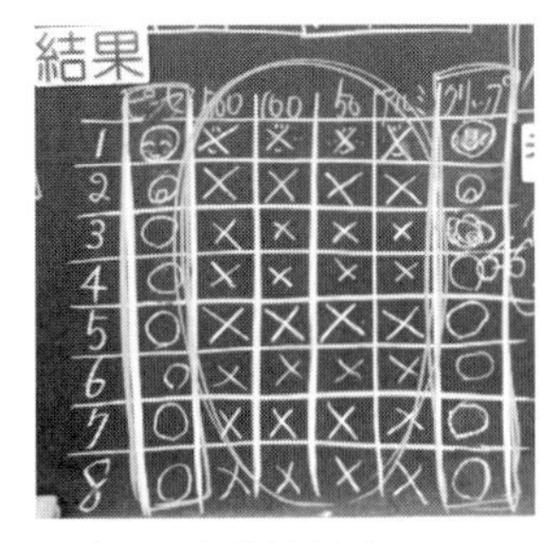

写真4　実験結果表

写真５のように磁石に引きつけられるものと引きつけられないものとに分類するとすぐに多くの子どもたちが、「先生、成分（“素材”）が知りたい！」とつぶやき始めたのです。

そこで、一人一台端末でそれぞれの具体物の成分（“素材”）を調べるよう促しました。磁石に引きつけられるものは「鉄」でできており、磁石に引きつけられないものは「白銅や亜鉛、銅、銀、ニッケル、アルミニウム等（鉄以外）」でで

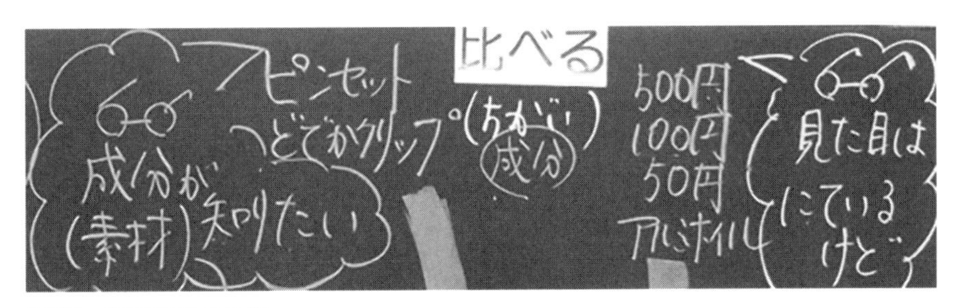

写真5　実験結果の分類

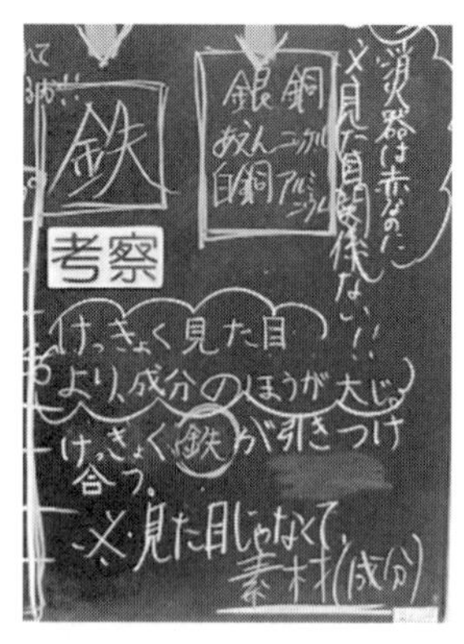

写真6　質的・実体的な見方を働かせた考察

きていることを学級全体で確認した後、考察へとつなげました（写真6）。子どもたちは、“見た目”より成分（“素材”）のほうが大切であると、質的・実体的な見方を言語化し、「結局、金属の中でも鉄だけが磁石にくっつくのだ」と結論付けたのです。これらの姿はまさに、質的・実体的な見方を自覚化している姿〈受容〉であるといえるのではないでしょうか。

振り返り活動による質的・実体的な見方の自覚化〈受容〉

授業の終末において、「分かったこと」（学びの結果）と「どうして分かったのか」（学びのプロセス）の二つの視点で学習を振り返るよう促しました。学びの結果と学びのプロセスを同時に振り返ることで、「質的・実体的な見方は学びに役立つのだ」という有効性を自覚化することができるようにするためです。時間をかけ、自分の学びを振り返った二人の子どものノートを紹介します（写真7）。

子どもたちの振り返りの記述を分析してみると、「最初は、銀色であったり、金属であったりすると磁石に引きつけられると思っていたけれど、実際には鉄だけが磁石に引きつけられることが分かった」と学びの結果についてまとめています。また、「そのことが分かるためには、色などの“見た目”ではなく、“素材”に着目することが大切だった」と学びのプロセスについても振り返っていました。学びの結果だけではなく、学びのプロセスにも目を向けながら振り返ることを繰り返すことで、子どもたちは問題解決の中で働かせた見方・考え方を自覚し、その有効性にまで気付き始めるのだと考えています〈受容〉。こうして、見方・考え方とその有効性に気付いた子どもたちは、別の文脈や他の単元でも自在に見方・考え方を働かせ〈転移〉、自立的に学ぶ子どもたちに成長していくことが期待できます。

ふりかえり

じしゃくは鉄しか引きつけ合わないし見た目ではんだんしてはいけない。さいしょはじしゃくが引きつけるのは金ぞくだと思っていたけど鉄だけなんだなあと知れた。鉄は鉄なんだなあ。見た目や色ではんだんせずかたさや素材が大切。

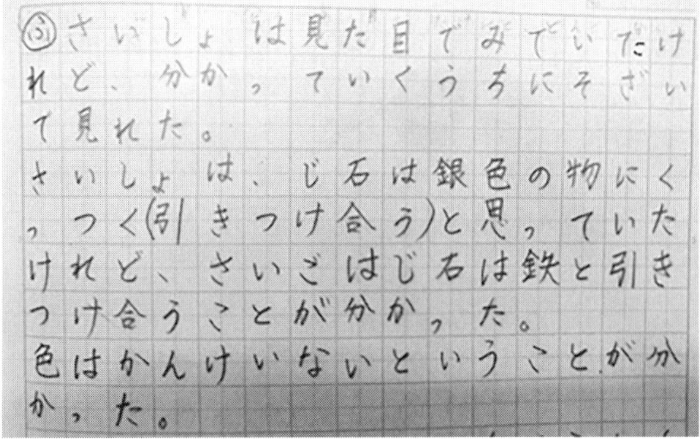

③さいしょは見た目でみていたけれど、分かっていくうちにそざいて見れた。
さいしょは、じ石は銀色の物にくっつく(引きつけ合う)と思っていたけれど、さいごはじ石は鉄と引きつけ合うことが分かった。
色はかんけいないということが分かった。

写真7　質的・実体的な見方を自覚化した子どもたちの振り返り

自覚化した質的・実体的な見方の活用〈転移〉

次の時間の冒頭、「空き缶は磁石に引きつけられるのかな？」と子どもたちに問いました。“素材”に目を向けて調べるという質的・実体的な見方を自覚的に活用するための場面設定です。すると、子どもたちは「先生、その空き缶を貸して！」と即座に反応しました。「空き缶を借りてどうしたいの？」と問い返すと、子どもたちは「空き缶のまわりに、何でできているかが書いてあるからそれを見たい」と話しました。質的・実体的な見方を自在に働かせている子どもたちの姿〈転移〉です。空き缶を手にした子どもたちは、空き缶のまわりに書いてある“素

写真8　自ら素材に着目する様子

写真9　スチール缶について話す子どもの姿

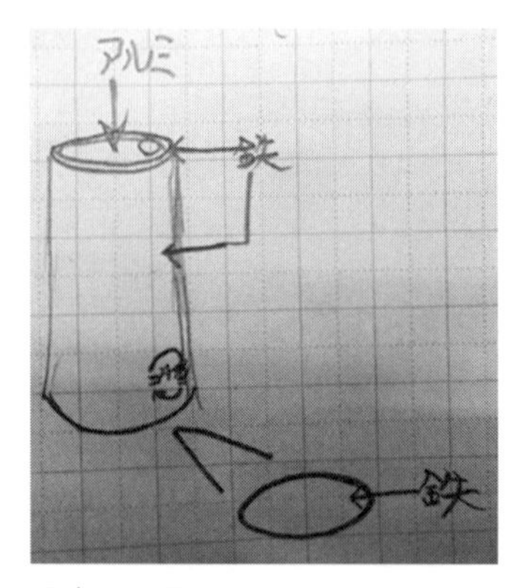

写真10　子どものノート

材”を指さして言いました。「これは磁石にはつかないよ。“アルミ”というマークがあるからね」と（写真8）。実際に磁石を近づけ、引きつけられないことを確認した後、ある子どもの「缶は“アルミ”だけではない」というつぶやきを取り上げ、スチール缶を各班に配りました。子どもたちは「“スチール”ってどういう意味？」と疑問をもっていましたが、磁石を近づけ、引きつけられたことを根拠に「“スチール”っていうのは鉄ってことだね」と自ら結論付けました。そこで、ある班が「おもしろいことに気付いた！」と言うのです。そのことを学級全体に共有するよう促すと、電子黒板にスチール缶の写真を映し出し、説明するのです（写真9）。「スチール缶のフタ（上）の部分は、磁石にくっつかないよ。鉄以外の“素材”でできている」と続けて話しました。スチール缶の構造の秘密について、自ら“素材”に着目しながら追究する子どもたちの姿〈転移〉が見られました。子どもたちが書いたノートが、写真10のとおりです。

他の文脈や場面における
質的・実体的な見方を活用〈転移〉

次の単元「明かりをつけよう（電気のはたらき）」の学習において、「電気を通すものはどのようなものか」を追究していく時間の話です。“見た目”がピカピカであったり、銀色であったりする、七つの具体物（ピンセット、スプーン、10円玉、100円玉、アルミホイル、試験管、目玉クリップ）を提示して予想するよう促しました。すると、すぐさま「先生、全部の“素材”が知りたい！」と子どもたちが言い出しました。「どうして“素材”を知りたいの？」と問い返すと、自信満々な表情をした子どもたちが言うのです。「磁石のときみたいに、“見た目”ではなく“素材”で判断しないと本当のことが分からないから」と。まさに質的・実体的な見方の有効性に気付いた子どもたちが、単元を超えて、自覚的に活用する姿〈転移〉といえるでしょう。それぞれの“素材”を確認し、分類した後、電気を通すかどうかの実験をしていきました。すると、写真11のように整理することができました。

「結局、電気を通すものはどのようなものかな？」と問うと、「金属かな」と首をかしげながら言いました。どうやら腑（ふ）に落ちない様子だったので「何がはっきりしていないの？」と問い返すと、「ニッケル、スズ、亜鉛が金属なのかどうか分からない」と子どもたち。そこで、一人一台端末を使って、金属の種類について調べるよう促しました（写真12）。ようやく電気を通した“素材”の全てが金属ということに納得し、「電気を通すものは、鉄や銅などの金属である」と結論付けていったのです。学習の振り返りの際には、

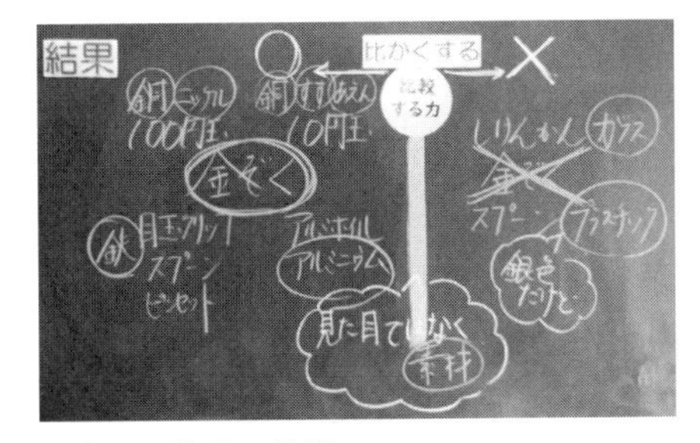

写真11　結果の分類

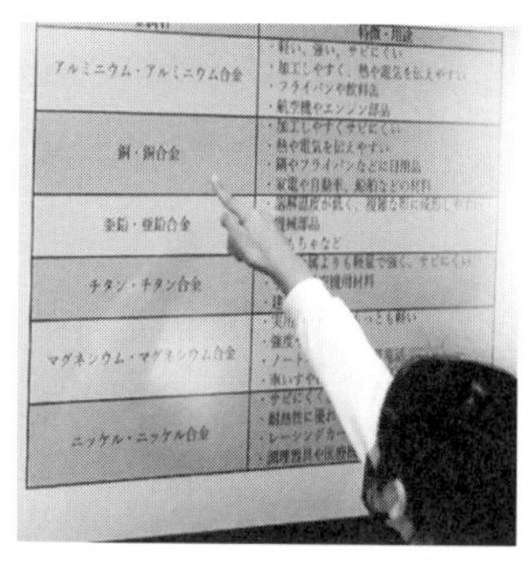

写真12　金属の種類を発表する子どもの姿

「やっぱり“見た目”ではなく、“素材”が大切なのだと思った。“素材”に目を向けることはいろいろと迷わなくて済むからよい」と語る子どもたち。“見た目”は金属っぽくても金属ではないものや“見た目”は金属っぽくなくても金属であるものがあること、さらに“金属”というもの自体の認識が曖昧な子どもたちにとって、“素材”という視点に焦点化できることは学びの理解のしやすさにもつながるのだと考えます。

本質に着目しながら学ぶことが本単元に転移したことにより、「“素材”を把握した上でどの具体物が電気を通すかどうかを確かめていく」という学びの道筋を自ら見出す子どもたちの姿につながりました。教師からの押し付けではなく、自立的に学ぶ子どもたちとは、理科の見方・考え方を自在に活用し、自ら学びを推し進めることのできる子どもだと考えます。そのような子どもを育むために、日頃の授業から、子どもたちが無自覚に働かせている見方・考え方を的確に見取ったり、問い返しや明示的指導を繰り返したりといった支援を続けていきたいものです。

（津守成思）

体育科事例

運動との多様な関わりが子どもの学びを変える

気付かせて、使う「見方・考え方」

「やったー！　できた！」「分かった！」「楽しかった！　またやりたいな！」

このような子どもたちの声が、教室、体育館や運動場など学校のあちらこちらから聞こえてくると、教師としての喜びを感じます。そして、そのような子どもの楽しそうな、うれしそうな姿を見たくて教師になりました。数年前の新米教師だった私は、「分かるようになってほしい。できるようになってほしい」という思いが強く、教材研究としてそれぞれの運動が上手にできるようになるためのポイントを学び、授業で子どもたちに伝えていました。そして、子どもたちは授業を通して、できることを増やしていきました。しかし、身に付けたことはその運動固有の知識・技能であって、その知識・技能は、単元が変わった後の学びで生かされることはほとんどありませんでした。もちろん、他教科等や生活場面で生かされなかったことは言うまでもありません。

そんな中、授業づくりで大きく考えが変わった出来事がありました。それは、「見方・考え方」を働かせることのよさとの出合いです。ある体育科の学習の際に、ボールゲーム領域のゴール型のバスケットボールの学習の中で、ボールを持たないときの動きに着目して学び、その後にサッカーの学習をしたときのことです。多くの子どもたちは、バスケットボールの試しのゲームの中でどのように動いたらよいのか分かりませんでした。単元が進む中で、「ボールを持っている人の近くに動いたらボールをもらえた」や「相手がいない場所に動いたら、相手に邪魔されずにパスが通ったよ」などと、話し合ったり、実際に動きを見たりして、ボールを持たないときの動きについて気付いていきました。

その後、サッカーの学習となりました。多くの子どもたちはサッカーのゲームの中で、ボールを持たないときにどのように動いたらよいか分かりません。しかし、Aさんが言いました。「バスケットボールのときと同じように動けばいいんだ！」と。そして、バスケットボールとサッカーは似ているからと、バスケットボールの学習のときに学んだボールを持たないときの動きについて説明し始め、他の子どもたちは納得しました。その後は、他にもバスケットボールでの学習で生かせることはないかと振り返りながら学んでいきました。

このとき子どもたちは、ボールゲーム領域の中のゴール型であるバスケットボールとサッカーの運動の特性が似ている点に無意識に着目して、「ボールを持っている味方の近くに動く」や「相手がいない場所に動く」など、ボールを持たないときの動きや作戦など既習の内容を思い出してサッカーの学習で生かしながら学びました。そして、仲間と共に運動課題を達成していく中で、運動の楽しさを感じました。

このように、子どもたちは、授業の中で、無意識に「見方・考え方」を働かせて学習しています。そして、その後の学習や生活など他の場面でも生かされます。私は、子どもが「見方・考え方」を働かせて学習することの大切さを感じ、教師も意識して授業をしなければならないと思い始めました。

子どもが「見方・考え方」に気付き、使うための教師の支援

「体つくりの運動遊び」の授業でのことです。子どもたちはいろいろな運動遊びを行いながらさまざまな体の動きを身に付けていきました。しかし、単調な動きが多い「体つくりの運動遊び」を子どもたちは「もっとおもしろくしたい！」

という思いから体を動かす楽しさを追究していきます。「もっとおもしろくするにはどのようにしたらよいか」という問いに対して、子どもたちは「もっと難しくするために工夫したらよいのではないかな」「自分たちでおもしろくなりそうな遊び方を考えよう」と言います。数年前の私はそこで、「子どもたちに遊び方を楽しくする工夫のための視点を早く知って、たくさん体を動かしてほしい」という思いから、「人数」「時間」「姿勢」など遊び方を変化させる要素を先に伝えてしまいました。子どもたちは、遊び方の工夫を追究する中で、自分たちで見つけられたはずの遊び方を教師に先に教えられてしまい、主体的な学びも、他の場面で活用できるような「見方・考え方」に気付くこともできませんでした。

子どもたちが「見方・考え方」を働かせて主体的に学んでいけるようにするために、まず教師自身が見方・考え方を理解し、子どもの姿を思い浮かべながら「どのように授業の中で取り入れるとよいか」と考えなければなりません。そして、子どもたちが無意識に働かせた見方・考え方を意識的に働かせること〈受容〉ができるように、問い返し、発言を板書して明示化し、価値付け、振り返るなどして、子どもが言語化できるようにするための支援を行うことが大切です。さらに、受容した「見方・考え方」を活用すること〈転移〉ができるように、子どもたちが「やってみたい！」と思うような課題設定や場づくりをしたり、他の場面で活用できそうなことを問うたりします。このように、受容と転移の一連の過程を仕組み、ときには行き来しながら、「見方・考え方」に気付かせて、使う過程を仕組めるように教師の支援が変わると、子どもの学びも変わると学んだのです。

「見方・考え方」に気付き、使う授業実践と子どもの姿

これから紹介する実践の中で、私が子どもたちに活用できるようになってほしい見方・考え方は、「体のどこを、どのように動かしたらよいか」と自己の体の

写真1　よじ登り逆立ちの様子

動かし方や感覚に着目して、運動との多様な関わり方について考えることです。子どもたちは、できないことができるように、もっと上手になるように、練習を繰り返しながら、無意識に友達の動きを見たり伝え合ったりして学び、動きを身に付けようとします。その学びの中で、試行錯誤しながら体の動かし方や感覚に自分で気付き、言語化しながら動きができるようになることで、「あ！　こうやったらできた！」と課題解決の過程を知るとともに、「達成」という体育の楽しさを味わえると思います。私は、そのような運動との多様な関わり方をいつでも活用できるようにし、今後の体育科の学習で生かすことができるようになってほしいのです。

「転がって！　支えて！　逆さになって！　ニンニンの里！」と題して、第2学年でマットを使った運動遊びを行いました。実施した運動遊びは、前転がり、後ろ転がり、丸太転がり、手押し車、首倒立、かえる逆立ち、かえる足打ち、川跳び、よじ登り逆立ちです。これらの運動遊びには、回転、支持、逆さなどの動きがバランスよく含まれ、中学年のマット運動で行う技につながるようにしました。

子どもたちは、忍者の世界をテーマとした「ニンニンの里」で自己に合った難易度（初級・中級・上級）を選択し、クリアを目指して夢中になって遊ぶ中で、自然とさまざまな体の動きを身に付けました。はじめは「友達とニンニンの里で修業することが楽しい」「難しそうな動きも簡単にできた」など、体を動かすことに楽しさを感じていました。しかし、ニンニンの里での活動を夢中になって行う中で、「もっと難しいレベルにチャレンジしたい」、そして「もっと上手になりたい」など、新たな技や難しい難易度の技に挑戦したいという思いをもちました。また、ある子どもは「私はできたのだけど、同じチームの友達でできてない人が

写真2　動きを比較し、子どもの気付きを明示化する

いたよ。みんながてきるようになったらよいね」「上手になるためにはどうしたらよいかな」と問いをもちました。

子どもが問いをもった次の時間に、私は「上手になるためにはどうしたらよいかな」と問いました。すると、子どもからは「こうやってやったらいいよって、教えたらよいのではないかな」や「上手な人のお手本を見たり、みんなで教え合ったりしたらよいのではないかな」という考えが出てきました。私は実際に試してみようと言って、子どもたちを活動に送り出しました。早速、お手本を見せたり、教えたりしている人がいました。しかし、見る人は上手な人の動きの何を見て学んだらよいのか、そして、教える人は何を教えたらよいか分からずに、困っている様子が見られました。日頃から子どもたちは見たり、教えたりしようとしています。しかし、着目するポイントを知らない子どもはどうしたらよいか分からなくなっていました。

そこで、子どもたちに二つの動きを提示しました。一つ目は格好悪いよじ登り逆立ちの動き、二つ目は格好よいよじ登り逆立ちの動きです。この二つの動きについて、「どちらがよい動きか」を考えるよう促し、体の動かし方や感覚に着目することができるようにしました（写真2）。子どもたちは、二つ目の動きを選び、理由を話します。「腕がピシッとなっているからだよ」「足を高く上げたらよいのだよ」「膝もピーンとなっているよ」「棒みたいだね」と子どもたちがどんどん話します。私は、子どもが話した体の「どこを」に当たる発言を赤色で、「どのよ

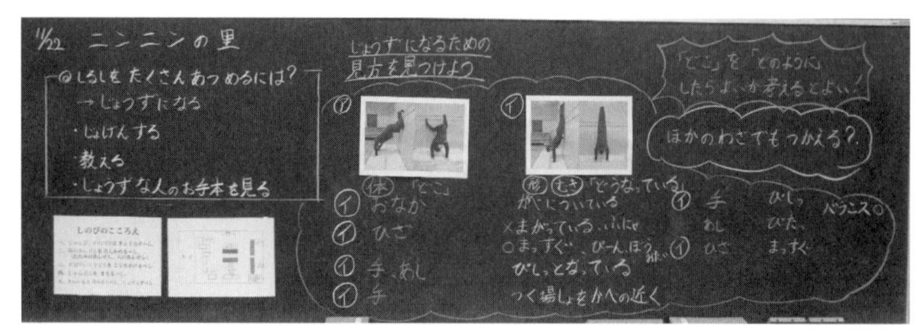

写真3　子どもの気付きを明示化する

うに」に当たる発言を黄色で板書していきました（写真3）。そして、私が「みんなピシッとかピーンとか棒みたいとか言っているけど、腕や膝がどうなっているの？」と問い返すと、「まっすぐになっているのだよ」と子どもが答えます。そして、別の子どもが「腕や膝をまっすぐにするためには、ギュッとしないといけないね」と。私はまた問い返します。「ギュッてどういうこと？」。「力を入れるということだよ」と子どもが答えます。すると、板書した黒板を見て、ある子どもが気付きました。「先生！　気付いたことがある！」。「どうしたの？」とたずねると、「格好よかった理由の赤色は体の『どこ』で、黄色は『どのように』になっているよ！」。他の子どもたちも「ほんとだ！」と叫びます。そして、先ほどの子どもが続けて言います。「じゃあ、上手な人の動きを見たり、教えたりするときにも、体の『どこを』、『どのように』動かしたらよいかで考えたらよいのだね」〈受容〉。そう言って、子どもたちは上手な人の動きを見たり、教えたりするときの着目する点に気付きました。

活動する際には、「体の『どこを』『どのように』動かしたらよいか」に着目して体を動かすことができるように、体の部位が書かれている「手裏剣カード（写真4）」と称したものを使いました。「手裏剣カード」を使う目的は、子どもたちが技に取り組む前に友達と話し合って着目するポイントを見つけるためです。子どもたちは、体の部位が書かれた「手裏剣カード」を使って話し合うことで、その後に行う技に取り組む際に、自分たちで見つけたポイントを意識して体を動かしたり、上手な人の動きを見たり、教えたりすることができました。

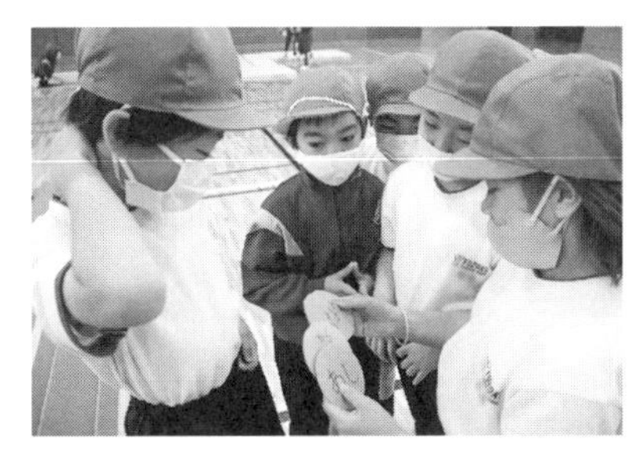

写真4　手裏剣カードを使って話し合う様子

振り返りの際に、「体の『どこを』『どのように』動かしたらよいかで考えると、どんなよさがあった？」と振り返ると、「できていた技がもっと上手になった」「自分も友達も『分かる』ようになったし、『できる』ようになった」など技能面でのよさに気付いた子どもがいました。また、「みんなが教えることができるようになった」「分かっていることをみんなに伝えることができた」など友達と関わって運動することができたというよさを感じた子どももいました。さらに、「よじ登り逆立ち以外の他の運動遊びにも使えるのではないかな」と次の時間の学びにつながる振り返りもありました〈受容〉。これらの発言に対し、教師が「それいいね！　次の時間みんなで挑戦してみよう！」と価値付けていくことで、子どもが今回の学んだことを「また使ってみたい！」という気持ちになるのです〈受容〉。

このように、教師が「問い返し、明示化する」ことで、子どもたちは「見方・考え方」を働かせ始めます。また、振り返りを行うことで、「見方・考え方」を働かせることのよさに気付き、受容します。さらに、教師が価値付けていくことで、「また使いたい！」「他にも使えることがあるかも！」と転移に向けた準備が整うのです。

次の時間に他の運動遊びでも、「体の『どこを』『どのように』動かしたらよいか」考える場面を設定しました。前回の学習で考えることのよさを知った子どもたちは、しばらく夢中になって体を動かした後、自分たちから進んで「○○（どこ）を○○（どのように）したらよいよ」と教え合ったり、上手な人の動きを見て「やってみたい」という意欲をもったりして、学習に向かう姿が見られました

写真5　他の場面での活用の様子

写真6　鉄棒を使った運動遊びの様子

〈転移〉。子どもたちが視点をもったり、進んで他者と関わったりしながら学ぶようになったということは、その学び方によさを感じたからでしょう。その後、子どもたちは教え方をレベルアップさせていきます。首倒立の際に、足が高く上がらない友達に対して、「足を高く上げて」というアドバイスをする子どもがいました。まだ足が高くなりそうな友達を見て、「もっと！　もっと！」と言います。気付いたら、アドバイスをしていた子どもは友達の足を持って、上のほうに引き上げて補助をしていました。視点を知り、他者と関わって学ぶよさを知った子どもは、粘り強く挑戦し続ける友達のために自分ができることを考え、教え方を工夫し、できるようになった友達と一緒に成功を喜んでいました。この時間の振り返りには「前よりできるようになった」や「友達に教えられるようになった」という振り返りだけでなく、「自分が教えて友達ができるようになってうれしかった」という振り返りもありました。

また、マットを使った運動遊びの単元の後に、鉄棒を使った運動遊びの学習をした際には、子どもが「先生！　鉄棒でもニンニンの里でやった、体の『どこを』『どのように』動かしたらよいか考えたらよいかも！」と言って、視点をもって教えたり、見たりする子どもの姿が見られました〈転移〉。前の学習で学んだ学び方を生かしている子どもたちは学びを加速させていきました。

このように、「見方・考え方」を働かせ、活用して学ぶことができるような他の場面や学習課題を教師が設定することで、子どもが繰り返し使い、さまざまな学習・生活場面で活用できるように転移していくのです。

「豊かなスポーツライフ」につながる「見方・考え方」

ここまで述べてきたように、次の二つを繰り返し行うことで、子どもが「見方・考え方」を働かせていきます。

①問い返し、明示化、価値付け、振り返る等の受容するための支援
②子どもたちが「やってみたい！」と思うような課題設定や場づくりをしたり、他の場面で活用できそうなことを問うたりする等の転移するための支援

体育科では、受容と転移の過程で言語化していく中で、今までできていたことも「分かってできる」ようになり、再現性が高まりました。そして、できなかったことも「分かる」につながり、そこから少しずつ「できる」につながっていき、課題の解決に向かいます。それは、受容と転移の過程の中で、他の場面でも活用できる力を育むことができ、このことは「豊かなスポーツライフ」につながることでしょう。

（田中　博）

教材の分析の仕方

―形式ばかり見ずに見方・考え方をとらえること―

この章の後半では、教材の分析の仕方について述べます。ここでの「教材」とは、もちろん、子どもが各教科等の見方・考え方を創出、受容、そして転移していくための素材、または単元を構成する内容そのものを指します。では、各教科等の見方・考え方を子どもが創出、受容、転移するための教材の分析の仕方とは一体どのようなものなのでしょうか。この問いに答える前に、まず、教材を形式的に見てしまう例を示したいと思います。

第４学年の外国語活動には、『Let's try! 2』という教材があります。その中の「What do you want?」という単元では、お店役とお客役に分かれてパフェやピザを作るためにほしいものをたずねたり要求したりする言語活動が示されています。その活動の中で「What do you want? I want strawberries.」「How many? Two, please.」という表現を扱うようになっています。ここで、この『指導編』に示されたスクリプト（台本）を何の説明や体験的な理解もなく提示し、そのとおりの会話をさせようとすると、子どもたちは「What do you want?」の後には「How many?」をたずねなければならないといった一連の決められた手順として会話を理解することになってしまいます。この例は、まさに教材を形式的に見て、扱ってしまっているといえるのではないでしょうか。

しかし、私たちが普段の授業で用いている教材でも、実は、教材の分析の仕方を変えると、子どもが各教科等の見方・考え方を創出、受容、転移する教材となります。その教材の分析の仕方とは、「教科等に内在する見方・考え方を分析すること」「学習内容の生成過程をたどること」です。

では、「教科に内在する見方・考え方を分析すること」「学習内容の生成過程をたどること」とはどのようなことでしょうか。各教科等では、その教科等の資質・能力を育むために、各教科等ならではの方法論や思考様式を獲得していきます。その方法論や思考様式から教材を分析することが「教科に内在する見方・考え方を分析すること」です。先ほどの外国語活動の例では、外国語活動の見方・考え方である「他者との関わり」の視点から分析すると、互いに思いを伝え合うコミュニケーションの一部として表現の意味をとらえ直すことができます。

このように、教科等に内在する見方・考え方をとらえると、学習内容のとらえについても考え直す必要があることが見えてきます。学習内容は、各教科等の用語を使って文字化され、一つの形、すなわち“文”としての形式を与えられています。“文”として形式を与えられているのですから、私たちは、必要な情報のみを抜き出したものをただ理解しているのです。しかし、その“文”の裏には、学習内容を生み出した背景、言語化されていない教師と子どもの生活があり、思考があります。少し心に余裕をもって各教科等の学習内容について考える時間を取ってみると、文や文章という形式になるまでの過程にこそ、各教科等の見方・考え方が存在していることに気付きます。学習内容をただの一つの点としてとらえず、見方・考え方を生み出す過程の到達点ないしは途上としてとらえ、学習内容の生成過程からとらえ直すのです。この分析の仕方が、「学習内容の生成過程をたどること」です。

このように、「教科等に内在する見方・考え方を分析すること」「学習内容の生成過程をたどること」で、形式の裏にある学習の本質がよく分かってきます。形式重視の学びは、ルールや手順を覚えるごとき浅い学びです。そのルールを用いる場から解放されるとすぐに役に立たないものとなってしまいます。教師が、学習内容の生成過程に思いを馳せていくことこそ、見方・考え方を大切にした教材の分析の仕方です。このような教材の分析の仕方を教師が意識することが、見方・考え方を創出、受容、転移し、資質・能力を育むことにつながるのです。

社会科事例

学習内容を 見方・考え方でつなぐ

社会科は暗記教科なのか

みなさん、社会科の授業ではどのように教材を分析しているでしょうか。「社会科は何を教えていいか分からない」「子どもに何を理解させればよいのだろうか」。このようなことをよく聞きます。社会科は、取り扱う事柄が多く、どうしてもコンテンツに目を奪われた形式的な授業となりがちで、その結果として子どもたちに暗記させることが増えてしまいます。しかしそれでは、「社会科は暗記科目だ」と感じてしまい、「社会科はきらい」という子どもを生んでしまうのです。では、なぜ私たち教師は知識を暗記させてしまうのでしょうか。または子どもが「社会科は暗記教科だ」と感じてしまうのでしょうか。それにはさまざまな理由がありますが、私は特に「学習内容を単元レベルで考えられていないから」だと考えます。単元の中にある一つ一つの学習内容を個々別々に考えてしまうと、それは知識を覚えるということになってしまいます。単元を通して、一貫するものが必要です。その一貫するものは「見方・考え方」です。かつて主流であった形式的な授業に「見方・考え方」をプラスして教材分析をすると暗記教科からの脱却ができると考えます。

社会科における「見方・考え方」

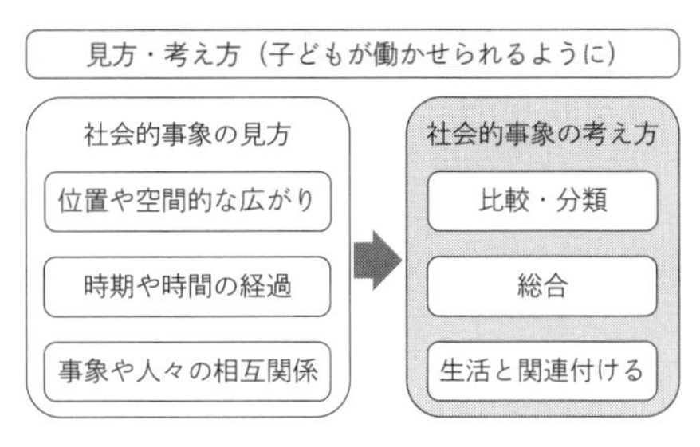

図1　社会科の見方・考え方

小学校社会科は、さまざまな社会的事象に出合う教科です。子どもたちには、その社会的事象を教科に内在する「見方・考え方」を働かせることによって文脈に沿ったとらえ方ができるようになることが求められます。図１のように、社会的事象の見方には「位置や空間的な広がり」「時期や時間の経過」「事象や人々の相互関係」の三つの視点があり、この視点で社会的事象をとらえ、「比較・分類」「総合」「生活と関連付ける」という考え方を働かせていくということになります。ここで注意すべきことは、それぞれの視点が別のものではないということです。例えば第６学年の歴史の学習で「時期や時間の経過」だけを見方として設定すればよいというわけではありません。歴史の学習でも戦国大名の勢力図や参勤交代の仕組みなどで「位置や空間的な広がり」の視点をもつべきですし、戦国時代だと織田信長、豊臣秀吉、徳川家康を「相互関係を比較させて分類させる」ことが重要です。つまりどの単元でも複数の「社会的な見方」を働かせることが求められます。そうすることで、社会的事象を多面的、多角的にとらえることができ、社会科の目標である公民としての資質・能力の育成へとつながります。

「見方・考え方」で単元をつなぐ資料提示の工夫

第５学年の学習で米づくりの学習を行う単元があります。ここでは「米づくりに適した自然条件」「米農家の１年間」「生産性を高める工夫」「生産者を支える人たち」「流通」「米農家のかかえる課題と新しい取組」など、さまざまな学習内容があります。それぞれの学習内容を別のものとして考えるとたちまち言葉や事象であふれかえってしまいます。表面的な言葉の羅列を一つ一つ覚えようとすれば、それだけで子どもは疲れ切ってしまい、中には絶望感さえ抱く子もいるかもしれません。「社会科は暗記科目」だから、覚えるのが苦手だと学習についていけないということになってしまいます。そうならないために、子どもが「社会的な見方・考え方」を、単元全体を通して働かせることができるような教材分析が大切です。

まずは学習問題の設定です。「米の作り方を知ろう」などと設定してしまえば、米づくりの過程を覚えることを重視した形式的な授業になってしまいます。そうではなく社会科の本質的な見方である「位置や空間的な広がり」「時期や時間の経過」「事象や人々の相互関係」を、単元を通してとらえていきます。この実践では、「私たちが食べる米は、どのように生産され、届けられているのだろう」と設定しました。すると子どもは「新潟県や秋田県のお米は有名だね」「スーパーマーケットでは秋田県産とか新潟県産って書いてあるよ」などと「位置や空間的な広がり」に着目して話す姿がありました〈創出〉。単元の導入では、米の生産が多い都道府県を日本地図上にシールを貼っていきました。するとある子どもが「あれ、米は寒い地域のほうでよく生産されているのだね」と発言しました。確かに米の生産高が多いのは東北地方や北陸地方に集中しています。ここで終わると「米は寒い地域でよく育つのだ」という未完成な知識で終わってしまいます。そこで、教師が新潟県と東京都の平均気温のグラフ(表)、日照時間のグラフを資料

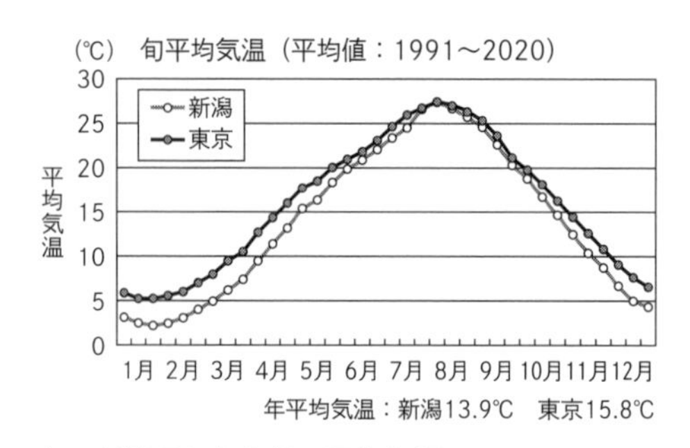

表　新潟県と東京都の平均気温

として提示すると、「あれ、グラフの形は似ているぞ」「夏の気温は同じなのか」「やっぱり冬は新潟県のほうが寒いね」と子どもたち同士で話し合いました。しかしこのままだと米づくりと気候の関係は見出せません。そこで２月と８月だけの平均気温を焦点化したグラフを提示しました。そうするとある子どもが「あ、冬の寒さと夏の暑さの差が違う！」と発言しました。まさに米づくりに大切な寒暖差を見つけることができた瞬間です〈受容〉。さらに新潟県と東京都の土地利用図を提示すると、既に平均気温を比較している子どもたちはすぐに「田の広さが全然違う」と気が付きました。このように新潟県と東京都を「位置や空間的な広がり」に着目して比較することで、米づくりに適した自然条件を子どもたち自身で見出すことができたのです。

続いて「米農家の１年間」についてです。ここでは「代かき」「カントリーエレベーター」「種もみ」などの専門用語が出てきます。これを用語の解説に終始してしまえば、やはりそれは形式的な授業になってしまいます。この時間では「時期や時間の経過」を意識させるために、図２のようなしかけをしました。米農家が「やること」と「その時期」をダウトにしたのです。すると子どもはすぐに「3月に田植えは早すぎる！」「田植えして１か月で稲刈りができるはずない！」と指摘し始め、「なんでそんなことを知っているの？」と聞くと「だって近所のおじいちゃんは毎年５月頃に田植えをしているよ」「秋に稲刈りをしている姿を見かけるよ」と時期に着目した言葉が見られました。このようなしかけをしたことによって、田んぼを見た経験を「時期や時間の経過」という「社会的な見方」で米づくりについてとらえさせることができたのです。そして正しい作業工程を調

１月	穂が出始める
２月	種もみを選ぶ
３月	田植え・水の管理
４月	稲刈り
５月	もみすり・出荷
７月	代かき・苗を育てる

図2　米農家が「やること」と「その時期」のダウト

べると、春に代かきをして、夏の前に田植え、秋に稲刈りをするという自然条件に合わせて計画されていることに気付くことができました。またこの単元の中で、米づくりの変遷をとらえさせるために、幕末、戦前、現在の米づくりの様子を提示したところ、子どもたちは米づくりの様子を自ら比較して考える姿がありました。さらに「事象や人々の相互関係」を意識させるため、合同会社の設立経緯や数を通して、生産者以外の人々の働きをとらえることができるような資料も提示しました。このように単元全体を、「社会的な見方・考え方」でつなぐためには、教師が提示する資料に工夫が必要なのです。

「見方・考え方」で単元をつなぐ学習問題の設定

中学年の社会科は地域学習が主となります。実際に住んでいる地域の学習ですので、子どもたちは生活経験からある程度知識をもっています。では地域学習において、「社会的な見方・考え方」を働かせるための教材分析とはどのようなことが考えられるのでしょうか。つい私たちは県内の市町の名称や特産物などの解説、気候の特徴などを解説する授業を仕組んでしまいますが、それでは子どもたちが見方・考え方を働かせることができず、学習内容のつながりが見えにくくなります。「県の広がり」という地理的な学習の中でも「時期や時間の経過」「事象や人々の相互関係」といった「社会的な見方・考え方」を、単元を通して働かせる子どもの姿を想定することが大切です。

まず、学習問題の設定についてですが、本実践では、子どもたちに目的意識をもたせるため、都道府県魅力度ランキングを教材化しました。ランキングを発表する前に、山口県のイメージを子どもたちに聞くと、「田舎すぎる」「流行りのお店が少ない」などといったマイナスイメージが多く聞かれました。なぜかというと、子どもたちはこれまで社会的な見方で山口県を見る機会がなかったからです。そこで教師が「山口県は東京都と比べて魅力がない県だね」と比較を促すようなゆさぶりをかけたところ、多くの子どもが「そうそう」とうなずく一方で、「でも東京都にはないよいところもあるかもしれない」と発言した子どもがいました。続いて「私は関東地方に住んでいたけれど、そこに比べて山口県はおいしい食べ物が多いよ」といった発言から「東京都に比べて自然が豊かだよ」といったよいイメージをもつ発言が聞かれました。

山口県の魅力度ランキングは決して高くなく、47都道府県中43位です（2022年ブランド総合研究所調べ）。授業では1位から順に発表していきました。43位と分かった途端、子どもたちは悲鳴に近い「えー！！」「ショック！」と声を上げました。「なんでショックなの？」と聞くと「だって自分たちが住んでいる県が下位だとやっぱりくやしい」。このやり取りから分かるように、子どもたちの地域社会に対する誇りと愛情は授業を進めていく前からあるのだと感じました。そこで、地域社会の一員としての自覚をさらに高めることも意識して単元を進めようと考えました。その後、教師が「山口県は魅力がないのだね」と問いかけると、子どもが「いや、そんなことない！　全国に知られていないだけだ！」と発言しました〈創出〉。そこで学習問題を「山口県の魅力を全国に伝えよう」と設定し、

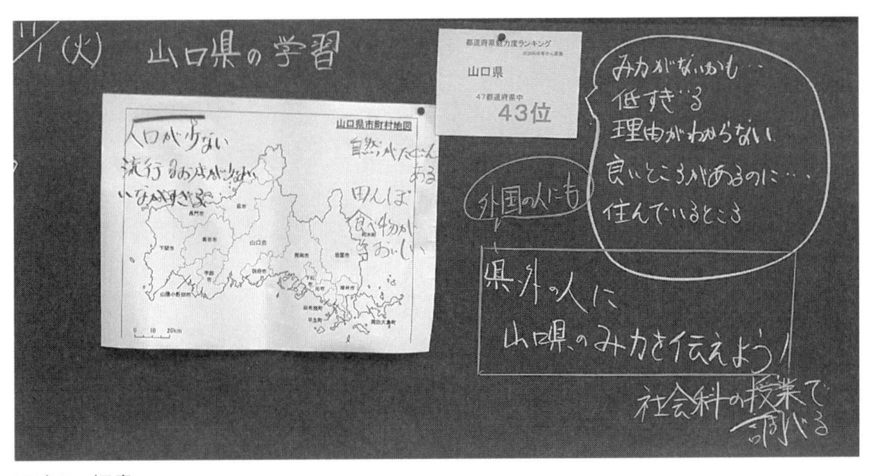

写真1　板書

写真2　地形に着目している子ども

「位置や空間的な広がり」に着目してとらえる姿、つまり地形に着目して山口県の特徴を話す子どもの姿をベースに「時期や時間の経過」「事象や人々の相互関係」という「社会的な見方・考え方」を働かせることと「ふるさとへの誇りと愛着をさらに高め、地域社会の一員としての自覚を高めることが実感できる姿」をねらいとしました。

山口県の魅力を全国に伝えるためには、まず自分たちが魅力を知る必要があります。そこで第2次は「産業」「観光名所や祭り」「偉人」「まちづくり」「交通網」を各時間のテーマとし、それらの学習内容を「位置や空間的な広がり」で一貫させました。そのことを意識させるために、キーワードを「山口県だからこそ」と設定し、この「山口県だからこそ」を教師はあらゆる場面で問いかけました。

まずは「産業」からです。地域の副読本から、山口県はさまざまな種類の魚が水揚げされていることが分かります。子どもたちはこのような対話をしました。「山口県はふぐが有名だけど、それ以外にもたくさん水揚げされているのだね」「東京都も海に面しているけど」「あ、山口県は海に囲まれているからたくさんの種類の魚が水揚げされるのではないかな」と地形に着目して考えることで、水産業が盛んであると気が付く子どもの姿が見られました〈受容〉。そして地図帳から海の名前を調べます。

「日本海、瀬戸内海、響灘（ひびきなだ）というのか」。そこで比較を促すために、教師が「他の都道府県で海に囲まれているところは他にどこかある？」と問います。そうすると「沖縄県と鹿児島県、青森県、北海道……」「あ、どこも端っこにある！」「そうか。山口県も本州の端にあるね」と、日本全体から山口県の位置をとらえる発言が見られました。

また、副読本から山口県の産業は、水産業だけではなく、農業や畜産業も盛んであることが分かります。そこで、山口県の立体地図や国土地理院の3D地図を

写真3　複数の社会的見方をしている子ども

使って、内陸部の地形を確認しました。その結果、子どもたちが「地形を生かした産業を行っていること」を発見することができました。

また、「この前、周南市に行ったときに、工業地帯の夜景がきれいだったよ」と発言した子どもがいました。そこから工業も盛んな理由を「海沿い」ということに着目して考えました。そうすると、「船で運ぶような大きなものを海外や北海道など遠いところに運べる」「あ、防府市に大きな自動車工場があるよ！」「車を運ぶためには船が必要だね」といった発言があり、終末の振り返り活動では「海産物、農作物、工業などあらゆる産業が盛んであることを魅力としてアピールしたい」と書いていた子どもがいました。

また、「山口県の土地利用はどのように変わってきたのかな」という問いも授業で扱いました。社会的な見方である「時期や時間の経過」を働かせることができます。実はこの土地利用における変遷は、はじめて行うことではないのです。3年生時に市の学習で同じような学習をしています。もっといえば、第3学年で市の学習で行ってきた学び方と同様の学び方で、第4学年の県の学習を進めればよいのです。

さて、山口県だからこその産業を学んだ子どもたちは「観光名所や祭り」「偉人」「まちづくり」「交通網」についても、山口県だからこその魅力を探す学習を行っていきました。「交通網」の学習では、これまで山口県の全体をとらえる際、「位置や空間的な広がり」を創出、受容しているので、「交通網」を学習するときには自然とその「位置や空間的な広がり」を転移させている姿が見られました。「鉄道はどのように広がっているのかな」「道路や鉄道で、県内各地がつながっているよ」と話し合い、「位置や空間的な広がり」で山口県の交通網を語る子どもが見られました。さらに土地利用や平地に着目した子どもが「高速道路や鉄道は平地や人口が多いところにあるよ」と、地形や人口と関連付けて考えている発言もありました。そして今まで複数の社会的な見方をしてきた子どもがこう発言します。「昔は鉄道がどのように広がっていったのかな」「どのような願いで高速道路がつくられてきたのかな」と。

このように、単元全体を通して、「社会的な見方・考え方」を働かせることは、社会科の目標である公民としての資質・能力の基礎を養うことができると確信しています。さらに、子どもは授業で「社会的な見方・考え方」で単元をつなげて考えたことで、家庭学習において、別の県のことを調べる子どもが増えました。まさに自立的に学びを進める子どもが多くなったといえます。特に社会科は学習内容が多く存在します。高学年になるとその内容が抽象的にもなります。その学習内容を別々なものとして考えるのではなく、つながりをもたせることが重要なのです。

（田島大輔）

【参考文献】
気象庁ウェブサイト（https://www.jma.go.jp/jma/index.html）内「平年値（旬ごとの値）」
国土地理院ウェブサイト（https://maps.gsi.go.jp/3d/）
文部科学省『小学校学習指導要領（平成 29 年告示）解説　社会編』日本文教出版、2018 年
山口県小学校社会科教育研究会編 「きょうど山口」 2022 年 4 月

図画工作科事例

造形的な見方・考え方を視点に教材を分析する

多様で複雑な図画工作科の学習

研修会に参加した際、若手の先生方から「図画工作科の指導が難しい」という声を聞くことがあります。「いろいろな作品があって教えることが多すぎます」「上手につくらせたいけれど、どのように声をかけたらよいか分かりません」と、作品の多様さや上手につくらせるための指導の難しさに頭を悩ませてしまう先生が多いようです。

確かに図画工作科は、多様な活動が想定され、使用する材料や用具も多岐にわたるため、全貌をつかみにくい教科といえます。主な活動を挙げるだけでも、自画像や生活画、風景画、感想画、版画などの「絵に表す活動」や、粘土や段ボールなど多様な材料を使った「立体に表す活動」、飾ったり使ったり遊んだりして楽しむ「工作に表す活動」と、色とりどりの多様な活動があり、多様な作品が生まれてきます。子どもたちの豊かな表現に触れられることが楽しみである半面、これら一つ一つの活動や作品を別物ととらえると、図画工作科の学習が多様で複雑なものに思えてしまいます。さらに、その作品を見栄えよく仕上げさせようと思うと、どのように指導しようかと頭を悩ませることになります。

そこで、図画工作科の学習をもっとシンプルにとらえてみましょう。ご想像のとおり、「見方・考え方」を視点に図画工作科の学習を分析するのです。

造形的な見方・考え方の視点での教材分析

図画工作科で働かせる見方・考え方は、「造形的な見方・考え方」です。これは、『小学校学習指導要領（平成29年告示）解説　図画工作編』において次のように説明されています（p.11）。

感性や想像力を働かせ、対象や事象を、形や色などの造形的な視点で捉え、自分のイメージをもちながら意味や価値をつくりだすこと

本校では、この「造形的な見方・考え方」を次の四つに整理しています。

① 感性や想像力を働かせること

② 形や色などに着目すること

③ 発想や構想をすること

④ 意味や価値を見出す

子どもたちは、これら四つの見方・考え方を図画工作科の学習の中でどのように働かせているのでしょうか。二つの事例を見てみましょう。

第3学年　生活画

写真1　栗拾いについて表した子どもの作品

テーマ：季節のよさ

秋の思い出について問うと、ある子どもは、「家族で栗拾いに行って、栗をたくさん取ったよ」と秋ならではの経験を語りました。教師が「どんなことを感じたのかな」と問うと、「たくさん取れてうれしかったよ。その後パパと栗ご飯を食べる競争をして、引き分けだったよ。おいしかったし、またやりたいと思

ったよ」と答えたのです。表したいことを思いつく（発想する）とともに、感性を働かせ「うれしさ」や「おいしさ」を感じ取った子どもの姿です。イメージを絵に表す場面では、「どこに何をかこうかな」と考えながら、茶色やオレンジ色、黄土色などを選び、形を表していました（写真1）。製作の途中に友達と鑑賞し合う場面では、形や色などをヒントに友達が何を表したいのか想像したり、「秋なら、きれいな色の葉っぱをかいてみたらどうかな」などとアドバイスをしたりする姿が見られました。これは、形や色などに着目して、豊かに構想をする姿です。作品が出来上がった後は、教師が「これは何をかいたのかな」「どうして黄土色なの」などと問いました。「これは、栗拾いをしたときの小屋だよ」「茶色だけでも秋らしいのだけれど、もっといろいろな秋らしい色を使いたいと思ったからだよ」と言語化していました。「素敵な絵になったね」と価値付けると「うん」と笑顔で答える姿は、自分なりに意味や価値を見出している姿といえるでしょう。

第4学年　ビー玉コースター

テーマ：楽しく遊べるコースター

ビー玉の転がる仕組みのおもしろさに着目し、楽しく遊べる工作に表す活動に取り組みました。子どもたちは、教師が見せた実物や教科書に載っている作品例、自分で転がしてみたときのビー玉の動きなどから、おもしろさや楽しさを感じ取り（感性）、どのようなビー玉コースターにしたいか想像を膨らませ（想像力）ました。「トンネルになっているところがおもしろい」「一回転してぐるんと回るコースにしたい」と表したいこと（発想）について交流し、友達と試行錯誤を繰り返しながら厚紙を切ったり折ったりしていきました（写真2）。当然、思ったとおりにビー玉が進まなかっ

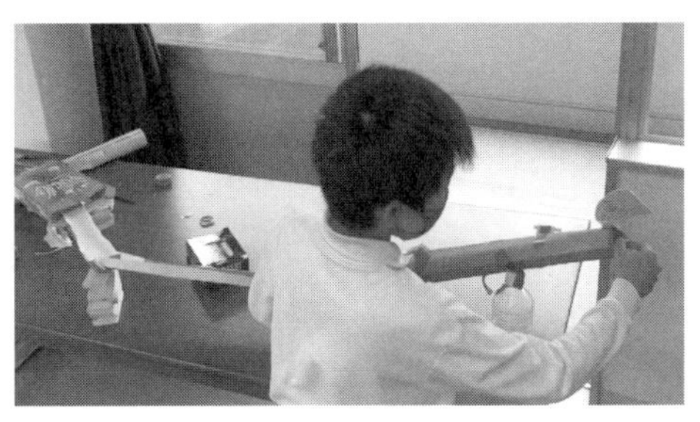
写真2　試行錯誤を繰り返す子どもの姿

たり土台が支えきれなかったりと、何度も問題が立ちはだかります。そのたび、「どうすれば土台が崩れないのだろう」「厚紙を二重にしてみたらどうかな」「もっと高いところから発射すれば、一回転させることができるかな」などと表し方について考えを深め（構想）、一つずつ解決していくのです。最後には、夢中になってお互いのビー玉コースターで遊んだり、自分のコースターについて紹介したりする姿（意味や価値）が見られました。

このように、一見全然違うように見える「生活画」と「ビー玉コースター」の学習ですが、子どもたちが働かせる「見方・考え方」の視点でとらえると、同じことを繰り返していることが見えてきます。結果として出来上がる作品は違っても、製作の過程における子どもたちの姿に目を向けると、「感性や想像力を働かせる」「形や色などに着目する」「発想や構想をする」「意味や価値を見出す」ということを繰り返しているのです。図画工作科では、扱う材料や用具、完成作品のイメージ等を変えながら、造形的な見方・考え方を働かせる経験を繰り返すと考えると、学習がずいぶんシンプルなものに見えてくることでしょう。

そして、大切なのは、製作の過程に目を向けると、子どもの姿が輝いて見えるようになるということです。教師が見方・考え方を視点に図画工作科の学習をとらえると、造形的な見方・考え方を働かせる子どもの行為や発言が目に留まるようになるはずです。身の回りの形や色を見て、「いいな」「きれいだな」とつぶやいたり、自分が表したいと思うことを見つけたり、どのように表すとよいか考えて「いいこと思いついた」と目を輝かせたり、作品に自分なりの意味や価値を見出して大切にしたりする姿が輝いて見えるようになるでしょう。それらを価値付け、身の回りの形や色などと豊かに関わろうとする子どもを育てることこそ、図画工作科の意義の一つではないでしょうか。このように、見方・考え方を視点に図画工作科の学習をシンプルにとらえると、多様な材料や用具、題材に触れることができるよう計画し、子どもたちの見方・考え方が働く授業づくりを心がけることの大切さに気付かされます。

感想画の形式的な指導からの脱却

読書感想画としても広く取り組まれている「感想画」に表す学習について考えてみます。「感想画」に表す際、子どもたちは、お話を読んで抱いたイメージを膨らませ、楽しく絵に表していくことでしょう。子どもたちの頭の中の世界をのぞくことができる楽しみな活動です。

学習の実際を思い浮かべると、イメージを上手くもつことができない子どもや、つい挿絵を参考にして絵を写すことに終始する子どもの姿が想定できます。言葉からイメージを膨らませ、形や色などで表すことは、子どもにとって比較的難しい活動なのです。だからこそ、教師はよりよい指導方法を模索します。幸い、読書感想画等のコンクールが行われていますので、それらの受賞作品を参考にすることは、授業改善に役立ちます。また、賞があることは、子どもたちにとっての励みにもなります。コンクールが造形教育の発展や読書の啓発・推進に果たしてきた役割は、とても大きなものといえるでしょう。

しかし、私たち教師は、「入賞して喜ぶ子どもの顔が見たい」「よい指導をしたい」と考えるあまり、過去の入賞作品を参考に、「何をかかせればよいのだろう」「どのようなかき方がよいのだろう」「どのような構図がよいのだろう」「それらをどのように教えたらよいのだろう」と頭を悩ませてしまいます。子どもたちではなく私たち教師が一生懸命に考えて、指導の充実を図ってしまうのです。私自身の指導を思い返しても、「よい絵に仕上げさせたい」と思うあまり、子どもたちに何度も下がきをさせることがありました。下がきの構図について教師が助言し（ここでは「教師が」構想の見方・考え方を働かせています）、そのとおり修正して合格をもらった子どもは、本番の紙に写していくのです。このような指導により、見栄えのよい作品が教室背面の掲示板に並んだとしても、指導を受けた子どもたちにどんな力がついたのでしょうか。子どもたちは、絵に表す活動を「またやりたい」と思ったのでしょうか。知識や技法を指導し、教え込むだけでは、子どもたちがイメージを膨らませながら楽しく絵に表す活動にはなりません。これは、見栄えのよい絵を、教師のかかせたいとおりにかかせてしまっている状況です。コンクールでの入賞を目指して知識や技法をコンテンツとして教える指導は、子どもにとっても教師にとっても辛(つら)く、本来の図画工作科の学習や指導から遠ざかってしまうのです。

このような形式的な指導ではなく、「感想画」という題材を生かすにはどうしたらよいのでしょうか。やはり、図画工作科ならではの「造形的な見方・考え方」の視点から「感想画」を分析してみるのです。

造形的な見方・考え方を視点に単元構想をした「感想画」の実践

４年生の子どもたちと「感想画」に表す活動に取り組んだときのことです。学級全員で読んだお話は、「山ねこ、おことわり」です。作者はあまんきみこさん、国語科教科書（光村図書４年上、令和２年）の巻末に掲載されている物語です。本題材で子どもたちが働かせる主な見方・考え方は、「形や色などに着目すること」と「発想や構想をすること」です。先ほどの「何をかけばよいのだろう」「どのような構図がよいのだろう」という問いはまさに、「発想や構想」をする際に子どもがもつ問いです。これらの問いを、子どもたちこそがもち、考えながら表現していくことが大切です。

今回の実践では、子どもたちが「自分の表したいイメージを表すことができるよい構図」を追究し、構想の考え方を働かせ、絵に表していきます（写真3）。絵に表す活動では、描画材（描く道具）や基底材（画用紙など）を選びますが、今回の基底材はタブレットです。プレゼンテーション作成アプリケーションの白紙スライド１枚を、白の画用紙１枚に見立てます（本実践ではiPad内の「Keynote」を使用）。このアプリを使うと、画像を取り込んで自由に配置することができます。大きさや角度を変えることができ、複製もできます。また、インスタントアルファ機能で、画像の背景を消すこともできます。例えば、小さめの画用紙にタクシーの絵をかいて、それを撮影し画像として取り込み、インスタントアルファ機能により背景のないタクシーの画像を配置したとします。複製すれば、並んだり重なったりした様子を表すことができますし、大きさを変えて手前を大きくすれば、奥行きを表すこともできるのです。「どのような、構図がよいのだろう」という問いと向き合い、試行錯誤を繰り返すことのできる単元構想です。

子どもたちは、「山ねこ、おことわり」の物語を読んで、自分の表したいイメージを次のように抱きました。「松井さんのやさしさ」「山ねこの喜んだ気持ち」「森の中のきれいな景色」などです。そして、表したいイメージに合わせて、どのような形をかくかを考えるのです。子どもたちは、小さめの画用紙（32切程度）に、色鉛筆やペンなどを使って「タクシー」や「松井さん」の絵をかいていきました。これは、あくまで絵の「材料」であり、これをどのように配置するかということは、後でタブレット上で構想すればよいことになります。子どもたちは、「タクシーをどの向きで（横から、前から、斜め上からなど）かくとよいかな」「松井さんの気持ちを表すには、顔の向きや表情を工夫するとよいね」と、「形や色などに着目」しながらかき進めました。

いよいよ、材料をタブレットに取り込み、絵に表していきます。カメラ機能で撮影し、背景を消すと、先ほどかいた「タクシー」や「松井さん」を画面上で自由に配置できるようになるのです（写真4）。「待ってました」と言わんばかりに夢中で操作を繰り返す子どもたち。机間指導の際には、造形的な特徴に着目した、次のような行為が見られました。「大きさを変える」「位置を変える」「向きを変える」「並べる」「重ねる」「複製する」など、本来は高学年で扱いたい視点で操作する姿がたくさん見られました。いずれも、「目立たせるため」「前後の感じを表すため」な

写真3　画用紙に絵の材料をかく子どもの姿

写真4　構想を繰り返す子どもの姿

ど、意図をもって構想を繰り返す姿です。これこそ、出来上がった作品と同様に価値のある、子どもが輝く瞬間といえるでしょう。ある子どもは、大きさや位置を少しずつ変えながら、微調整をしていました。そして、「ここだ」という配置を見つけます。よい構図を追究し、「どのように表すとよいか」と繰り返し考え試し続けた結果、自分なりの構図にたどり着いたのです。またある子どもは、もう一度画用紙にかき始めました。「今のはちょっと違うかなと思って」と何度も修正する姿が見られました。この子どものように、一部分をかき直すことができることも、今回の実践が子どもにもたらすよさです。子どもが自らかき直すという選択をし、よりイメージに合う絵に表すことができるよう粘り強く取り組む姿を見ることができました。他にも、操作中のスライド（絵自体）を複製して、変更前後の絵を見比べる子どももいました。この子どもは、客観的に２枚の絵を比べることで、自分の表したいイメージに合う表し方を選んでいたのです。

先ほど紹介した子どもの姿は、基底材をタブレットとし、形や色などの造形的な特徴に着目しながら発想や構想をすることに焦点化したからこそ見られた姿です。本実践の表現方法は、教師も子どももはじめてのことでしたが、教師にも子どもにもよさがたくさん見られたことは、先述のとおりです。形式にこだわらず、見方・考え方を視点に授業をつくったからこそ、子どもたちが造形的な見方・考え方を働かせる輝かしい姿

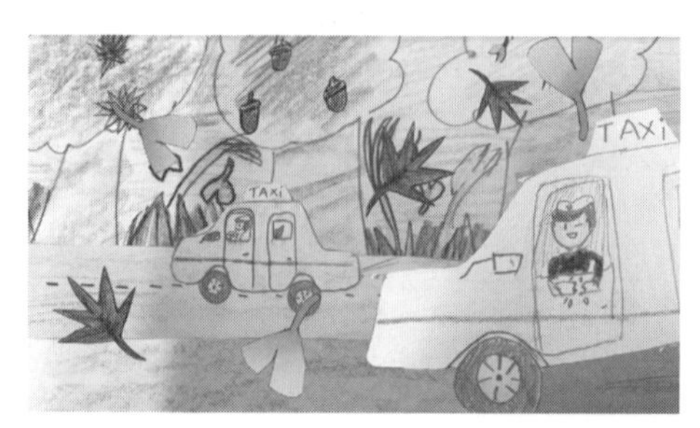

写真5　重なりを意識して構想した子どもの作品

をたくさん見ることができました。今回の「タブレット」も含め、どのような材料・用具、題材の設定をすると子どもたちが見方・考え方を働かせることにつながるかという視点で教材を分析することが大切なのです。

見方·考え方を視点にした教材分析の可能性

他の「立体や工作に表す活動」の題材も、見方・考え方の視点から分析すればよいのです。そうすると、教師は心に余裕をもって授業に臨み、子どもたちと一緒に考えることができますし、何より子どもたちが取り組みやすくなるはずです。子どもたちは、木材を使って工作に表す活動で、「段ボールを借りてもいいですか。試しに作ってみようと思います」と進んで試行錯誤を繰り返したり、休み時間にかいた絵をタブレットに取り込んで配置を楽しんだりする姿が見られました。知識や技法の指導が学習を難しくしていた現状を、見方・考え方を視点に教材分析をすることで、子どもにとっても教師にとってもよりよいものに変えていけたらと願っています。見方・考え方を働かせる子どもの行為にこそ、輝きを見出していきたいものです。

（今津圭佑）

【参考文献】
文部科学省『小学校学習指導要領（平成29年告示）解説　図画工作編』日本文教出版、2018年

外国語活動・外国語科事例

目的や場面、状況等に応じることを視点に教材を分析する

外国語活動・外国語科の教材

'Can you play this game?'

'Yes, I can!'

数年前、第6学年の外国語活動の授業中に起きた、ゲーム型活動のモデルをするよう促そうとした私と、そばにいた子とのやり取りです。私は、提示したゲーム型活動を学級全員の前で、実際にやってほしいという意図で話しかけました。しかし、この会話をした後、その子どもは席に座ったまま、動こうとはしませんでした。授業が終わった後、その子にどうして動こうとしなかったのかたずねてみると、その子は、とまどいながら「'Can you play?' って聞かれたから、できるかどうかを聞かれたと思ったんですけど……」と答えました。そのとき、私は自分の意図が伝わっていないモヤモヤした感じがしたことを鮮明に覚えています。

外国語活動・外国語科の学習対象は、言語（基本的には英語）です。外国語活動・外国語科の教科書や指導書には、たくさんの言語材料が表記されています。

ここでcanという言語材料を軸に教材分析をしてみましょう。私たちはまず、canの意味を日本語と対応させ、canを「できる」、can' tを「できない」ととらえます。そして、できることを紹介し合うコミュニケーションの中で用いる言語材料であると考えます。しかし、先のやり取りのように、'Can you play this game?' と実際にゲーム型活動を行うことを促すためにも can を用いることができます。これは、目的や場面、状況等の文脈によって意味が変わってくるという言語の特性によるものです。つまり、can は、用いられるコミュニケーションの文脈によっては、人の能力を表す働きをするだけでなく、依頼などの働きも担う場合があります。

例えば、5月の終わり頃、外国語の授業が始まる時間になり、先生が教室に入ってくるという場面をイメージしてみましょう。腕まくりをし、暑そうな先生。そんな先生が窓を指さし、近くに座っている子に 'Can you open the window?' と頼む。その子は、汗だくで不快そうな先生の顔、閉まっている窓という状況、オープン＝開くといった言語知識から、（ああ、先生は窓を開けてほしいのだな）と推測する。このコミュニケーションにおける 'Can you ～?' が人の能力をたずねる働きを担っているのではなく、依頼の働きを担ったものであることに、異論を挟む人は少ないでしょう。

実は、これらの can を用いたコミュニケーションには、外国語活動・外国語科の見方・考え方が内在しています。

まず、上の例に見られるように、'Can you open the window?' という表現の意図を推測するとき、子どもたちは"暑そうな先生"や"閉まっている窓"などに着目して表現をとらえようとします。この姿は、外国語活動・外国語科の見方・考え方の「外国語やその背景にある文化を、社会や世界、他者との関わりに着目して捉え」の部分に当たります。さらに、問いに応えるときには、きっと（"先生は窓を開けてほしい"。だから"自分が窓を開けよう"ということを 'Sure.' を使って伝えよう）と無自覚に考えているはずです。「コミュニケーションを行う目的や場面、状況等に応じて、情報を整理しながら考えなどを形成し、再構築する」見方・考え方が働くと考えることができます。

この can における見方・考え方を踏まえた教材分析においてはじめて、多様な can を用いるコミュニケーション、すなわち多様な文脈における外国語によるコミュニケーションこそ教材であることが見えてきます。

学習内容のとらえ直し

では、外国語活動・外国語科の資質・能力を育むために、私たちはどのように学習内容をとらえ直せばよいのでしょうか。実際に、子どもの姿から考えてみましょう。進級を控えた3月、第5学年の最終単元「I love my town.」で、山口市と姉妹都市であるスペインのナバラ州パンプローナ市にあるカデナ小学校に、山口市の名所を紹介しようという活動に取り組んだA児の発表です。

‘This is Yuda onsen. It’s famous for hot springs. You can take a foot bath. It’s very good!’

写真1のA児は山口市の「湯田温泉」を紹介しています。A児が紹介のために作成した文章のうち、彼女が見方・考え方を豊かに働かせて学習を進めたと分かる箇所があります。

文章中の‘You can take a foot bath.’この表現を用いた彼女の姿こそ、外国語活動・外国語科における見方・考え方を豊かに働かせて学習を進めた姿に他なりません。実は、教科書には‘This is ○○ city. と It’s famous for ….’の二つの表現しか挙げられていません。しかし、彼女は、‘You can take a foot bath.’という表現を自分の紹介に加えています。これまでに学んだ can の表現を「人の能力」を表す意図ではなく、「相手がその地でできること」を表す意図で用いているのです。見方・考え方のレベルでいえば、「コミュニケーションを行う目的や場面、状況等に応じて、情報を整理しながら考えなどを形成し、再構築する」という見方・考え方を豊かに働かせています。教科書に示されている表現のみが学習内容ではなく、多様な文脈における can の働きから既習表現

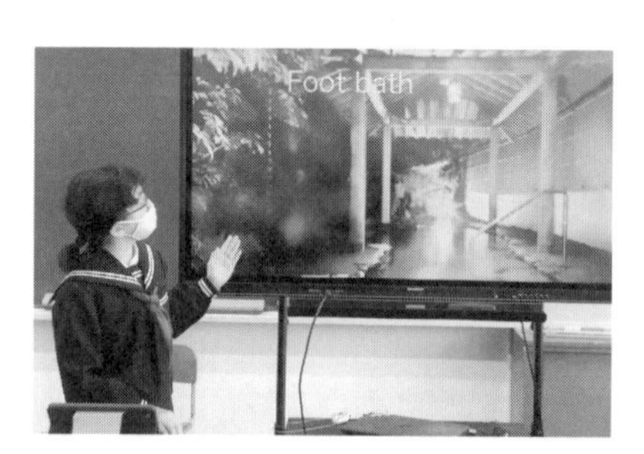

写真1 「湯田温泉」を紹介しているA児

を活用することも学習内容に含まれているととらえ直すことができます。

言語の働きに気付いていく子どもの学びの過程

A児の「湯田温泉」の紹介における既習表現の活用は、canという語が、多様な文脈で異なる働きをすることへの気付きが土台となっています。では、彼女はどのようにして、canの多様な文脈での働きに気付くことができたのでしょうか。次の二つの単元での彼女の姿から解き明かしてみたいと思います。

10月下旬、道案内の単元「Where is your treasure?」でのことです。子どもたちは、第4学年時に‘Go straight. Turn left.’などの道順を示す表現や‘Stop!’という指示を用いて、学級の友達を学校内の音楽室などの教室に案内する活動を経験していました。道案内の相手は普段から接する学級の仲間です。この第4学年の道案内との違いを意識して、今回は「観光に来た人を道案内する」という場面を設定しました。案内する相手が見知らぬ人という場面の設定です。この違いを意識することが、教科書などに示されている道案内の指示‘You can see it on your right/left.’の働きの気付きにつながりました。

単元の導入である第1時のモデルトークでは、ALTに観光客の役をやってもらいました。モデルトークを進める中で、目的地に着いたときに子どもたちが慣れ親しんでいる‘Stop!’を用いて指示を出しました。子どもたちは、ALTの先生の表情がこわばっていることに気付きます。「‘Stop!’だと、言い方が強いよ！」とB児が発言しました。A児も「右にも左にも建物があるから、‘Stop!’だと、どこが目的地か分からないよ」と相手の目線を意識した発言を続けました。「じゃあ、どんなことを伝えたい？」と子ども

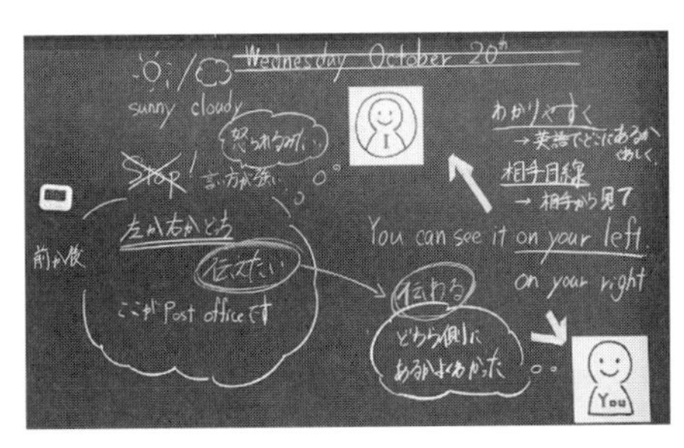

写真2　モデルトークの子どもによる解釈

たちに聞きました。A児は「右か左かどっちかを伝えたい」と伝えたい内容を語ります（写真2）。そこでALTの先生に案内する役を交代してもらって、再びモデルトークを行いました。'You can see it on your right/left.' を導入するためです。子どもたちは、この表現を聞いたとき「あー！ 'You can see' は『あなたから見て』か！」とcanの意味を「～できる」とそのまま取るのではなく、一つのフレーズとして、canの意味を踏まえた上で、文脈に即して文意をとらえていました。

このように、子どもたちが 'You can see' を直訳せずに意訳することができたのは、子どもたちがcanの働きを明確に意識しているからです。このcanという表現の働きを意識することができたのは、子どもたちとcanとの出合いにきっかけがありました。

6月下旬、子どもたちは、単元「Can you do this?」ではじめてcanに出合いました。単元前半で、ある程度「人の能力」を表すcanを理解していきます。そこで、二つの文脈を比べるという時間を設定しました。子どもたちは次の二つの文脈で 'I can play soccer.' を比べていきました（図）。

文脈1と文脈2における 'I can play soccer.' の意味は異なります。意味の異

文脈1
（教師が全て話す）

Hello, everyone.
Hello.
Do you have any special talent?
I have 3 special talents.
First, I can speak French. I can say "Hello." in French. It's "Bonjour.".
Second, I can play the flute. I love music.
Third, I can play soccer. I want to play soccer in 昼休み with you. Thank you for listening. That's all.

文脈2（教師と子どものやり取り）

T：How is the weather today?
C：It's rainy.
T：It's a rainy day. Can you play soccer ?
C：No, I can't.
T：Oh, no, you can't. I think so too.
I can't play soccer. But, this is Teacher's room. Look, there is a blackboard in front of this room.
Can you play soccer?
C：Yes, I can.
T：I think so too. I can play soccer.

図 'I can play soccer.' を用いるの二つの文脈

なるこれらの‘I can play soccer.’を同時に提示し、比べることが‘I can play soccer.’の働きの明示的理解につながります。文脈1では、‘I can play soccer.’を聞いて、先ほどのA児が「できる系かな？」とその意味をつかもうとします。それを聞いてB児が、「‘I can speak French.’は『フランス語を話せる』じゃない？」とたずねると、A児はつかんだ意味から「‘speak’が『話せる』、いや『話す』で、‘can’が『できる』。で、‘French’は、『フランス』。だから、『フランス語を話せる。』」と文の意味と一つ一つの語を結び付けて、理解していきました。このような「人の能力」を表すcanのとらえをベースに、続いて子どもたちと文脈2のやり取りをしました。やり取りをしながら提示したイラストや画像から、子どもたちは行われているコミュニケーションを解釈していきます。最後の教師の‘I can play soccer.’を聞いた後、A児は「ああー！　そうか！　そういうことか！」とつぶやきました。文脈による意味の違いを理解したことが分かります。このとき、他の子ども数名も「分かった！」とつぶやきました。

文脈2の‘I can play soccer.’についての話合いでは、A児が先頭を切って「左側のほうは、自分ができる。右は、今日できるかどうか。どっちとも、できるはできるなんだけど……。でもなんか、意味的に、今回は少し違うような気がする。なんか、できるの意味が少し違う気がする」と語ります。その発言を受け、C児が「雨の日だとできます、とかそういう言い方だと思う」と解釈していきます。この二人の発言を受けて「なるほど」と他の多くの子が「『できる』の意味が違うこと」に気付き始めていました。

そこで、子どもたちの理解度を確認するため、文脈1と文脈2の‘I can play soccer.’が両方ともが「サッカーできます」と同じ意味になるかどうか挙手を求めました。学級のほとんどが「違う」に手を挙げます。「どういうことか、考えを聞かせてくれる？」と子どもたちに聞くと、おずおずとC児が手を挙げました。C児は、「えー、左のほうは得意とかそういうことで、右側は今日することができる」と言って二つのcanの意味を自分なりの言葉に置き換えて話しました。C児の発言を受け、「例えば、で話すんだけど」とD児は、「左側は、ボールを蹴ったり、サッカーをすることができる。だから、自分はサッカーを蹴ったり、ゴールを守ったりできるっていう、内容のほう。右側は、サッカー自体を『する』」とかなり文脈を意識した発言をしました。

これらの発言から、考えがまとまったのか、A児は「左側は、サッカーが得意であるとか、何回かやったことがあるとかで、右は、やる場所とかが用意されているので、私は今日サッカーができますとか」と文脈に隠された「可能（性）」の意味を明らかにする発言をし、E児が「左側のほうは、自分は、えっと、なんかやる力があるっていうような意味を表していて……」と抽象的な「能力」という概念について話しました。

このような話合いが続き、授業の終わりが近づいたときに、子どもたちに「どこに着目したから、どこに目を付けたから、この意味の違いに気付けたの？」と聞きました。すると、子どもたちは「状況」や「言葉の範囲の違い」「言い方」などさまざまな着眼点を応えていきます。中でも、話合いの間、ずっとつぶやき続けていたA児が「同じ‘I can play soccer.’までにいくまでのそのテレビとかを見た、あのー、いきさつみたいな」と文脈によって意味をとらえるプロセスそのものである外国語科の見方・考え方を自覚した発言をしました。

この単元はcanを用いて「できる」ことを伝える言語活動のみを教材として構成することができます。しかし、canを用いた多様なコミュニケーションの文脈や過程を教材として複数のコミュニケーションの文脈を同時に扱うこともできます。複数のコミュニケーションの文脈におけるcanの働きを軸にすることで子どもたちに外国語科の見方・考え方を明示し、その自覚を促せました。

この学習の結果が、先の道案内での‘You can see it on your right/left.’のとらえ、そして、町紹介での‘You can take a foot bath.’という既習表現であるcanの活用につながりました。

見方・考え方を〈創出〉〈受容〉〈転移〉するための教材分析

以上の子どもの姿から、やはり次のことがいえます。外国語活動・外国語科の教材は、多様なコミュニケーションの文脈や過程、すなわち多様な文脈における外国語によるコミュニケーションそのものであるということです。言語材料は形としてまとまっていますが、見方・考え方から分析することで、外国語によるコミュニケーションこそが教材であるということが見えてきます。

私たちが、形として認識しやすい外国語の表現や語彙を教材としてとらえてしまうと、子どもたちは表現や語彙の意味を日本語と1対1で対応させ、ただ繰り返すことに終始してしまいます。言語の働きに気付くことなく、canを「can＝（誰それ）が～することができる」という意味のみでとらえてしまう可能性があります。これでは、辞書を使って表現の意味を知る学習と変わりません。私は、人と人との“間”にこそ言語が存在し、生きていると考えています。例えば本事例で扱ったcanという語だと、canを用いた「人の能力」や「依頼」などのコミュニケーションの文脈や過程そのものにこそ、言語が存在し、生きています。

このように、言語をその働きとともにコミュニケーションを通して学んでいくという学びの土台をつくることができると、外国語科の見方・考え方を子ども自身がつかんで豊かに学習を展開していく可能性が拓かれていきます。コミュニケーションの文脈や過程で自分が伝えたいことをどのように表現することができるだろうと自ら問いをもって学び始めます。山口市の名所「湯田温泉」を、“You can take a foot bath.”と紹介したA児のように、目的や場面、状況等に応じようと、自ら進んで外国語で考えを組み立て始めるのです。そのためには、多様な文脈における外国語によるコミュニケーションを教材とする、見方・考え方からの分析が大切だと考えています。

（後藤大雄）

教師の粘り強い指導

―転移には時間がかかる―

これまでに、日々の授業で各教科等の見方・考え方の創出、受容、転移の過程を通して、子どもが各教科等の見方・考え方をとらえられるようにすること、それが資質・能力を育むことにつながることを述べてきました。各教科等の見方・考え方をとらえた結果、学びが加速化し、本来の時数以下で単元を終えることができるなどの授業時数の削減にもつながることが期待されます。子どもが各教科等の見方・考え方をとらえられるようになることは、資質・能力の育成とカリキュラム・オーバーロードの解消につながる核であり、基盤でもあります。しかし、日々の授業を各教科等の見方・考え方を中心に据えて行ったとしても、すぐにその効果を感じることは難しいです。

教師は、これまでにも子どもの学びの速度がゆっくりであることを実感してきているはずです。例えば、国語科の学習で説明文を扱った際に、文章の構造について多くの時間をかけて考えたにもかかわらず、いざその文章の構造に倣って説明文を書こうとすると自力では書けない子どもがいます。また、算数科の学習で計算の仕方を扱ったにもかかわらず、適用題に取り組ませると手が止まってしまう子どももいます。「授業したはずなのにどうして？」と教師の期待とは裏腹に目の前の子どもの姿にショックを受けたり、授業中に「前の学年での学びが抜けているなあ」と学習が定着していないことに頭を悩ませたりしたことが何度もあるのではないでしょうか。教師が日々の授業で感じてきたように、授業で扱ったからといってすぐに子どものものになっていることは多くはありません。むしろ、少ないとさえ感じています。つまり、**転移には時間がかかるのです。**

では、このような子どもの状態を見取ったときに、教師はどのような対応をするとよいのでしょうか。教師が付きっきりでもう一度教える、いわゆる個別指導を行ったり、基礎だけでも身に付けさせようと習熟プリントを用意したりする対応はよく聞くのではないでしょうか。これらにも共通していて、極力避けたいのが、「伝達」という対応です。なぜなら、その場では解決できたり、理解できたりしても、次の時間にはまたできないということになるからです。課題解決が難しい子どもを目の前にすると教えたくなる気持ちはよく分かります。しかし、「できない→伝達→一時的にできる」の繰り返しでは、場面や文脈が変わったときに自分の力では学びを進めることが難しい子どものままでしかいられないのです。これではやはり、自立的に学ぶ子どもは育ちません。

子どもが自ら学びを進められるようになるには、教師の「待つ」という姿勢が大切です。もちろん、何もせずにただ漠然と待つということではありません。子どもが各教科等の見方・考え方をとらえられるまで、繰り返し各教科等の見方・考え方を引き出し、全体で共有し、活用するということです。つまり、子どもが各教科等の見方・考え方を自在に使いこなすことができるようになるためには、各教科等の見方・考え方の創出、受容、転移を繰り返し促すことが大切です。単元を通して、または、単元を超えて、ときには教科・領域を超えて、繰り返し各教科等の見方・考え方を扱うことによって、子ども自らが各教科等の見方・考え方をとらえ、さまざまな場面や文脈で使いこなしていけるようにするのです。これには、やはり時間がかかります。子どもの成長を信じて、粘り強く子どもと関わる教師の姿勢がとても重要です。教師には粘り強く、繰り返し、各教科等の見方・考え方の創出、受容、転移を促すことによって、当初は無自覚であった各教科等の見方・考え方が自覚的な状態になるまで「待つ」という姿勢が求められています。

算数科事例

単位・基準の見方を繰り返し創出、受容、転移する

教師の「待つ」姿勢

教師の「待つ」姿勢とは、ただ、じっと待つことではありません。子どもから見方・考え方を引き出し、創出、受容、転移を繰り返し促すことです。そのための教師の支援として、「問い返し」が重要です。子どもが創出した見方・考え方に対し、「問い返し」によって受容を促し、さらに転移する子どもの姿につなげることができると考えます。その結果、子ども自らが見方・考え方をとらえ、単元や領域を超えたさまざまな場面や文脈で使いこなしていくことができるのです。

子どもから引き出したい見方・考え方

本単元で大切にする数学的な見方・考え方は、単位・基準です。第４学年の面積の学習において、単位正方形や基準となる図形に着目して図形をとらえていくことを大切にしたいと考えました。なぜなら、図形を変形したり分割したりする考え方を働かせ、三角形や平行四辺形、台形など今後学習する基本図形の面積を計算によって求めていくことにつながると考えるからです。そのため、単位正方形のいくつ分かを数える活動を多く取り入れたり面積の求め方の工夫について考える活動を設定したりしました。長方形や正方形以外の図形に出合った際、教師から促されて線を引いて分割したり変形したりするのではなく、子ども自らが

「4は縦の長さ、5は横の長さのことだから、長方形の面積は、縦×横で求めることができるね」と、話した子どももいました。この発言に、多くの子どもから納得する反応が見られます。この子どもたちの説明する姿から、見方が〈転移〉していることを感じました。そこで、長方形の面積はいつも乗法で求めることができることが分かり、長方形の面積の公式へとつなげていったのです。

今度は、縦6cmと横8cmの長さだけが書かれた長方形を提示しました。視覚的には、1cm^{2}の正方形は見えませんが、先ほどの話から、縦と横の長さが分かればかけ算で求められることを用いて、全員がノートに式と答えを書いていきました。子どもたちのノートを見ると、ほとんどの子どもが「6 × 8 = 48」と書いています。そこで、「どうして6 × 8なの？」と問うと、「長方形の面積を求める公式は、縦×横だから、6 × 8でないといけないからだよ」と発言した子どもがいました。長方形の面積の公式を知った途端、このように考える子どもは少なくないと思います。公式にすると、これまで単位正方形に着目して数を数えたり、乗法で求めたりしてきた子どもたちから、この見方が薄れてしまったのです。速く問題を解くために、公式を使うことは必要だと思いますが、資質・能力を育むためには、創出し、受容した見方を転移させることまでを大切にする必要があります。ここで、そのまま公式に長さを当てはめて計算を積み重ねるのではなく、子どもがもう一度単位正方形に着目して面積を求めるように支援や発問をすることが重要なのです。

単位・基準の見方の転移を促すために、「では、正方形の面積はどうやって求めたらよいのかな」と問い、正方形を提示しました。正方形は、一辺の長さが全て同じ長さであるため、縦や横という言葉だけが重要でないことに気付かせることができると考えたからです。すると、子どもたちは、「簡単だよ！」「長方形と同じようにできる！」と発言しました。「同じってどういうこと？」と問い返すと、「正方形も同じように縦×横の公式を使って求められるよ」と話しました。そこで、気付いた子どもがいます。「え、正方形だったら、6 × 6で、どっちの6が縦か横か分からないよ」。この発言に、「確かに、説明しづらいね」と話す子どもが出てきました。すると、「どっちでもいいんじゃない？」と発言した子どもがいました。聞いていた子どもたちは、「え、いいの？」「なんで？」「だめじゃない？」といろいろな言葉が飛び交いました。そこで、「どっちでもいいんじゃない？」と発言した子どもに、「どうしてどっちでもいいと思ったの？」と問い返しました。その子どもは、黒板の前で正方形に線を引き始め、単位正方形を視覚化したのです。「だって、1cm^{2}の正方形が6個ずつ6列並んでいるでしょ？」と話しながら、正方形をくるっと回しました。その瞬間、「あー、言いたいこと分かった！」「そういうことね」と、説明の途中であるのに、納得する声を上げる子どもたちがいました。「さっき縦でまとまりを見ていたけれど、向きを変えたら横のまとまりになるから、6個ずつ6段あるってことでしょ？　だから、1cm^{2}がいくつ分で考えると、縦でも横でもどちらでもいいんじゃないって思ったの」と続けて話しました。この子どもは、公式に長さを当てはめているのではなく、単位正方形にしっかりと着目して乗法を用いて計算をしていることが分かります。「だったら、長方形の公式って縦×横でも横×縦でもいいんじゃない？」「6 × 8でも、8 × 6でもいいね」と多くの子どもたちが納得しました。ここで、最後にもう一度全体に「どうしてどっちでもよいといえるの？」と問います。子どもたちは、「だって、1cm^{2}がいくつ分って考えるからだよ」と答えました。

このように、創出し、受容した見方を転移することは容易ではないことが分かります。転移の場面であっても、子どもたちが転移できていないと見取った際には、もう一度立ち戻り、発言や考えの意図を「問い返す」ことが大切です。この過程を子どもたちと一緒に経ることによって、転移につながっていくのです。

〈転移〉したことを再び〈受容〉する子ども

辺に沿って単位正方形が規則正しく並んでいることから長方形や正方形の面積をかけ算を用いた式で求めた経験をもとに、式から形を考える活動を設定しました。提示した三つの式は、「4 × 4 + 4」「4 × 4 − 4」「4 × 4 × 4」です。基準となる図形である「4 × 4」の正方形を見出すことができるよう、＋4、－4、×4は後から提示しました。そうすることで、基準となる図形に着目して、図形の構成の仕方を考えることができると考えたからです。

まずは、4 × 4の形について考えます。これまでの学習から、一辺が $4cm^2$ の正方形だとすぐに答えました。「$1cm^2$ の正方形が16個分だから、$16cm^2$ の正方形だね」と発言する子どももいました。これまでの見方がしっかり転移されているといえます。そこで、「4 × 4」の式に「－4」を付け加えると、多くの子どもが、形が変わることに気付きました。

「4 × 4 － 4」の式の意味について、「－4ってことは、$4cm^2$ の形が引かれている形だよ」と発言した子どもに、「$4cm^2$ の形ってどんな形？」と問い返しました。すると、「一辺が2cmの正方形のことだよ」と指で空書きをしながら説明します。この発言を聞いて、「長方形もあるんじゃない？」と考えた子どもがいたのです。どんな長方形なのか問うと、縦1cm、横4cmの長方形、縦4cm、横1cmの長方形であることが分かりました（写真4）。式の意味を問うことで、これまで、$1cm^2$ の正方形を基準としていた子どもたちが、$16cm^2$ の正方形を基準として、長方形や正方形を組み合わせた図形をとらえることができました。単位正方形に着目して図形をとらえるという見方が、別の場面でも使いこなすことができるようになっているのです。これらの形をノートにかくよう促すと、基準となる図形である一辺が4cm

写真4　$4cm^2$ の長方形を取り除いて考えた子ども

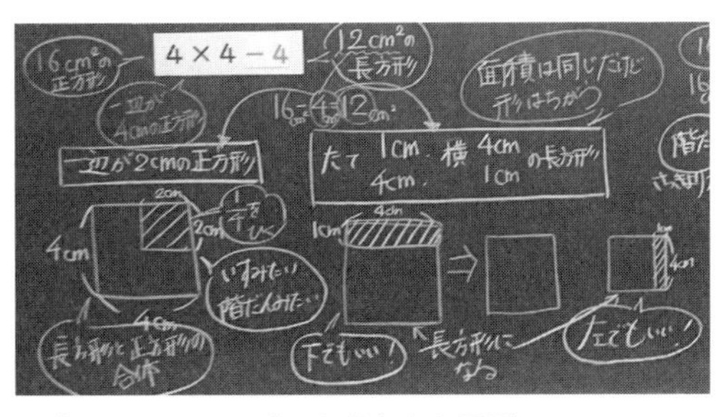

写真5　4×4－4の式から想起した図形

の正方形から正方形や長方形を取り除いた形をかいていきました（写真5）。

さらに、「階段みたいな形は、長方形と正方形を組み合わせた図形になっている」と式からとらえた図形を分割する考えにもつながりました。「＋4」も同じように考えられると話し、子どもたちはさまざまな図形を構成していったのです（写真6）。また、「×4」では、もう一度式の意味を問うことで、基準となる図形が四つ分あることに気付き、「4×4×4」の式も図に表すことができました（写真7）。

写真6　4cm^{2}の正方形を付け加えて考えた子ども

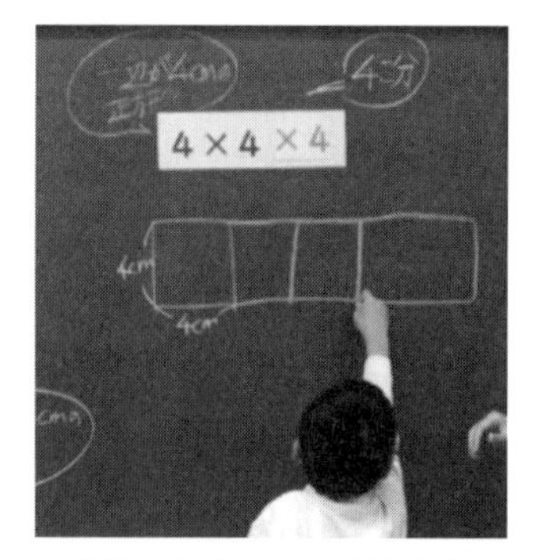

写真7　基準となる図形が四つ分と答えた子ども

基準となる図形に着目して図形をとらえることのよさに気付いた子どもたちに、「どうして三つの式を形にすることができたの？」と問い返すと、「一辺が4cmの正方形に足したり、引いたり、かけたりしたからだよ」と発言しました。どの式においても、「基準となる図形に着目する」という共通点を引き出し、長方形や正方形を組み合わせた図形をとらえる際には、基準となる図形を見つけることのよさに気付いていったのです。

〈創出〉〈受容〉〈転移〉を繰り返した子どもの姿

次時に、図のような長方形や正方形を組み合わせた図形を提示しました。この形を見た子どもたちは、基準となる図形を見つけるため、すぐに線を引き始めます。ここで、「どうして線を引こうと思ったの？」と問い返すと、「線を引くと、横長の長方形に正方形が二つくっついている形になる」や「大きな長方形から正方形が引かれている」などと発言し、子ども自ら基準となる図形を見出し、工夫して面積を求める姿が見られました。単位正方形や基準となる図形に着目して既習の図形に帰着しながら工夫して面積を求めていたのです（写真8）。

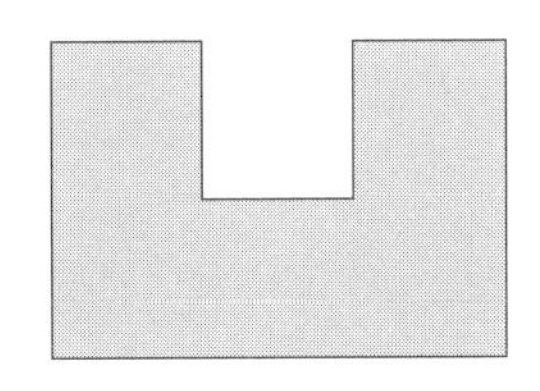

図　長方形や正方形を組み合わせた図形

このように、「基準となる図形に着目する」という見方・考え方を繰り返し引き出すことによって、さまざまな場面や文脈で使いこなしていくことができるようになります。単元の最後に、子どもからこのような言葉を聞くことができました。

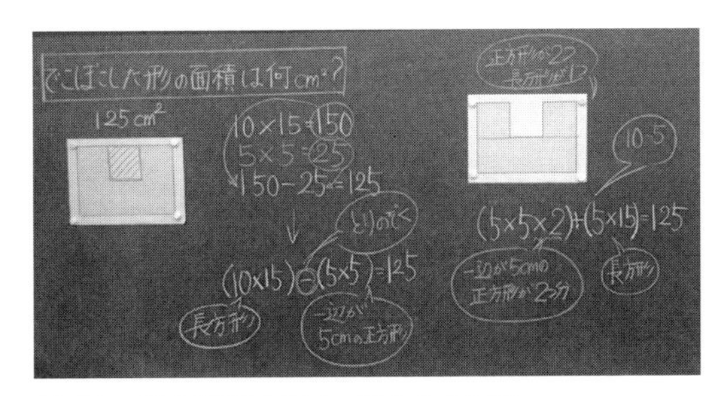

写真8　単位基準の見方・考え方を転移

「どんな図形でも、形を変えたり分けたりして長方形や正方形にすると、公式を使った計算で面積を求めることができるね」。この言葉をきっかけに、さらに複雑な図形を自分たちで考え、面積の問題を出し合う子どもの姿が見られました。

教師の粘り強い指導の必要性

子どもが自ら学びを進めていくようになるには、やはり時間がかかります。そんなとき、教師が全てを説明していては自立的に学ぶ子どもは育ちません。教師の粘り強い指導や、立ち止まる時間、子どもと一緒に乗り越えていく時間が必要です。その結果、そこから先の学びが加速していくと考えます。子どもの成長を信じ、教師の「待つ」姿勢を大切にしていきたいものです。本実践での、見方・考え方の創出、受容、転移は、本単元のみならず、第5学年の面積の学習でも自在に使いこなすことにつながるのではないでしょうか。（林　絵梨）

家庭科事例

「こつこつ」と「インパクト」で「生活文化」「持続可能」の転移を図る

二つの視点の〈転移〉の難しさ

家庭科では、生活の営みに係る見方・考え方として「①協力・協働」「②健康・快適・安全」「③生活文化の継承と創造」「④持続可能な社会の構築」の四つの視点が『小学校学習指導要領（平成29年告示）解説　家庭編』で明確に示されています。子どもがこの四つの視点を受容し、転移させる姿、つまり、自覚的にこれら四つの視点で生活事象をとらえている姿を目指しています。例えば、「衣食住の生活」(5)「生活を豊かにするための布を用いた製作」において「布を使ってふくろを作ろう」という課題が出たときに、「①お母さんに作り方を教えてもらったらよいね」「②大きめのふくろにすると何でも入って便利だね」「③地域の伝統的な織物を使おう」「④家庭にある布や不要な衣服の一部分を活用しよう」などと思考するといった具合です。

しかし、これらのうち、①、②のように思考する子どもは想定されますが、③、④と思考する子どもはなかなかいないのではないでしょうか。四つの視点のうち、「③生活文化の継承と創造」「④持続可能な社会の構築」は自覚的に使うことが難しいと感じます。その理由として、子どもがこれらの視点で生活事象をとらえることによるよさを感じにくいことが挙げられます。この視点で自覚的に生活事象をとらえるためには、よさを実感することが必要ですが、それには時間がかかるのです。そこで、「教師の粘り強い指導、待つ、繰り返す」ことが大切になってきます。加えて、特定の視点に特化した題材を構成することも効果的であると考えます。

「生活文化の継承と創造」の〈転移〉

写真1は、第6学年7月実践の題材「夏をすずしく快適に過ごすための住まい方」の第1時の板書の一部です。「すずしく過ごすための工夫を考えよう」という課題に対して、子どもたちが経験や知識をもとに、工夫を考え発表しました。

数多く挙がった工夫の中で、「生活文化の継承と創造」の視点での工夫は、写真1の○で囲んだ「ふうりん」「すだれ」「よしず」「打ち水」と、多くありませんでした。しかも、子どもたちは「すだれやよしずって気分の問題？」「効果あるの？」とそれらの工夫のよさやそれらが日本の文化であることをとらえることができていません。「生活文化の継承と創造」の視点を転移させるのは難しく、時間がかかることだと実感しました。

その後は、粘り強く、この「生活文化の継承と創造」の視点を引き出し、自覚化できるようにすることをより意識して指導に臨みました。次の題材「夏をすずしく快適に過ごす着方と手入れ」の授業です。「夏をすずしく快適に過ごす着方の工夫は？」と問うと、子どもたちは、「風を通しやすい服を着る」「汗をしっかりと吸ってくれる服を着る」などと答えます。このような子どもの発言を受け止めながら、ここで、「夏の生活や行事をもとに、どのような服を着ているか振り返ってごらん」と声をかけます。するとある子どもが、「ゆかたを着る」と発言しました。すかさず「ゆかたを着るとどうして快適に過ごすことができるの？」と問い返します。子どもたちは、調べたことや聞いたことがあることなどをもとに「汗を吸ってくれて風通

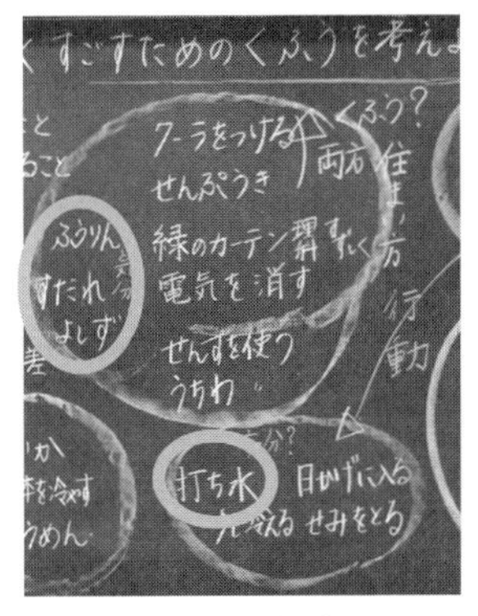

写真1　第1時の板書

しがよいから」「染め物の香りで虫が寄ってこなくなるみたいだよ」などと話します。それらの話を受けて、ある子どもが「だから昔から着られているのだ」とつぶやきました。ゆかたを着ること、つまり「生活文化」のよさをとらえた瞬間です。この発言に対して、「身近な生活文化のよさをとらえ直すことができたね」と価値付けを行い、そして、「これからも身近な生活文化のよさをとらえ直していこう」と全体に声をかけました。加えて、図1のカードを黒板に貼りました。明示化を図るとともに、子どもが常に視点を意識することができるようにしたのです。その後の題材でもこのようなやり取りを意識しながら指導を行いました。ときには、「この生活事象を『生活文化の継承と創造』の視点で考えると？」などと子どもたちに直接的に投げかけることも行い、視点の自覚化を図るよう心がけました。ちなみに、「生活文化の継承と創造」については、小学校では「生活文化の大切さに気付くこと」を視点として扱うことが考えられると学習指導要領解説に示されています。このことから、自覚化の重点を「生活文化のよさに気付くこと」とし、それを積み重ねることで「生活文化の大切さに気付くこと」ができるようにしようと考えました。

　学習が進むにつれて、子どもたちは、少しずつ「生活文化のよさ」をとらえることができるようになっていきました。同時に、子どもたちがより「生活文化のよさ」をとらえることができるようになるためには、粘り強い指導とともに、生活文化の視点に特化した授業を行う必要があるのではないかと考えました。そこで、題材「一食分の食事作り」において、生活文化として「和食」を扱い、和食のよさや大切さをとらえる授業を行うことにしたのです。和食は、健康面や社会面といった観点から世界に認められ、ユネスコ無形文化遺産

生活文化の継承と創造

図1　カード

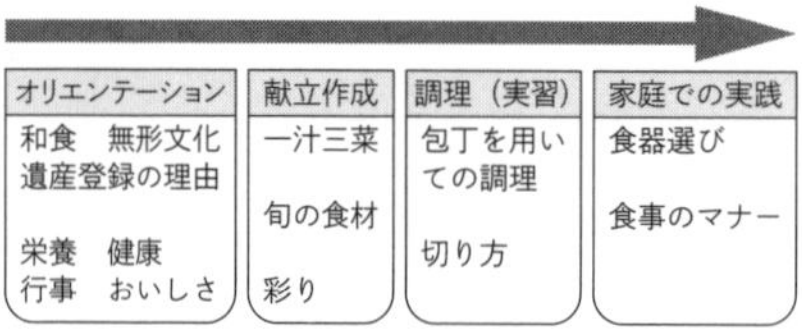

オリエンテーション	献立作成	調理（実習）	家庭での実践
和食　無形文化遺産登録の理由 栄養　健康 行事　おいしさ	一汁三菜 旬の食材 彩り	包丁を用いての調理 切り方	食器選び 食事のマナー

図2　「和食」題材の構成

に登録されています。子どもたちが生活文化のよさや大切さに気付くためには、大変よい教材です。構成に当たっては図２のように、一食分の食事づくりの過程の中に、一汁三菜や旬など、和食で大事にされていることを学習内容として取り上げるとともに、和食の調理人のインタビューや包丁さばきを撮影した映像視聴を学習活動に取り入れました。題材の最後の時間に、題材を通して学習を振り返る活動を設定しました。ある子どもの発言です。「和食にはたくさんのよいところがあることが分かりました。だから日本人は和食を大切にしてきたし、これからも大切にしたいです」。文化の大切さに気付いている姿です。さらに、やり取りの中で、「和食以外にも、生活の中には文化があるよ」と発言した子どもがいました。それに続けて、「教科書に『暖かく過ごすための工夫』という学習があるのだけど、湯たんぽがある。でも文化としてどのようなよさがあるのかは分からないや。調べてみたいな」と話す子どももいました。この子どもは、「生活文化の継承と創造」の視点で、身近にある生活事象を探すこと、つまり「転移させること」ができています。さらに、「分からないことを調べてみたい」と新たな課題も設定しています。この子どもはこの後、実際に家庭で湯たんぽの歴史やよさなどについて調べる学習を行いました。調べたことをまとめたノートには、「湯たんぽは、電気代があまりかからない、どこでも使える、火事の心配がないので安心して眠ることができるといったよさがあることが分かった。自分も試してみたい。分からなかったことが分かってよかった」という感想が記されていました。この実践の中で、単に視点を転移させるだけでなく、子どもが自立的に学びを進めようとしている姿を見取ることができました。

「持続可能な社会の構築」の〈転移〉

もう一つの実践は、「持続可能な社会の構築」の視点についてです。近年、SDGsという言葉をさまざまな場面で見たり聞いたりすることが多くなりました。少しずつ子どもたちの意識にも入ってきている視点といえるでしょう。しかし、

「生活文化の継承と創造」と同様、子どもたちがこの視点で生活事象をとらえることは難しいと考えます。

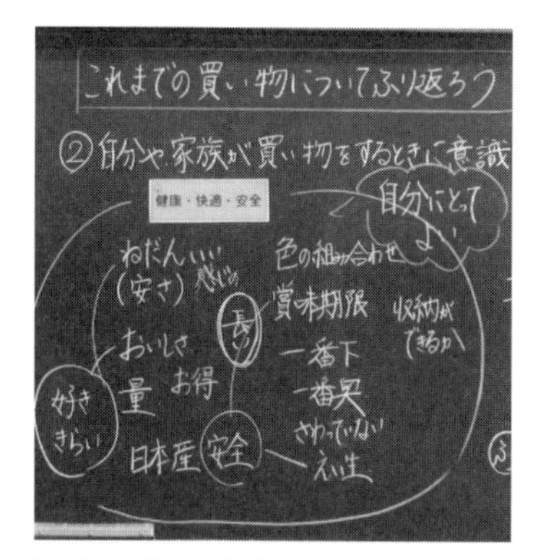

写真2　物や金銭の使い方と買い物の第1時

写真2は、第5学年11月実践の題材「物や金銭の使い方と買い物」における第1時、これまでの買い物について振り返る時間の板書の一部の写真です。ご覧のとおり、「買い物をするときに意識していること」という問いに対して、子どもたちからは「値段が安いものを買う」「好みのものを買う」など、主に「健康・快適・安全」の視点に当てはまることが多く挙がりました。「持続可能な社会の構築」の視点のものはほとんどありません。このことはある意味必然かもしれません。買い物は、自分の利益、つまり自分にとってのよさを追求する行為です。ですから、みんなにとってのよさを考える「持続可能な社会の構築」の視点は使われにくいのです。そこで、この題材を子どもたちに「持続可能な社会の構築」の視点のよさや大切さを強くとらえることのできる授業にしようと考えました。この題材では、「持続可能な社会の構築」の視点として「エシカル」を扱いました。「エシカル」とは「倫理的」と訳され、環境、人、社会、地域に配慮するという意味をもち、近年、「エシカル消費」としても注目されている概念です。

オリエンテーション	エシカル消費	家庭での実践
・これまでの買い物（消費）の振り返り …自分にとってよい→みんなにとってよい（エシカル）	・エシカル消費調べ ・県消費生活センターの方の講話 ・「てまえどり」地産地消 …「エシカル消費」のよさ	・「わたしのエシカル消費提案」 …「エシカル」な考え方の活用

図3　「エシカル消費」の指導計画

図3は題材の指導計画です。これまでの買い物（消費）について振り返り、エシカル消費に出合った後、調べ学習や県消費生活センターの方の講話、「てまえどり」や地産地消といった事例の考察を通して、「エシカル消費のよさ」を取り

上げていくようにしました。ここで重視したのが、県消費生活センターの方に関わっていただくことです。エシカル消費に出合った後、自分たちで調べ学習を行いましたが、インターネットや図書資料でエシカル消費のよさをとらえることは難しく、逆に疑問が多く挙がりました。そこで、センターの方に講話をしていただいたり、質問に答えたりしていただきました（写真3）。エシカル消費のよさや大切さについて、「フェアトレード」を教材に分かりやすく話していただき、質問にも的確に答えていただきました。題材の後半では、「私のエシカル消費提案」という、家族に自分がすすめるエシカル消費を提案するという活動を行ったのですが、それに対する評価もしていただきました。

写真3　県消費生活センターの方の講話

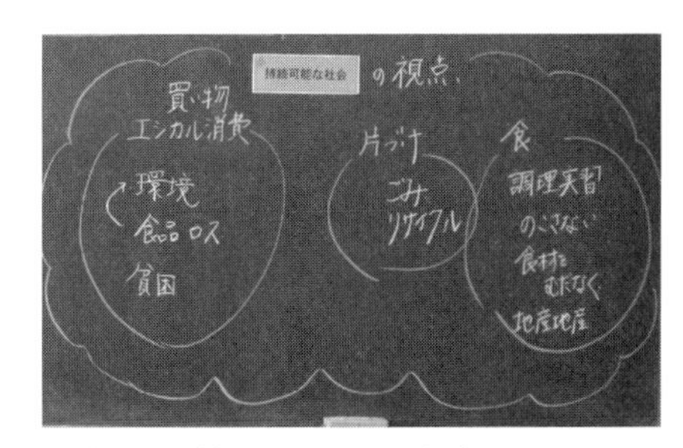

写真4　題材最後の時間の板書

題材の最後の時間には、エシカル消費のよさや大切さとともに、「持続可能な社会の構築」の視点で他の題材について考えました。写真4はその時間の板書です。エシカル消費のよさや大切さを「貧困」や「環境」の視点からとらえている様子がうかがえます。また、整理整頓の題材では「リサイクル」、食に関する題材では「調理実習で食材を無駄なく使う」「地産地消を心がける」など、「持続可能な社会の構築」の視点で他の題材を具体的にとらえることもできました。

「持続可能な社会の構築」の視点に特化した授業を終え、ここからは粘り強い指導です。次の題材「冬を暖かく快適に過ごす住まい方」では、「暖かく過ごす工夫」として、「昼はカーテンを開けておいて、夕方は早めにカーテンを引く」という意見が出ました。すかさず、「どうしてそうするとよいの？」「どの視点で考えた？」と問い返します。子どもは「『持続可能な社会の構築』の視点で考えたよ。太陽の光の熱を生かせば、エアコンをあまり使わずにエコにできるから」と答えます。このように、「持続可能な社会の構築」の視点を引き出し、全体で共有しました。さらに、「『持続可能な社会の構築』の視点を使うと、どのような工夫が考えられるかな？」と、視点を使うことも促します。ときには子どもたちが自ら「持続可能な社会の構築」の視点を使うのを待ち、ときには積極的に問い返す。これを繰り返すことで、「持続可能な社会の構築」の視点で生活事象をとらえることを自覚化させていくのです。

「持続可能な社会の構築」の視点の自覚化を図る機会は、見渡せば家庭科の授業以外にもあります。例えば社会科。現在の日本の農業や水産業などの産業にとって、環境保全や労働問題は大きな課題となっています。これらの課題について考える学習の際に、「家庭科の『持続可能な社会の構築』の視点が関連しているね」と声をかけます。これだけでも自覚化に大きな効果があるといえるでしょう。また、給食も同様です。「地産地消献立」「残食ゼロに対する取組」などが挙げられます。しかし、これらのことについて、子どもたちはそのよさについて考えているでしょうか。もしかしたら、言葉がインプットされているだけかもしれません。給食でこれらが扱われた際に、そのよさを子どもが考えることができるように「どうして行われているの？」「よさは何？」と積極的に問うようにします。

その後、家族との団らんを計画する学習の際に、「山口県産のいちごを使ったスイーツを作ろう」や「家族みんなでエコクッキングをしよう」といった、「持続可能な社会の構築」の視点での過ごし方を考える子どもの姿が多く見られました。また、「家族みんなで一つの部屋で過ごすことはエコにつながるね」のように、「協力・協働」と「持続可能な社会の構築」の視点を関連させる子どもも出てきました。さらに、給食にカステラが出たときに、給食後、ある子どもが「カステラの包装が気になったよ」と話しかけてきました。その日のカステラは二重包装がしてあって、この子どもは、「二重包装がしてある理由は、形を整えるためなどの理由があるのだと思うけど、環境にはよくないのではないか」という気付きを話しに来たのです。まさに自ら、給食で提供されたカステラの包装という生活事象を「持続可能な社会の構築」の視点でとらえています。つまり、転移させている姿だといえるでしょう。

「こつこつ」と「インパクト」

これまで、二つの実践事例を通して、特に「生活文化の継承と創造」および「持続可能な社会の構築」の視点の転移には時間がかかること、そして教師の粘り強い指導が必要であることとともに、その視点に特化した題材を構成し、実践することも効果的であることを述べてきました。まとめるとキーワードは「こつこつ」と「インパクト」です。

「こつこつ」は、家庭科の学習の中で、転移が難しい二つの視点から生活事象をとらえるように繰り返し促すことです。具体的にいえば、「よさを問う」や「その視点での工夫を考えることを促す」などです。これは、他教科等や給食といった、学校生活のさまざまな場面でも行います。この支援により、視点が子どもの中に少しずつ、確実に浸透していき、やがて自覚化されていくと考えます。

それに対して、「インパクト」は、子どもが強い印象をもつような教材を扱ったり、人材を活用したりすることです。具体的にいえば、「教材として和食やエシカル消費といった注目されている概念を扱う」「和食の料理人や県消費生活センターの方といった専門家を活用する」ことです。このことにより、効果的に自覚化を推し進めることができます。

今回述べた二つの視点で生活事象をとらえることは大人でも難しいです。ましてや知識や生活経験が未熟な子どもならなおさらでしょう。だからこそ、教師の粘り強い指導が何より大切です。まずは、家庭科の学習の中でこれらの視点が自覚的に使えるようになることを目指し、そして最終的には、家庭科の学習を超えた生活のさまざまな場面で使える子どもの姿を期待したいと思います。

（重枝孝明）

各教科等の見方・考え方を総合的に活用するために、対象と繰り返し関わる

各教科等の見方・考え方を働かせる総合的な学習の時間

総合的な学習の時間では、子どもたちが探究的な学習を展開していきます。この探究的な学習の過程では、子どもたちが各教科等の見方・考え方を働かせる場面が実に多く存在していることを、まずは授業者がとらえる必要があります。

総合的な学習の時間では、子どもたちが実社会・実生活の中から自ら課題を見つけ、解決に向けて取り組んでいきます。そして、課題解決に際しては、ある特定の教科の見方・考え方だけでなく、各教科等の見方・考え方を総合的に働かせる必要があったり、単元の中で新たに設定されていく課題によって働かせる見方・考え方も変わっていく必要があったりします。

また、探究的な学習の過程では、常にスムーズな課題解決とはいきません。子どもたちは何度も壁にぶつかりながら学習を進めていきます。そして、壁を乗り越えるためにさまざまな見方・考え方を働かせているのです。そのような課題解決の過程で子どもたちは、各教科等の見方・考え方を試し、教科によらない実社会・実生活の文脈の中で、探究的な学習の文脈の中で、自らが設定した課題解決の文脈の中で、確かに有効な見方・考え方を見出していくこととなります。

総合的な学習の時間とは、各教科等で働かせてきた見方・考え方をその教科の文脈から引き剝がし、実社会・実生活の中から見出した課題に対して子どもたち

自身が試すことのできる時間であるといえるでしょう。そして、総合的な学習の時間の学習では、子どもたちが各教科等で磨いた見方・考え方を、実社会・実生活の課題に対して働かせることで、それらの見方・考え方がどんな場面で、どれだけ役に立つか、さらにその理由は何かということを自覚的にとらえることができるのです。これは、学習指導要領でいう教科等横断的な資質・能力の一つであり、総合的な学習の時間の中で無理なく、また効果的に育成が可能です。

また、このような学びは、ひるがえって各教科等のよさや特質に関する子どもたちの気付きを一層深め、また確かなものにもしていくでしょう。このように、各教科と総合的な学習の時間は、相補的で相互促進的な関係にあるのです。

探究課題の設定

総合的な学習の時間の内容は、探究課題とその解決を通して育成を目指す具体的な資質・能力の二つによって構成されています。つまり、子どもたちが「何を学ぶか」を表したものが探究課題であり、「何ができるようになるか」を明らかにしたものが具体的な資質・能力ということになります。そして、探究課題と育成を目指す資質・能力の中間に位置し、「どのように」に当たるものが見方・考え方といえるでしょう。

そこで、授業者は、まず、全ての子どもがその子なりの思いを寄せ、深く個性的な関わりや価値ある探究ができる魅力的な学習対象（通常の教科でいう教材、「材」などとも呼ばれてきた）を探していきます。そして、候補が出てきたなら、子どもたちがそれと関わる中でどのような問題に出合い、その解決を目指して探究する過程で何を学ぶか（探究課題）、また、探究の結果としてどのような価値が実現されるか（育成を目指す資質・能力）を幅広に分析し、目の前の子どもの実態に照らして、適切かどうかを判断することになります。そして、実社会・実生活の中から、子どもたちにとって魅力的で、十分な探究に値する「材」を設定すれば、探究課題は探究的な見方・考え方を働かせざるを得ないものになるのです。

対象に繰り返し関わることのできる場の保障と壁を想定した単元構成

単元の中で子どもたちが思いや願いをもち、対象とより深く向き合うためには、対象と繰り返し関わる場が必要となります。そうすることで、子どもたちは対象に対する思いや願いをもち、活動や関わりの中で自ずと出合うべき壁に出合うべくして出合うことになります。このようにして出合えた壁は、子どもたちにとってとても切実感をもっています。だからこそ、子どもの学びは深まり、その課題解決のために子どもたちは各教科等の見方・考え方を総合的に働かせるようになるのです。

写真1　1回目の川遊びの様子

写真2　2回目の川遊びの様子

写真3　3回目の川遊びの様子

第5学年の実践を紹介します。単元の導入に際して、学校の目の前を流れる地域の小河川に子どもたちと遊びに出かけました。そのときの様子が写真1です。

学校に帰って振り返りを行うと、「おもしろかった」「もう一度行きたい」といった意見が多く、この後、同じ小河川の同じ場所に2回行きました。写真からも、回を重ねるごとに、道具や服装の準備が充実してきた様子や、子どもたちと対象である川との距離が縮まってきている様子が分かります。対象である川と繰り返し関わる活動の中で、子どもたちから二つの問いが出されました。一つ目は、「そういえば、この川は何という名前なの」と、川の名前についての問いです。35名中、川の名前を知っている子どもはわずか2名でしたが、この問いを機に全員がこの学校の前の小河川を「川」ではなく、「五十鈴川（いすずがわ）」と呼ぶようになりました。二つ目は、「いつも遊んでいる場所の上流や下流はどうなっているのだろう」です。五十鈴川で3回も遊び、川の名前を呼ぶようになり、子どもたちは五十鈴川に興味をもち始めています。

そして、五十鈴川の上流を調べに行った子どもたちは、砂防ダムの存在や川の様子が変化していることに気付きました。このような探究を進めていくことで、社会的な見方・考え方や理科の見方・考え方を働かせていました。

写真4 「柳の水」に出合った子どもたち

この後、さらに上流に向かい、「山口三名水」である「柳の水」に出合った子どもたち（写真4）は、今まで気にも留めていなかった学校の前の川に愛着をもつようになってきたのです。「柳の水」でお茶会を開いた子どもたちはまるで自分のことのように五十鈴川と「柳の水」を自慢しながら、校内の先生たちにお茶を勧めていました（写真5）。ここでは、五十鈴川や「柳の水」について、どのような場所にあるか、どのくらい昔からあるのか、地域の人にとってどのようなものなのかといったことを関連付ける社会的な見方・考え方や、地域の人々との協力や生活文化の継承・創造といった生活の営みに係る見方・考え方を働かせていました。

写真5 お茶を勧めている子どもたち

その後、子どもたちは「五十鈴川を守る会」の方と出会い、直接、川の歴史や地域の人の五十鈴川に対する思いについて話を聞くことができました。また、五十鈴川の水質調査や川に落ちているゴミへの気付きを経て、ゴミ拾い活動も行いました（写真6）。これらの活動を行いながら、子ども

写真6 ゴミ拾い活動の様子

たちの五十鈴川に対する愛着はさらに深まっていきました。しかし、川のゴミはなくなりません。子どもたちにとってこのゴミの問題は大きな壁となって立ちはだかります。そこで、子どもたちはこの課題を解決するために、ポスターを作成して川にゴミを捨てないでほしいと多くの人に呼びかけることにしました。子どもたちは、グループごとに自分たちの思いが伝わるようにさまざまなポスターを作りました。しかし、ここで新たな壁が現れたのです。

写真7　校長先生にポスターを見てもらう子どもたち

写真8　ポスターを配置する子どもたち

写真9　メッセージで埋めつくされた教室

校内ではなく、校外の五十鈴川にポスターを貼るということで、校長先生に完成したポスターを見てもらいました（写真7）。すると、校長先生から実際に川に行って、ポスターがどのように見えるか試してみるようにアドバイスを受けました。早速、ポスターを持って川に行ってみると……、文字が小さすぎて読めません（写真8）。ポスターの前まで足を運べば読めるのですが、子どもたちが掲示を許されたのは掲示板などではなく、川の柵の部分です。さらに、「五十鈴川を守る会」の会長さんが多方面の許可をもらってくださっていたのですが、ポスター掲示の条件として、学校前の川沿いの柵が掲示場所であることと、雨や風で簡単に壊れたり外れたりしないよう丈夫なつくりでしっかりと固定することが伝えられていました。この壁を乗り越えるために、子どもたちのポスター作りは方向転換をしていきます。もっと字を大きく、そのためにはグループごとではなく学級全体で一つの作品をつくろう。そして、標語のような短い言葉で道行く人の目に留まるようにしようとしたのです。子どもたち一人一人が、たくさんのメッセージを考えてきました。中には家族と一緒に考えてきた子どももいました。メッセージを決める際には、候補がたくさんありすぎて教室前面の黒板には収まらず、窓ガラスや側壁にもメッセージが貼られ、子どもたちのメッセージで教室が埋め尽くされました（写真9）。メッセージが決まると、どのような素材にどのような道具でメッセージを書くのかという話になりました。そこで、子どもたちは図画工作の先生に助言を求めました。図画工作の先生からは、絵の具の紹介もしてもらいましたが、他にも色の効果や文字のフォントの効果についても教えてもらい、自分たちの思いと合ったデザインについても考えるきっかけとなりました。完成したメッセージは、一文字ずつがプレートになっており、その後5年間、五十鈴川に掲示されました（写真10）。このポスター作りの場面では、自分たちの願いが伝わるように言葉の意味や並びにとことんこだわりながら、メッセージを決め、次に、フォントや色から受けるイメージと自分たちの願いを関係付けながらプレートを完成させました。ここでは、言葉による見方・考え方や、造形的な見方・考え方を働かせて課題解決を図っていきました。

このように、子どもたちが本気になって乗り越えようとする壁の存在が、各教科等の見方・考え方を働かせるきっかけとなります。そのためにも、授業者はどのような壁を想定し、その解決のために子どもたちはどのような見方・考え方を働かせる必要があるのかを念頭において単元を構成する必要があります。そうすることで、総合的な学習の時間が、子どもたちにとって、各教科等の見方・考え方をその教科の文脈から引き剝がし、目の前の課題に対して子どもたち自身が試すことのできる時間となるのです。もちろん解決に至る過程では上手くいかないこともたくさんあります。時間もかかります。だからこそ、子どもたちが何度も対象に繰り返し関わる場を保証することも教師の大切な役割です。

写真10　完成した掲示物

教科とのつながりを実感

第４学年の実践です。この学年も川から学習をスタートしました。この子どもたちは、市内や隣の市の河川に何度も魚とりに出かけ、川に棲む生き物を中心に探究した学年でした。もちろん、魚とりや採取した生き物の観察・飼育を通して、生き物の多様性や同じ水槽内で捕食される生き物の事実から関連性について気付いたり、川や水を生き物の視点からとらえ直したりするなど、理科の見方・考え方を働かせる場面も多かったのですが、そのときどきの課題によって別の見方・考え方も働かせていました。

写真11　魚とり後のベランダ

写真12　寸法を測る子どもたち

写真13　完成した物干し台

魚とりから帰ってくると教室のベランダには水にぬれた服等がたくさん置いてありました（写真11）。「家のように物干し台があるといいな」という子どもの意見から物干し台を作ることとなりました。ベランダや物干し竿の長さを調べ、そのサイズをもとに材料を加工していきました（写真12）。「どのくらいの物干し台にしようかな」「ベランダや物干し竿の大きさを確かめるためには長さを測って比べると分かるよ」「測った長さをもとに縦や横を決めてと全体の形を考えよう」。このように、子どもたちは量の大きさや図形の位置関係に着目して考えるなど、数学的な見方・考え方を働かせていました。「先生、メジャーを貸してください」と子どもから依頼されたので、メジャーを渡しながら「まるで算数の学習をしているようだね」と返しました。子どもたちも「総合の時間だけど、今日は算数をしているみたい」と言っていました。物干し台を作っている子どもたちは板材に寸法を記し、のこぎりで切っていきます。

上手く組み上がった物干し台（写真13）を前に、子どもたちに「素敵な物干し台が完成したね。この素敵な物干し台を完成させるためには、どの教科の力を使ったのかな」と問いました。「木を切ったり、組み立てたりしたから図工の力だね」「計算したり、測ったりしたから算数の力をたくさん使ったよ」。こんな答えが返ってきたので、「物干し台を作るには、図工や算数の力を使うのだね」と付け加えてみました。すると、「そうだけど、物干し台だけではなく物を作るときは長さを測ったり形を考えたりすることは当たり前のことだよ」と言うのです。どの教科の力を使ったのかと問うことで、教科の文脈から見方・考え方を剥がし、物干し台に貼り替えてみたのです。すると一度貼り替えることができたことで、この見方・考え方は物干し台の文脈からも剝がされて、ものづくりという、より抽象的な場面に貼り替えられています。まるで付箋紙のようでした。

総合的な学習の時間においては、このような機会はたくさんあります。授業者は各課題解決の場面で子どもたちが働かせている見方・考え方を見取り、教科とのつながりを意識させる支援を行いたいものです。そうすることで、子どもたちは少しずつかもしれませんが、各教科の見方・考え方を働かせている自分に気付き、各教科の学びの価値を自覚していくのではないでしょうか。

その後、この子どもたちは教室で飼育している生き物が増えてきたため、より大きな水槽を用意することになりました。倉庫にある水槽を見た子どもたちは、「先生、またメジャーを貸してください。算数します」と言って、教室のさまざまな場所の長さと水槽の長さを測っていました。その数日後、教室後ろの棚には、子どもたちによって選ばれた水槽が整然と収まっていました（写真14）。

（小林弘典）

写真14　子どもたちが配置した水槽

各教科等の見方・考え方の理解
―子どもの言葉や姿でとらえる―

授業を構想する際、内容や知識ではなく、見方・考え方を子どもの言葉や姿でとらえることで、以下の二つのことが期待できます。

一つ目は、教師の指導に一貫性が生まれるとともに、各教科等の特質に応じた学習活動の充実が図られることです。子どもたちは、各教科等の特徴的なアプローチを繰り返すことで、見通しと問いをもって学ぶようになり、学びの関連性と連続性を強く意識していきます。その結果、見方・考え方の活用が繰り返され、必然的に学びの精緻化が進み、深まりが生まれるのです。

二つ目は、教師が、各教科等の見方・考え方に関わる子どもたちの言葉や姿に敏感になり、価値付けられるようになることです。授業を進めやすくするため、教師は自分が期待する発言や正答に耳を傾けがちです。子どもたちの発言が、見方・考え方に関わるものであったり、核心をつくものであったりしても、そこに教師の意識が向いていなければ、気付かずに済ませてしまうことになります。これまでの学習指導であれば、それをことさら問題にする必要もなかったかもしれません。しかしこれからは違います。教師が、見方・考え方こそが子どもたちを深い学びに誘うためのかけがえのない視点であると確信をもち、見方・考え方の有効性や汎用性を子どもたちに気付かせることが重要です。

本校では、各教科等の見方・考え方を子どもの言葉や姿でとらえ、一覧として整理することで、全教職員が見方・考え方を具体的に意識して指導できるようにしています。また、教師が子どもたちの価値ある言葉を聞き逃したり、姿を見逃したりすることなく、授業の中で生かすことができるようにしています。

表　各教科等の見方・考え方　「子どもの言葉と姿」一覧

教科	本質（見方・考え方）			
国語	〈言葉の意味〉 ・〇〇という意味 ・リズムや響きがよい ・過去のこと、今のことを表している ・意見や考えを表している ・昔の言葉と現代の言葉	〈言葉の働き〉 ・気持ちが分かる ・想像できる ・分かりやすい ・人に伝える ・人とつながる	〈言葉の使い方〉 ・読み手を意識して書く ・聞き手を意識して話す ・書き手の工夫が分かった ・話し手の工夫が分かった	
社会	〈位置や空間的な広がり〉 ・広がっている ・集まっている ・広がり　・位置 ・分布　・地形 ・環境　・気候 ・範囲　・地域	〈時期や時間の経過〉 ・変わってきた ・始まった ・続いている ・時代　・由来 ・変化　・発展 ・継承 ・持続可能 ・グローバル化	〈事象や人々の相互関係〉 ・つながり　・関係 ・関連　・協力 ・工夫　・努力 ・願い　・関わり ・連携　・対策 ・役割　・影響	
算数	〈単位・基準〉 ・基準を揃える ・まとまり　・位 ・一つ分　・１とすると ・１あたり　・もと	〈集合〉 ・（性質、形が）同じ、違う ・仲間 ・分ける ・広げる	〈表現〉 ・具体物、数 ・式、図、表、操作、グラフで表す ・表現を変換する ・表現の意味を考える	〈関数の考え〉 ・きまり ・変化と対応 ・比例 ・反比例
理科	〈量・関係（物）〉 ・数　・大きさ ・重さ　・強さ ・長さ　・体積 ・ふやすと…／へらすと… ・〜したから…だ ・〜が原因で	〈質・実体（化）〉 ・〜だとしたら（例え） ・〜なら…といえるね ・ものの性質 ・ものの存在 ・ものの様子 ・イメージ図	〈共通性・多様性（生）〉 ・同じ　・ちがう ・仲間　・グループ分け ・大きな決まり ・個々の特徴 ・〜（視点）で見ると同じ／違う	〈時間・空間（地）〉 ・時間が経ったら… ・これから… ・前は… ・位置関係 ・循環 ・図
音楽	〈音楽を形づくっている要素〉 ■音楽を特徴づけている要素 ・音色　・リズム ・速度　・旋律 ・強弱　・音の重なり ・和音の響き ・音階　・調 ・拍　・フレーズ	■音楽の仕組み ・反復 ・呼びかけとこたえ ・変化 ・音楽の縦と横との関係	 〈自己のイメージや感情〉 ・〜な感じ ・雰囲気 ・〜な気持ち	〈生活や文化〉 ・昔の出来事 ・〜な場所 ・行事

教科	本質（見方・考え方）			
図画工作	〈感性〉 ・楽しい ・おもしろい ・よい ・きれい	〈形や色など〉 ・丸い、とがった（形の感じ） ・大きい、長い（形の大小、長短） ・明るい、はっきり （色の明暗、鮮やかさ） ・柔らかい、ツルツル （感触、質感など） ・組合せ、重なり、動き、奥行き ・〜に見える（見立て） ・〜な感じがする（感じ）	〈意味や価値〉 ・素敵だ ・私は○○だと思う ・〜に役立ちそう ・喜んでもらえそう ・〜なよさがある	〈発想や構想〉 ・いいこと思いついた ・どんな形や色にしようか ・〜を表したい ・〜な感じにしたい ・○○みたい ・もっとこうしたらイメージに近づく ・こうすると○○になりそう
家庭	〈協力・協働〉 ・協力する ・一緒に何かをする ・助け合う	〈健康・快適・安全〉 ・健康 ・快適、心地よい、 気持ちよい、 使い勝手がよい ・安全	〈生活文化の継承と創造〉 ・人々の生活や 文化の大切さに気付く ・受け継がれた ・知恵 ・新しく創られる	〈持続可能な社会の構築〉 ・自分の環境 ・エコ ・続けていける ・もったいない
体育	〈運動の特性〉 ■学び方 ・〜な工夫をして運動をしたら 体力が高まったよ ・一定の歩数で踏み切ると ハードルを走り越えやすかったよ ・相手のいないスペースに 移動したらパスがもらえたよ	■動き方 ・〜ができるようになったよ ・〜すると記録が伸びたよ ・〜と一緒だと楽しいな ・〜作戦だったら得点できたよ ・〜な動きをすると なりきって踊れたよ	〈体力の向上との関連〉 ・〜な体力を高めたいな ・どうやったら 高まるかな	〈多様な関わり方との関連〉 ・する ・みる ・支える ・知る
道徳	〈価値理解〉 ・（道徳的諸価値）っていいな ・（道徳的諸価値）って難しい ・いろいろな 考えがあるのだな	〈自己理解〉 ・私だったら ・自分と同じだな ・自分と違うな	〈多面的・多角的理解〉 ・そういう見方があるんだ ・そういう考え方があるんだ ・立場を変えると	〈生き方理解〉 ・これからは　・これからも ・こんな生き方を してみたいな ・こんな生活を 大切にしたいな
外国語	〈社会や世界との関わり〉 ・【日本】では… ・【外国】では… ・外国、外国人 ・一般的、普通、世間 ・ニュース、出来事 ・政治、科学など	〈他者との関わり〉 ・話の流れ ・【誰】にとって ・【誰】 ・【誰】のことを考えて ・【誰】は〜だろうか	〈目的や場面、状況等〉 ・この会話（場面、状況）は ・だって【目的・場面・状況】 だったから ・【相手】が〜と言ったから	〈言語材料の活用〉 ・【伝えたいこと】 →【単語・表現】 ・【単語・表現】を使ったのは、 【伝えたいこと】だから

教科	本質（見方・考え方）	
生活	**〈自分との関わりで対象をとらえる視点〉** ・対象と自分を一体的にとらえる（ぼく、わたしの◯◯） ・「好き」「楽しい」が増える（もっと〇〇してみたい、 〇〇っておもしろい、〇〇って不思議だな、 〇〇ってすごいな） ・諸感覚を使う（よく見ると、耳をすますと、 におってみたら、触ってみたら）	**〈思いや願いの実現に向け考え、工夫すること〉** **■分析的に考える** ① 見付ける（〇〇の特徴は～） ② 比べる（前は〇〇だけど今は〇〇、 A君は〇〇で私は〇〇） ③ たとえる（◯◯みたいだな） **■創造的に考える** ① 試す（他のものならどうかな、 他のやり方ならどうかな） ② 見通す（◯◯したら◯◯になりそう、 この前やったときも〇〇） ③ 工夫する（もっと楽しくするには〇〇、 もっと喜んでもらうには〇〇）
	**〈各教科等の見方・考え方を総合的に活用すること〉** ※扱う対象や解決しようとする方向性などに応じて、 各教科等の見方・考え方を意識的に活用する。 **■主に各教科等で育成された思考力・ 判断力・表現力を活用する** ・地域の課題を解決するためには どうしたらよいかを考えよう。 ・インタビューや調べ学習をしたり、イベントを 計画したりして～のすばらしさを広めよう。 ・自分たちの地域のことを誰かに伝えたいな。 他の学校の地域のことも知りたいな。 ・どんな方法で調べるとよいかな。 ・地域の歴史、人々の思い、街のつくり、 などの種類に分けて情報を集めよう。 ・話を聞くときには、どんな聞き方をするとよいのかな。 ・集めた情報を、仲間分けしたり順番に 並べたりしてみると、～の特徴が分かったよ。 ・いろいろな地域の特徴を比べてみると、 共通することが見えてきたよ。 ・量を表したいから、こんなグラフを使うといいね。 ・表にまとめてみると、 集めた情報の足りないところが分かってきたよ。	**〈総合的な学習の時間に固有な見方・考え方を活用すること〉** ※広範な事象を多様な角度から俯瞰して捉え、 課題の探究を通して自己の生き方を問い続ける。 **■多面・多角的な視点をもち、事象を俯瞰する** ・～を違った角度から見ると、 こんな魅力や課題があることに気付いたよ。 ・提案してみたけどそれだけじゃ足りないことが あったね。～を実現するためには、多くの視点から 検討しないといけないことに気付いたよ。 **■自分とのつながりへと引き寄せる** ・自分たちはこんなにもたくさんの人や環境に 支えられていると分かったね。 きっと～だと思うようになったよ。 ・〇〇さんはこのように言っているけど、 自分はどう思うだろう。 **■自己の生き方へとつなげる** ・活動を通して人や環境とのつながりの中で 生きていることを感じたね。これからも 地域のためにできることを考えていこう。 ・◯◯さんの生き方って素敵だな。 自分もこんな人になりたいな。

国語科事例

「言葉の働き」への着目を子どもの姿でとらえる

「言葉の働き」に着目している子どもの姿

国語科における見方・考え方の一つとして「『言葉の働き』への着目」があります。「言葉の働き」とは、語や文などがもつ「詳しく説明する」「文や文節をつなぐ」といった働きのことです。

日常生活や学習において、話をしたり文章を読んだりするときに、「言葉の働き」に着目することはとても大切です。「今日の晩ごはんは、カレー『が』いい」と「今日の晩ごはんは、カレー『で』いい」のように、たった一語の働きでも、話や文章の意味は大きく変わってきます。「言葉の働き」への着目が不十分であることによって、他の人に誤解を与えてしまうこともあるかもしれません。「言葉の働き」に着目することは、言葉を用いて適切に表現したり、正確に理解したりすることにつながっていきます。

とはいえ、「手紙を書く」「調べたことを報告する」「伝記を読む」といった言語活動を行う中で、子どもは「言葉の働き」以外にも「言葉の意味」や「言葉の使い方」といった言葉のさまざまな側面にも着目しなければなりません。言語活動を行う子どもの姿の中から、「言葉の働き」に着目している姿だけを瞬時に取り上げることは難しいことではないかと思います。

「この言葉の働きは、……」といったように「言葉の働き」に着目していることが分かるような発言があるとよいのですが、そうはいきません。授業が終わった後、子どもの発言を思い出しながら、「あの発言を取り上げていればよかったのに……」と後悔することもよくあります。

そこで、「言葉の働き」への着目を瞬時に取り上げるために、子どもの具体的な姿でとらえていくことにしました。そのために、これまでの国語科の授業のビデオや授業記録（授業中の教師と子どもの発言を文字に起こしたもの）から、「言葉の働き」に着目していると考えられる子どもの姿を集めて分類をしていくと、以下の三つの姿が見えてきました。

① 言葉を用いるよさを語る
(例：「○○」という言葉があると、強調される。)
② 言葉がない場合とある場合を比較する
(例：「○○」という言葉がないと、文と文がつながらないけれど、
「○○」という言葉があると、文と文がつながる。)
③ 別の言葉と置き換えて比較する
(例：「○○」という言葉が「△△」という言葉だったら、様子が伝わらない。
「○○」という言葉だと、様子が伝わる。)
※③の事例については第4章 p.230 ～を参照。

これらの姿は現時点でのとらえであり、今後も授業実践を重ねていく中で、更新をしていきたいと考えています。

このように、「言葉の働き」への着目を子どもの具体的な姿でとらえておくことで、授業中に「言葉の働き」に着目している姿を敏感に察知し、瞬時に取り上げることができるようになったと思います。よく言われるように「アンテナを張っておく」といった感じではないでしょうか。

「そのために」の働きに着目した姿

まずは、第1学年の説明的な文章「じどう車くらべ」（光村図書1年下）の学習でのことです。

「じどう車くらべ」という題名を黒板に書くと、子どもたちは興味津々です。

「トラック？」「消防車が出てくるんじゃない？」といった声も上がっています。
文章を読むと、子どもたちはある一語に注目しました。接続語「そのために」です。文章で説明されている三つの自動車「バスやじょうよう車」「トラック」「クレーン車」のどの説明にも用いられています。
最初の「バスやじょうよう車」の説明を読んだときは、特に反応はありませんでした。しかし、次の「トラック」の説明を読むと、「あれ、また？」という声が聞こえてきます。最後の「クレーン車」の説明を読み終わった際には、「また、『そのために』がある！」という声が上がっていました。
すると、ある子どもが、
「『そのために』って大切なんじゃない？」
と発言しました。私は、「おもしろいことを考え始めたぞ」と思い、
「なんで大切なんだろうね？」
と全体にたずねました。しかし、子どもからは反応が返ってきません。子どもたちの表情がだんだんと曇り始め、教室内に沈黙が広がりました。そんなときです。ある子どもがつぶやきました。
「もし『そのために』がなかったら変になる」
この発言を聞いた瞬間、私は「言葉の働きに着目している！」と思いました。それは、「言葉がない場合とある場合を比較する」姿を、「言葉の働き」に着目している姿ととらえていたからです。
私は、この発言を受けて、黒板に掲示していた「バスやじょうよう車」の文章の「そのために」を隠してみました。すると、さっきまで曇っていた子どもたちの表情がパッと明るくなり、元気な声が響き始めました。
「『そのために』がないと、つながらないじゃん！」
「そうそう、つながってないよ！」
ある子どもは黒板の前に来て、文章を指さしながら次のように発言しました。
「つながっていないよ！　ここ（『バスやじょうよう車は、人をのせてはこぶしごとをしています。』）とここ（『ざせきのところが、ひろくつくってあります。』）がつな

がらなくなる！」

今度は、「そのために」がある文章を読んで比べてみると、

「『そのために』があると、さっきの二つの文がつながってる！」

「なんでその『つくり』になっているかが分かる！」

という発言も出てきます。

このように、「『そのために』がない場合とある場合とを比較する」ことで、「そのために」が文と文の因果関係を表す働きをもっていることをつかむことができました。

言葉は、話や文章の中に埋め込まれていると、その働きが見えにくくなりがちです。しかし、言葉をあえて外して、その言葉がない場合とある場合とを比較することで、その言葉の働きが見えやすくなります。

「言葉の働き」に着目した発言への感受性の高まり

次は、第2学年での事例です。教育実習が始まったばかりの時期で、教育実習生は、音楽室や図書室の場所を知りません。そこで、教育実習生に、教室から音楽室や図書室までの道順を説明するという活動を行いました。

子どもは、道順の説明の仕方を考え、教育実習生に説明をします。そして、教育実習生には、子どもから聞いた説明のとおりに、学校内を移動してもらいます。

ところが、いざ子どもの説明を聞いて移動してみると、教育実習生は、音楽室や図書室までたどり着くことができません。説明のとおりに移動すると、音楽室や図書室に行く途中で止まってしまったり、または、別の教室に着いてしまったり……、「道順を説明する」ということは、なかなか難しいものです。

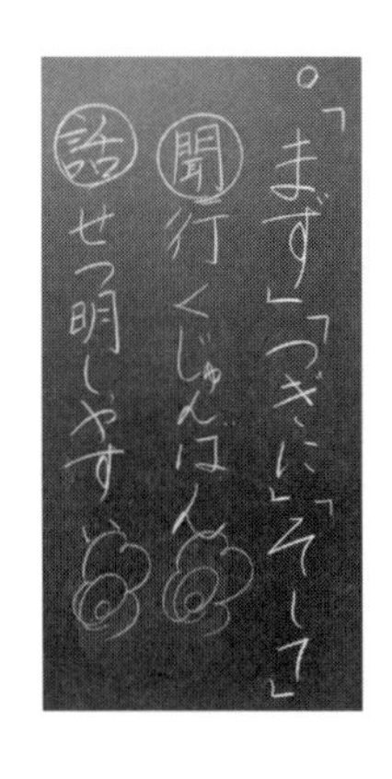

私は、「みんなはこれからどうするのだろう」と思いながら子どもたちの様子を見ていました。

すると、ある子どもが友達の道順の説明を聞き始めました。その姿をきっかけに、互いに説明を聞き合ったり、説明の仕方について相談したりする姿が教室全体に広がっていったのです。

教室内にはさまざまな声が飛び交っている状況の中、ある発言が私の耳に飛び込んできました。それは、「『まず』『次に』『そして』を使うと、動く順番がよく分かるよね」という発言です。「言葉の働き」に着目している姿の一つである「言葉を用いるよさを語る」姿そのものです。

この発言をした子どもは、ごく普通の大きさの声で友達と話していました。けれども、子どもたちの声がたくさん飛び交う中で、この発言が、私の耳に飛び込んできたのです。

この発言を全体で取り上げると、子どもたちから「なるほど！」「やってみよう！」と称賛の声が上がりました。そして、子どもたちは、「まず」「次に」「そして」を使って道順の説明の仕方を考え始めました。

教室内には、再びさまざまな声が飛び交い始めます。私は、黒板の前で、子どもと説明の仕方について話していました。

すると、今度は、教室の後ろのほうから、「『まず』『次に』『そして』を使うと、説明しやすくなった気がする」という発言が聞こえてきたのです。もちろん、この子どもも大きな声で話していたわけではありません。

また、「言葉を用いるよさを語る」姿です。話し手としても説明の構成が明確になるということでしょう。

この発言も全体で取り上げると、「言われてみれば確かに！」「説明しやすくなった気がする！」といった声がたくさん上がりました。

そして、これら三つの言葉を使って子どもたちが道順を説明すると、教育実習の先生は、音楽室や図書室にたどり着くことができました。

この時間では、教室内で子どもたちがたくさん話をしている中でも、「言葉の働き」に着目した発言が二度も私の耳に飛び込んできたのです。

もちろん、授業中、こうした発言をいつも意識しているわけではありません。しかし、前もって子どもの姿でとらえておくことで、子どもたちがたくさん話している中であっても、「言葉の働き」に着目した発言が聞こえてくるようになったと感じています。

「言葉を用いるよさ」の問い返し

最後は、セミの声が窓から聞こえ始めた７月中旬、第４学年の夏の俳句作りでのことです。

子どもたちは、プールやスイカなど夏休みの様子を思い浮かべ、言葉を吟味しながら、俳句を作っていました。

しかし、なかなか満足のいく俳句ができていないようでした。そこで、

「俳句をよりよくするためにどうすればよいのかな？」

と、たずねました。すると、

「自分が気に入った俳句からコツを探すといいと思う」

という発言に同意が集まり、図書室の本やタブレットで自分のお気に入りの俳句を見つけ、俳句作りのコツを探していきました。

俳句作りのコツを全体で交流すると、ある子どもがシャーペンをテーマにした俳句が気に入ったと話しました。その俳句のどこが気に入ったのかをたずねると、

「『ポキポキ』という言葉がいいと思いました」

という答えに「言葉を用いるよさを語っている！」と瞬時に思いました。

しかし、同時に、「『ポキポキ』のよさがもう少し具体的になるのではないか」とも思いました。すかさず、私は、

「どのようなよさがあると思ったの？」

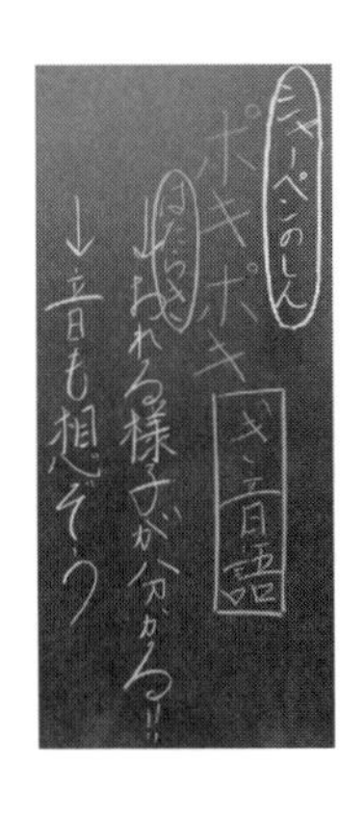

と問い返しました。すると、

「『ポキポキ』ってシャーペンの芯が折れる感じがよく分かるから」

という答えが返ってきました。「なるほど！」という声が上がります。続けて、別の子どもが、

「確かに！『ポキポキ』って本当に音が聞こえてくるような気がする」

と発言しました。問い返すことで、「ポキポキ」という擬音語の働きが具体的になってきたのです。

このように、「言葉を用いるよさ」を発言していても、そのよさまで具体的に述べていないこともあります。こうしたときは、その言葉を用いるとどのようなよさがあるのか、その具体を問い返すことで、「言葉の働き」が明確になってきます。

おわりに

このように、「言葉の働き」への着目を子どもの具体的な姿でとらえておくことで、「言葉の働き」に着目している姿を敏感に察知し、瞬時に取り上げることができるようになったように思います。

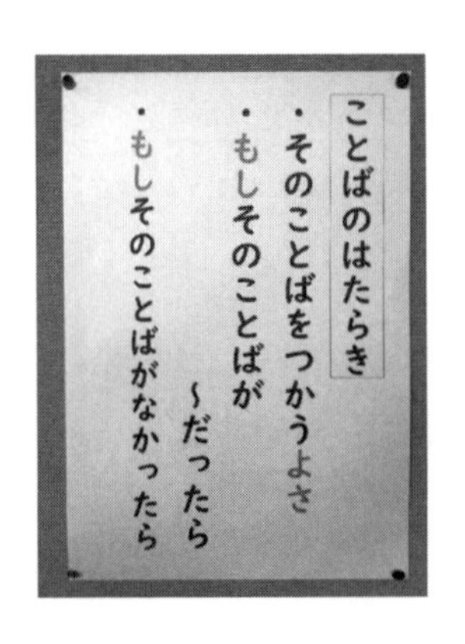

また、「言葉の働き」に着目した具体的な姿は、教室にも掲示をしています。それは、「言葉の働き」に着目することを国語科における大切な見方・考え方として、子どもたちにも意識をしてほしいからです。掲示をすると、「～という言葉があるとどんなよさがあるのかな？」や「もし～という言葉がなかったらどうなる？」といった発言が増えるなど、子どもたちも自身も「言葉の働き」に着目することを意識するようになりました。

（五十部大暁）

音楽科事例

「関連付け」を子どもの姿や言葉でとらえる

子どもから見た音楽科の学習

子どもたちは、音楽科の授業をどのように思っているのでしょうか。多くの子どもたちに好きだと思っていてほしいのですが、実際には苦手意識をもっている子どもが多くいます。その理由を聞いてみると、「リコーダーや鍵盤ハーモニカの演奏が難しいから」「聴くのは好きだけど、歌うことが下手だから、好きじゃない」など、技能面に起因していることが分かります。一度、苦手意識をもってしまうと、それを軽減することは難しく、ましてや、高学年になるほど、演奏することを嫌がったり、感じたことを表現することに恥ずかしさを抱いたりすることが多くなるため、音楽科への苦手意識は高まっていく一方です。

どうして、子どもたちが音楽科の学習を苦手と感じてしまうのでしょうか。音楽科の授業の在り方を振り返ってみると、三つの大きな課題があると考えます。一つ目は、「歌ってみましょう」「演奏してみましょう」「聴いて感想を書きましょう」といった明確な視点が与えられない指示が多いこと。二つ目は、上手に演奏することにこだわった指導となっていること。三つ目は、子どもたちの生活へ還元できる学びができていないこと。この三つの大きな課題をクリアするためには、音楽的な見方・考え方である、「音楽に対する感性を働かせ、音や音楽を、音楽を形づくっている要素とその働きの視点でとらえ、自己のイメージや感情、生活や文化などと関連付けること」をいかに授業の中で意識し、子どもの言葉や姿をとらえるかが大切になってくるのではないでしょうか。

「関連付ける」ための教材提示の工夫

子どもたちは、自然と音楽を形づくっている要素と自己のイメージや感情を関連付けながら音楽的活動に取り組んでいますが、他の題材に変わると以前の学びを忘れてしまって関連付けることがなかなかできません。その理由として、教師が視点のない指示を行ったり、「関連付ける」という思考を学習に生かすよさを十分に実感させることができていなかったりといったことが考えられます。そこで、「関連付ける」という思考を直接的に扱い、よさを受容することができるようにするために、第5学年の『冬景色』『こいのぼり』『スキーの歌』の学習活動の中で「関連付ける」を意識した実践を行いました。

まず、曲と出合う前に、「この曲はどの季節の曲かな」と問いかけました。すると、子どもたちは、「歌詞を見たら、簡単に季節が分かるよ。先生、歌詞を教えてください」と、歌詞の提示を求めてきたのです。歌詞の内容には、季節に関する言葉に加え、イメージを具体化しやすい言葉も多く存在します。最初に歌詞を示すと、そこで得られた情報が印象を占めてしまい、旋律など歌詞以外の音楽を形づくっている要素と自己のイメージや感情を関連付けることが難しくなってしまうかもしれません。そこで、自然と見方・考え方を働かせる姿をとらえるために、最初に旋律の一音目を、次に旋律線、全ての旋律、歌詞の内容といった順序で提示し、少しずつ曲の特徴が現れてくるようにしてみました。すると、無自覚ではありますが、一音のもつ音の特徴や旋律線のなめらかさなどの情報を関連付けながら、どの季節の曲なのか、どのようなことを表現しているのかについて考え始める子どもたちの姿が見られるようになりました。

また、『冬景色』の学習では『春の小川』、『こいのぼり』の学習では『冬景色』などといったように曲の構成要素だけではなく、既習の曲を関連付けながら思考する姿も見られたのです。そこで、「歌詞が分からないのに、どうしてこのような考えをもつことができたのか」と問いかけると、「旋律をいつも以上によく見たり、旋律と感じ取ったイメージをつなげて考えたりしたからだよ」と関連付けに関する発言がありました。その発言に共感する子どもも多く、無自覚だった関連付けが自覚化されていることが分かります。

旋律とイメージや感情をしっかりと関連付けた後に、曲の特徴をとらえる中で一番影響の大きい歌詞を提示しました。これまでの学習であれば、歌詞に悲しい言葉があるから悲しい感じで歌おうといったような歌詞のみに引っ張られた歌い方ばかりとなっていました。しかし、関連付けることのよさを扱ったことで、『こいのぼり』の学習の際には、「旋律に付点があってはじけるような感じもするし、歌詞からもこいのぼりが喜んで泳いでいる様子も想像できるから、ポップコーンをイメージしながら歌いたい」「こいのぼりが泳いでいる感じや空のきれいさを表したいから、付点の部分のなめらかさは大事にしたい」といったような発言がありました。子どもたちの発言には、関連付けたことによって生まれた子どもたちなりの根拠があったのです。その後は、子どもたちが考えた歌い方を実際に試していく活動を設定しました。子どもたちの考える歌い方の候補は多く、曲の特徴にふさわしい表現を追究しようとする姿が見られたのは、旋律とイメージや感情をしっかりと関連付けた後に歌詞を提示したためだと考えます。

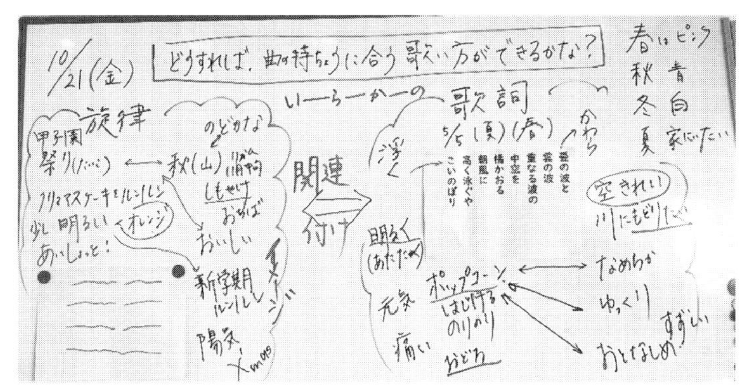

写真1 『こいのぼり』の板書

実際のところ、思考する場面が多く、子どもたちにとってはもどかしい時間が続いたかもしれません。しかし、題材の終末には、「旋律と歌詞の内容とイメージを関連付けて考えたら、前よりも曲の雰囲気をつかみやすくなった気がするよ」と関連付けることのよさに気付く発言がありました。また、他の題材の際も、旋律以外の音楽を形づくっている要素を用いて関連付けながら思考や表現する子どもの姿が見られました。このように、見方・考え方を意識し、関連付けるという思考のよさをとらえることにより、子どもたちが音楽科の学びを「分かった」「できた」と感じることにつながると考えます。

学びを身近にする「関連付け」

短調の響きを学習内容として、『マルセリーノの歌』と『ハンガリー舞曲』が設定されています。この二つの曲には、短調以外に転調部分が存在しています。教材研究を行っていく中で、子どもが短調の響きをとらえることは容易だと判断できましたが、転調をとらえることは難しいと考えられました。教師が「これが短調」「これが転調」と教えると確実に知識としての定着を図ることはできます。しかし、それは見せかけの知識であり、他の曲と出合った際、活用することは難しいと考えられます。そこで、子どもたちなりの曲に対する理解をもとに学習を進めることにより、子どもたちにとって価値のある学びとなると考え、実践を行いました。

第1時　さまざまな調の曲を鑑賞する

第1時では、調によって響きが異なることに気付かせたいと考えたため、授業が始まってすぐにハ短調に移調した『きらきら星』をピアノで演奏しました。すると、「あれ、いつもと違う」「なんだか怖い」「星が落ちてきそうな感じがする」などと、子どもたちは、いつもの『きらきら星』のイメージと比較し、ハ長調とハ短調の響きの違いに違和感をもっていることが分かります〈創出〉。その後、

『きらきら星』を聴いて、違和感は長調と短調の響きの違いによって生まれたものであることを伝えると、子どもたちから、他の短調の曲を聴いてみたいという声が上がりました。そこで、用意しておいた以下の四つの曲を比較聴取する活動を行います。

①　『革命のエチュード』ショパン作曲／ハ短調
②　『月の光』ドビュッシー作曲／変ニ長調
③　『ソナタ第 14 番』ベートーヴェン作曲／嬰(えい)ハ短調
④　『猫のワルツ』ショパン作曲／ヘ長調

曲の出だしを聴くだけで、既習である長調のもつ雰囲気やさまざまな調の『きらきら星』で獲得した知識を用いて、「これは短調！」「これは長調！」と判断している姿が見られました。また、どのようなことを感じ取ったかについて問うと、「危険な感じ」「不合格通知を受け取った感じ」など、それぞれの曲から感じ取ったことや聴き取ったことを整理し、調の響きの違いによって生まれるおもしろさに気付いた姿を見取ることができたのです。

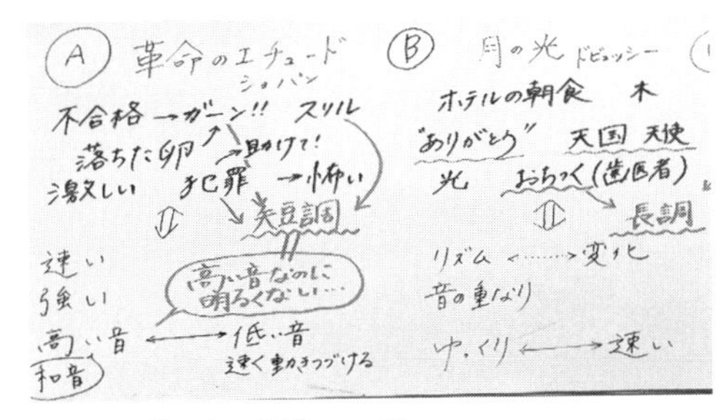

写真2　第1時　板書の一部

Aの旋律

Bの旋律

Cの旋律

図1　『ハンガリー舞曲』第5番の旋律

第2時　『ハンガリー舞曲』を鑑賞する

『ハンガリー舞曲』は三部形式（A − B − A）で構成されています。前時に学習した調の響きの違いに気付きやすくするために、まずは、Aの部分のみを鑑賞し、「どのようなことを感じましたか？」と問いかけようとすると、「これは短調の曲だよね」「やっぱりそうだよね。前の時間の③と同じで、なんだか暗い感じがしたよね」という発言がありました。すると、二人の発言を受け、「確かにそうだよね」と多くの子どもたちが共感しているのです。これまでの鑑賞の学習では、強弱や速度、音の重なりなど多くの視点から音楽をとらえようとし、学びの系統性や学びの深まりが少し曖昧になっているように感じていました。前時でさまざまな調の響きに触れ、その特徴をとらえることにより、「調」という視点で音楽をとらえる感度が上がり、教師側が問いかける前に、自ら調の響きについて語り始めていったのです。

その後、Aの部分から感じ取ったことについてたずねると、「速いのも加わって、追いかけられている感じがしたな」「ぼくも同じことを思ったよ。警察官に追われている気分になったよ」といった発言がありました。

その発言から、短調の響きだけではなく、新たな学びに加え、速度や強弱といったこれまで学習してきた音楽を形づくっている要素の働きも加えて音楽をとら

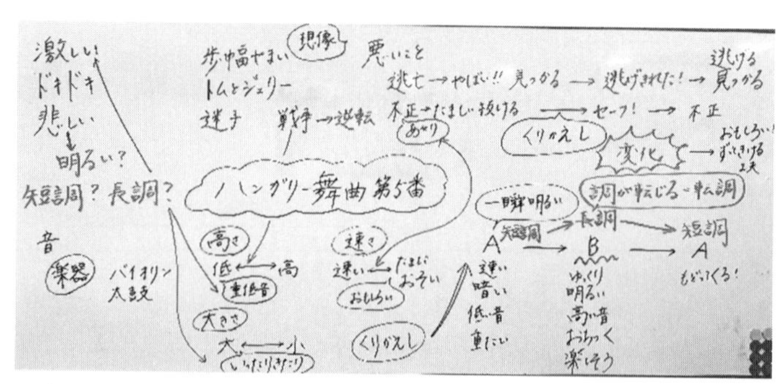

写真3　第2時　板書

えることができていました〈受容〉。

Aの部分のよさやおもしろさを全体で共有した後、最初から最後まで通して鑑賞を行うと、ある子どもが「途中、明るくなった部分があったと思うのだけど、どうかな」とつぶやいたのです。すると、感じ取ったイメージと転調を重ね合わせた「途中、警察官から逃げられた部分があったよ」という発言や「けど、最後には最初と同じように暗いところが戻ってきたよね」という転調部分に気付いている発言がありました。しかし、まだ気付いていない子どもが複数いたため、再度、鑑賞を行い、転調部分を確認するために、転調したときに挙手をする活動を設定しました。すると、長調に転じた部分に挙手する子どもがいると同時に、短調でも和音の響きが明るく感じた箇所に挙手する子どももいました。音の響きの変化に敏感になっているからこそのよい反応だと考えられますが、転調を確実に聴き取ることができるために、「大きく感じが変わったところはどこかな」と問いかけました。すると、「追いかけられていたのが、逃げられてほっとした感じに変わったところだよ」「一瞬感じが明るくなったところも、転調だと思っていたけれど、すぐ暗くなったから違ったよ」という発言があり、転調と和音の響きの違いに気付くことへとつながったのです。

その後、感じ取った変化をもとに、長調に転じた部分の共有を行いました。これまで、何となくとらえていた曲想の変化に対して、“転調”という知識を得たことで、その後の鑑賞の際も、曲想の変化を自覚的にとらえることができている姿が見られるようになると考えられます。

第3・4時 『マルセリーノの歌』を演奏する

『マルセリーノの歌』は、Bの2小節のみハ長調へ部分的転調をしており、子どもたちにとっては気付きにくいものだと考えられます。

鑑賞した際、この転調部分に気付く子どもはどれくらいいるのだろうかと、少し不安に思いながら子どもの様子をうかがいました。すると、ほとんどの子どもは気付いている様子はありませんでしたが、数人、違和感をもっているそぶりが

図2 『マルセリーノの歌』の旋律

見られました。「どうしたの？」と問いかけると、「最初は暗かったのだけど、なんだか明るい感じになっていたと思う」と、雰囲気の変化に気付いている子どもがいたのです〈転移〉。この気付きは、子どもにとって何気ないものでありましたが、この気付きが表現方法に大きく影響すると考えます。教師が、「ここは転調しているのだよ」と伝えるだけでは、見出せないものも多くあり、子どもたちが習得した知識を活用し、次の学習に生かしていくことを意識しなければならないことを改めて考えさせられた場面でした。

第４時の終末に、題材構成を考えたきっかけとなった何度も転調を行う曲を鑑賞する時間を設けました。アニメの主題歌であったこともあり、子どもたちは「この曲、知っているよ」「この歌手の歌、なかなか上手に歌えないんだよね」などと、思い思いの発言をしています。すると、「もしかして、転調しているのかな」という子どもの何気ないつぶやきがあったのです。そのつぶやきにつられるように、「最初は怖い感じなのに、サビは明るかったよ」「少しずつ明るくなっていった気がするよ。もう一度、聴いてみたいな」などと聴き取ったことを話し出しました。再度、１番のサビまで聴いてみると、指を数えながら、転調部分を探している姿が見られました。「何回も聴いているのに、なんで今まで気付かなかったのだろう」とつぶやいている子どももおり、無自覚だったものを自覚するだけで、見えてくるものが大きく変わる瞬間をとらえることができたのです。

この題材の学習が終わった数日後、数人の子どもから声をかけられました。

「転調のことをお父さんとお母さんに伝えたら、他の曲にもあるよと教えてくれたよ。一緒に聴いて、楽しかったよ」

「弟と一緒に『きかんしゃトーマス』を見ていたら、転調している部分があって驚いたんです。何度も見ていたのに、気付きませんでした」

このように、音楽科で学習したことが子どもたちの生活の中にあるさまざまな分野の曲にも活用できたり、さらに幅広く音楽に親しんだりする子どもの姿につながりました。この題材で、音楽科の見方・考え方をもとに複数の曲において、音楽を形づくっている要素と自己のイメージや感情、生活や文化と関連付けることができたため〈受容〉、より音楽に親しみ、共感し合うことができたと考えます。

学びの連続性

子どもたちが得られる学びを音楽科の見方・考え方を軸に見直し、子どもの発言や姿からとらえることにより、学んだことを次の題材の学びに関連付け、深めていくことにつながると考えます。子どもの発言や姿をとらえるためには、楽曲理解・教材研究を深めていく中で、多くの要素の中から、どの要素が子どもにとって必要なのかという視点をもち、学びを整理していくべきなのかを考えていかなければなりません。小学校卒業時に、「音楽が好き」「音楽が楽しい」と思うことができるような音楽科の授業づくりを行っていきたいと考えています。

（石田千陽）

参考文献

文部科学省『小学校学習指導要領（平成29年告示）解説　音楽編』東洋館出版社、2018年

体育科事例

運動感覚を子どもの言葉でとらえる

運動への苦手意識を増やしてしまう体育科の授業

「とにかく汗をかくまで運動することができたかどうかが大事」「体を存分に動かすことができれば、体育科としてよい時間と言えるだろう」。これは、見方・考え方についての研究を始める以前の私が考えていた、体育科です。動きの習熟を目的としたドリルのような活動も行ってきた結果、動きはよくなったように見えましたが、やらされている活動に対して楽しそうに運動する姿はなく、運動への苦手意識をもつ子どもを増やしていました。確かに、体育科において運動量は欠かせないものであり、体を動かすことは大前提です。しかし、ひたすら運動に取り組むだけでは、苦手意識をもつ子どもにとっては意欲の向上や学びにつながりにくいと考えます。そこで、体育科の見方・考え方を意識した授業づくりと授業中における見方・考え方が働いている子どもの姿をとらえていくことに取り組んでいきました。そうすることで、子どもたちの体育科への取り組み方や私自身の体育科への考え方が変わりました。

チームで取り組む単元でとらえる見方・考え方

近年の体育科の授業においては、新型コロナウイルス感染拡大防止の観点から、身体接触や道具の使用などへの配慮が求められています。そこで、身体接触の機会が少なく、かつ、ゴール型ゲームの特性である、基本的なボール操作とボールを持たないときの動き方を考えることができるという特性を生かしたゴール型ゲームを考案すれば、コロナ禍でも子どもたちが見方・考え方を働かせる姿を見ることができるのではないだろうかと考え、本単元を計画しました。

子どもたちがトライゲームのおもしろさである、「パスをつなぐこと」と「パスを止めること」のそれぞれに焦点を当て、どうすれば上手くできるかについて考えることができるようになることをねらいとして単元を設定しました。上手くできるためのコツを考え、実際に試したり、コツを全体で共有したりする中で、もっと上手くなりたいという気持ちをもつ姿が見られました。また、体育科の考え方である、「する」「みる」「支える」「知る」が本単元でどのように見られるのかを想定して授業を行うことで、授業における子どもの姿が具体的にイメージすることができるようになります。「する」は、実際にゲームに取り組む中で、考

ルール

・攻撃側と守備側に分かれる。

・それぞれのゾーンに１人ずつ入る。

・攻撃を３分間続け、その後、攻撃側と守備側を交代する。

・攻撃側はボールをつないでトライゾーンにボールを置いたら１点。

・守備側はパスカットできる。

・パスカットされた場合は、１回の攻撃とカウントし、最初の位置から再開する。

・１回の攻撃ごとに、攻撃側と守備側は位置を変えることができる。

・前にパスはできない
※図に載せている「前」と「後」のこと。

追加ルール

○攻撃中、ボールをキャッチできずにゾーンの外に出たとき→パスを出したところから始める
○守備中、パスカットしたときにゾーンの外に出たとき→パスが通ったことにして、次の攻撃ゾーンから始める
☆ボールがワンバウンド以上してから、キャッチする。

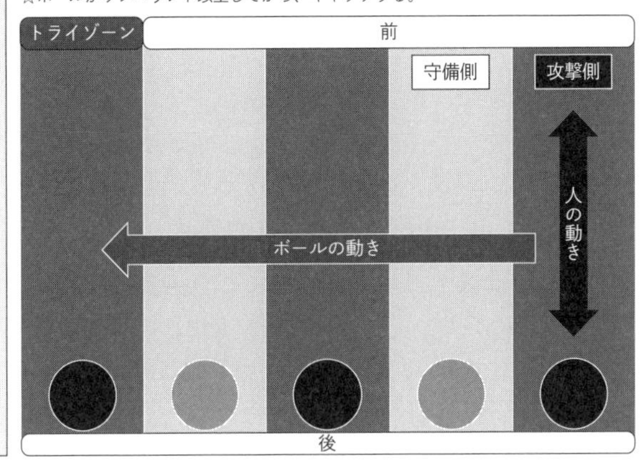

図　トライゲームのルール

えたことを試し、再度考え、試すことを繰り返していくことで、よりよい動き方を追究することができるようになることと想定しました。トライを狙ったり、相手の攻撃を防いだりすることを繰り返し行う中で、どうしたらもっと上手くいくだろうかと話し合っている子どもたちのことです。パスがつながらないことが課題となっていたあるチームでは、「ボールを高くバウンドさせたら上手くつながるのではないか」という話が出ました〈創出〉。高くバウンドさせることを試してみてもなかなかパスはつながりませんでしたが、もっとよい方法はないのかと、またすぐに話し合う姿が見られました。また、「みる」は、仲間の動きや相手チームの動き方を見ることで、新たな動き方を発見することができることと想定しました。そうすることで、子どもたちが言っていることの意図を汲み取ることができるようになります。

例えば、「反対側！」と言っている子どもに対して、「どういうことなの」と問うと、「ボールを持っている人の反対側に行くと、斜めにパスすることができるから、パスをつなげることができる」と答えました。「どうしてそのようなことが分かったの」と問い返すと、「相手チームの動き方を見ていて気付いたよ」と答えました〈受容〉。新たな動き方を発見するというよさを実感することで、さらにさまざまなことを発見しようと「みる」という考え方を働かせるようになります。また、特性に着目するということは、ルールの工夫にもつながってきます。トライゲームに慣れてきた頃、「ボールがワンバウンドしてからパスをとる」というルールを加えました。ワンバウンドさせることで、守備側がパスを止める可能性が高くなります。そうすると、攻撃側がパスをつなごうと、ボール運動の特性である、「ボールを持たない人の動き」にさらに迫ることが期待できます。

実際に子どもたちは、ボールの投げ手ともらい手が息を合わせて上手に動かなければパスがつながらないことを実感し、ボールのもらい手が投げ手とは反対側に動くことで、パスをつなぎやすくする作戦を立てていました。また、パスを止めるときには投げ手の動きだけではなく、後ろにいるもらい手の動きまで注意しながら見ることを考えてゲームに取り組むようになります。本単元を通して、子どもたちは、パスをつなぐためには、パスをしやすい位置に動いたり、パスを止めようとする相手と反対側に動き、パスをしやすい場所をつくったりすることが大切であることに気付きました。それと同時に、よりよい作戦を考えるためには、味方同士で交流したり、相手チームや全体で上手くいった作戦を共有したりすることが大切であることにも気付きました。

今までは、ゲームに取り組んでいるとき、子どもに対して、得点を取ったという結果に対しての価値付けしかできていませんでしたが、見方・考え方を事前に想定することで、子どもの発言や姿の意図は何なのかが見えるようになり、得点までの過程やゲーム場面以外の姿に対しても価値付けることができるようになりました。価値付けの回数や種類が増えていくと、子どもたちも自分自身の学び方に自信をもつことができるようになります。従来のゴール型ゲームでは、接触が伴うことで、運動に苦手意識をもっている子どもが恐れを感じる姿を見せることがありました。価値付けに加え、接触をしない場や失敗しても何度も挑戦できるルールの設定といった教師の働きかけによって、苦手意識をもっている子どもたちも安心してゲームに取り組むことができました。教師がプラスの声かけを行うことは、子どもたち同士の関わり方にも影響を与えます。子どもたちは、誰かが失敗しても、「大丈夫」「もう一度やろう」と肯定的な声かけをするようになりました。そのような姿があったからこそ、ゴール型ゲームにおいて大切な「ボールを持たないときの動き」に気付く子どもたちが多かったのだと思います。

写真1　守備側の動き方

写真2　ボールのもらい手の動き方

技能差が顕著に出る単元でとらえる見方・考え方

走・跳の運動領域は、友達と競い合うことの楽しさや調子よく走ったり跳んだりする心地よさを味わうことで、体を巧みに操作しながら走る・跳ぶなどのさまざまな動きを身に付けることをねらいとしています。また、器械運動の領域では、技を身に付けたり、新しい技に挑戦したりする楽しさを味わうことで、回転や支持、逆さの姿勢などのさまざまな動きを身に付けることをねらいとしています。しかし、苦手な子どもにとっては、動き方のポイントが分からず、怖さや抵抗を感じ、意欲的に取り組めないという姿がよく見られます。見方・考え方が自然と働くような場の設定として、まずはさまざまな場を用意し、走ることや跳ぶことの楽しさを実感できるように学習を展開しました。また、子どもたち自らが課題を発見し、解決するために、活動の仕方を工夫することができるようにしていくという学習過程を想定して授業を行いました。

第3学年「走り高跳び」の学習では、授業の始めに、「跳ぶこと」への関心をたずねると、34人中、25人が「好き」と答え、残りの9人は、苦手意識をもっていたので、導入でさまざまな場で跳ぶことを取り入れた活動を行いました。そうすることで、多くの子どもが跳ぶ楽しさに触れることができると考えます。実施後に「これからの学習でできるようになりたいと思うことは何ですか？」とたずねると、「もっと高く跳びたい」と32人が答えました。そうすることで、その後の高跳びの活動に入っても、足がひっかかることによる跳ぶことへの抵抗を感じる子どもは少なくなりました。教材との出合いの部分においては技能差を感じにくい場の設定を行うことで、楽しみながら、自然と子どもたちは特性を意識した課題をもつことができるようになっていくのです。

跳ぶことへの意欲をもつことはできましたが、踏み切り足がばらばらだったり、跳ぶ前に一度止まってしまったりするなど、より高く跳ぶための動きについての課題が見られました。そこで、リズムよく、強く踏み切るために「3歩高とび」

や「5歩高とび」というポイントがあることを伝え、「短い助走で高く跳ぶためにはどうすればよいでしょうか？」と問いました。考えさせることはとても大切ですが、考える視点を与えなければ、子どもたちは見方・考え方を働かせることが難しくなってしまいます。子どもたちは、「最後の一歩で地面を蹴る」や「タン・タン・タンとリズムをとりながら助走する」と答え、より高く跳ぶためのポイントを自分なりの言葉でとらえていく姿が見られました。自分なりの言葉でとらえることで、より課題意識をもつようになり、見方・考え方をより豊かに働かせていくことができるようになります。「走り高跳び」の学習を通して、子どもたちは、跳ぶことへの意欲や、より高く跳ぶことへの課題意識をもつことができました。授業後の振り返りからも、子どもたちは工夫しながら楽しんで運動していたことを見取ることができました。

第6学年「マット運動」の学習では、導入でのさまざまな活動に加え、技をするときに、「体を」「どのような感じで」「どうするか」という自他の感覚に着目するような単元を設定しました。経験不足により運動の行い方が分からず、意欲的に取り組むことができない子どもが見られるからです。そこで、回転や支持、逆さといった日常生活では経験できない運動感覚に着目することを大切にしました。運動感覚を言語化することで、技の行い方を理解することにつながり、さまざまな技に挑戦しようという意欲をもち、技を身に付ける楽しさを味わうことができると考えます。授業の中で、倒立前転で自分が見つけたコツを共有する場面では、「腕を地面にブスッと突き刺すようなイメージでするとできた」「私は、まだできていないけれども、できている人を見ていると手で地面を押しながら、体全体をピシッとできている」といったように、技の達成の可否にかかわらず、感覚に着目する子どもたちの姿が見られました。見方・考え方を働かせるような場の設定や支援をしていくことで、一人一人が自分にとっての学びや成長の実感をすることができるようになります。本単元においては、新しく技に取り組む際、前に取り組んだ技とつながりが見えやすいように、提示する種類や順番を意図的に設定したり、取り組む前後に今までの技との比較をしたりしました。そうすることで、これまで自分が身に付けてきた運動感覚に着目しながら子どもたちは技に取り組んだり、行い方を伝えたりしました。「できる」「できない」ではなく、「こうしたらできるようになった」と「分かる」と「できる」を両立した資質・能力の獲得や「できないけれども、このようなことは分かった」「苦手だったけれども、ここまでは分かるようになった」「前の自分と比べて、ここまではできるようになった」と、苦手意識をもっていた子どもたちも、自分なりに意欲をもって取り組む姿が見られるようになります。そのような子どもたちは、自然と関わり合うようになります。活動中においても、互いの技を見合って気付きを伝え合ったり、できるようになった友達の姿を一緒になって喜んだりと支え合う姿が見られました。

とらえることの大切さ

体育科の見方・考え方をとらえることは、教師の授業観を変えます。その単元において大切にするものは何なのかがはっきりとするので、場の設定や発問はどうすればよいのか、子どもはどのようなことに取り組んだり、考えたりするのだ

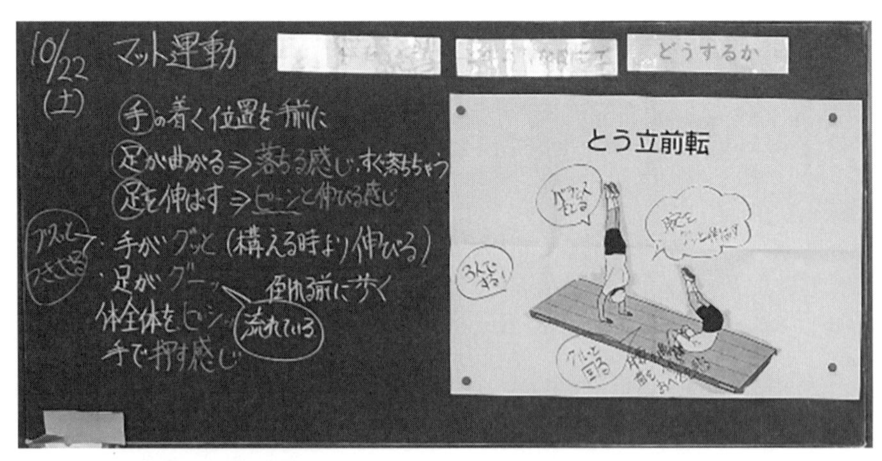

写真3　倒立前転の学習の板書

写真4　開脚前転、補助倒立の掲示物

ろうかを想定できるようになりました。授業中においては、子どもの姿や言葉を大切にし、何を考えて運動に取り組んでいるのかを気にするようになりました。一人一人の取組や考えていることがまったく同じということはありません。だからこそ、言語化したり共有したりすることに価値があるのです。「こうすればできるようになるのではないか」「こうしたら上手くいったよ」といった運動感覚の言語化によって、その子どもがどのように運動やスポーツに向き合っているのかが見えてきます。それは、子どもたちにとっても大切なことです。共に学んでいる仲間がどのように運動に向き合っているのかが分かることで、自分にはない新たな発見があります。また、自分自身がこれまでどのように運動に向き合ってきたのかが分かり、これからどのように向き合っていくのか考えるきっかけにもなりました。さらに、それぞれの子どもたちの運動感覚の共通点を見出すことで見えてくるものこそが、体育科の本質に迫ってくるものとなります。運動が得意・苦手に関係なく、全ての子どもたちにとって、仲間や自分の取組によって発見できたことは財産となります。それが、運動やスポーツへの意欲へとつながっていくのだと考えます。

（原田　勝）

【参考文献】

山口県小学校体育連盟「私たちの体育　4」2021年、pp.18-21

第3章
創る科で子どもを優秀な学び手とするために

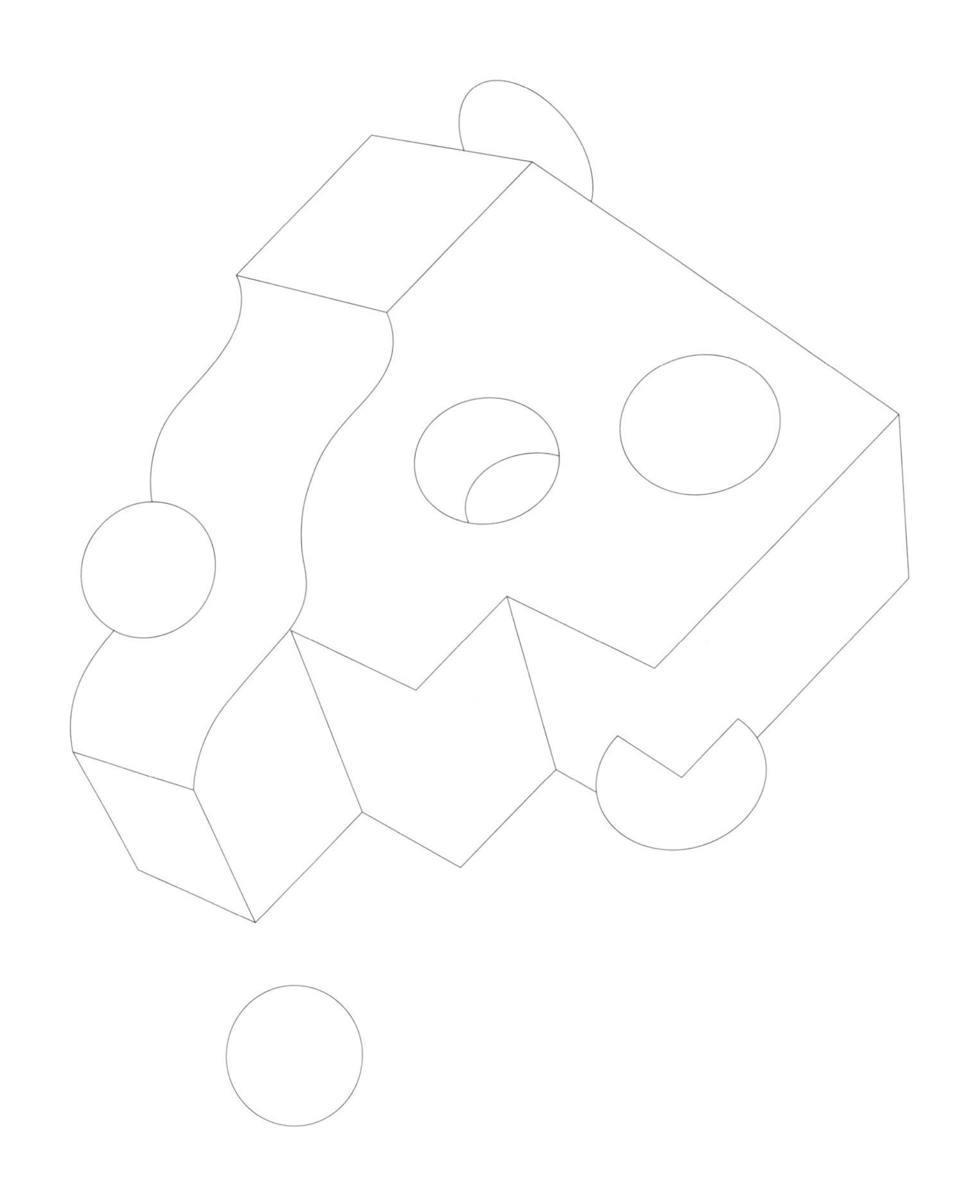

なぜ
「創る科」なのか

学びや経験を生かせていますか

創る科では、最終的に子どもが優秀な学び手になることを目指しています。優秀な学び手については、いろいろな考え方があると思いますが、ここでは、主体的に学びを進めていくことのできる存在であり、自ら考え、行動し、判断できる自立した存在であるととらえます。そのために欠かせないのが、必要な場面で学びや経験を生かせること、必要に応じて学びを自在に使いこなせることなのですが、なかなか容易なことではありません。

まずは創る科を実感していただくため、私が実際に創る科の授業で用いた題材を二つ紹介します。はじめは、2018年度に小学5年生の授業で使ったものです。できるだけ真円に近い形状の紙コースターなどがあるとよいのですが、なければコインなど上面が真円に近いものを用意してください。

題材1

> コンパスを使って円を描く方法は知っていますね。では逆に、円（紙コースター）から中心を求めることはできますか。できるだけ、たくさんの方法を見つけてください。使ってよいのは、コンパス、ものさし、A4用紙、はさみ、糸、マスキングテープです。

この授業、実は小学生だけでなく大学生に対しても実施しており、ご想像のとおり軍配は小学生にあがります。大学生の場合、垂直二等分線を用いる方法や円周率を使って直径を求め……、という方法は割と出てくるのですが、そこからなかなか発展しません。

これに対し小学生は、与えられた道具を使って、どんどん解法を見つけていきます。「円を紙に写し取って、これを2回折れば、折り線の交点が中心になるよね」「だったら、円じゃなくて正方形で囲んでもいいよね」という具合に、友達の発見に触発され、発展させていく様子が見られます。

ここでは紹介しきれないため、小学生が見つけた、思わずうなってしまう方法を一つだけ紹介します。使うのは1枚の紙のみ、計算も要りません。まず、紙の端にコースターの縁を合わせ、その両方がずれないように注意しながらコースターを包むように紙を折ります。折った紙の幅は円いコースターの直径になっているので、これを半分に折り返せば半径、すなわち折り返した部分は、円の中心を通る直線となります。あとは折り目に合わせてコースター上面に線を引くだけ、コースターを少し回転させて二つ目の線を引けば、その交点が円の中心です。

この方法を大学生に紹介すると、「自分の頭が固くなっているのを痛感する」といった感想が多い一方、まれに「紙を折って中心を求めるのは正確性に欠ける」「計算や定規を用いるべきだ」という声も聞かれます。みなさんは、いかがお考えでしょうか。

この題材は、円の意味を理解していれば、多様な方法を導き出せる内容です。ただし抽象的な理解だけでは不十分です。小学生のように具体的な思考や操作が伴うこと、すなわち抽象と具体を行ったり来たりすることが、本質に迫る有効な手段となります。大学生には申し訳ないのですが、学びや経験を生かせているのだろうかと心配せずにはおれません。

さて、次の題材は、2020年度、4年生を対象に実施したペットボトルの中にあるビー玉の数を求めるというものです。問題解決や学習の場面で意識的に活用することが望まれる力とは何か、学習活動を通して、それを子どもに気付かせる内容です。望ましい力の一つ目は、「よく観察し、規則性を見つける力」で、第4章で述べる汎用的認知スキルでいえば「情報を収集・処理する力」や「関連付ける力」などが相当します。二つ目の力は、一つ目の力で得た情報をこれまでの学びや経験に照らし合わせて「推論する力」で、汎用的認知スキルでは「先を見通す力」が主に関連します。授業では、これら二つの力を繰り返し働かせることによって答えに近づけることを実感させます（以下は、ぜひ題材2に挑戦した後で、読み進めてください）。

題材2　ビー玉問題

ペットボトル内のビー玉の数は、
いくつでしょうか？
右の写真だけを見て、推理してください。

・ビー玉の直径は、平均16mmです。
・ペットボトルは、直径（内側）が65mm
　底から肩までの高さは、約85mmです。
・底は、ほぼ平らにしてあります。

ポイント

●ビー玉の数をどのようにして求めたのか、その方法や理由を分かりやすく説明してください。説明がない場合は、答えになりません。
●なるほどと思わせる方法や“あっ！”という方法を考えてください。

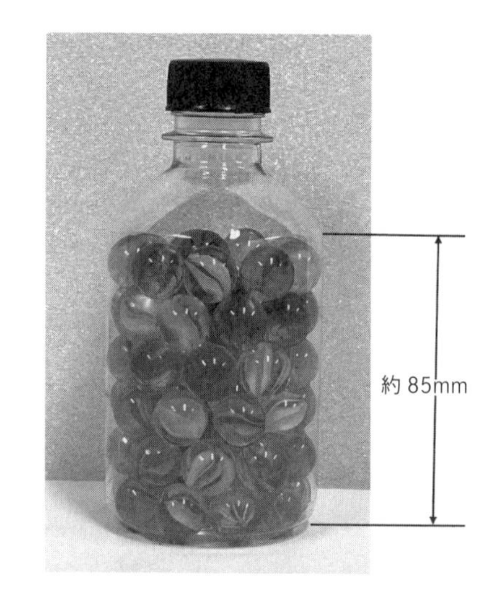

まず写真をよく観察すると、正面から見えるビー玉の数は、下の層から上に向かって4個、5個、4個……と規則的に繰り返されていることに気付きます。ペットボトルが円柱状であることから、裏側の見えない部分のビー玉は、5の裏が4、4の裏が5となりペットボトルの内壁に沿って9個が輪状に連なっていることが推察されます。さらに経験に照らすと、ペットボトルに水を注ぐと底のほうから上に向かってかさが増していくように、9個ずつ輪になったビー玉も下から

順に積み上がっていくと考えられます。そうすると、次に解決すべきは、9個の輪になったビー玉の内側にいくつビー玉が入るかです。方法はいくつか考えられますが、絵を描いて確かめるのが簡単そうです。ここで三つ目の力として「操作して確かめる力」、汎用的認知スキルでいえば「具体化・抽象化する力」が必要となります。このようにして子どもたちは、一層分のビー玉の数を推理し、これに層の数を掛けてビー玉の総数を求めました。記述すると簡単に見えますが、授業の中で子どもたちは何度も失敗を繰り返しながら考え方を修正していったのです。さて答えですが、輪の中に入るビー玉は3個なので一層分のビー玉は計12個、答えは12×6層で72個となります。

こうした学びを成立させるのに欠かせないのが、いわゆる非認知能力です。ゴールに向かって粘り強く取り組む姿勢、そして答えにたどり着いたときに得られる達成感や効力感は、新たな課題に立ち向かうときの原動力となります。仲間と協働し、苦労したからこそ得られる充実感は、主体的に学びを進めていく優秀な学習者へと子どもを変えていきます。どれも創る科が大切にしたいものです。

これからを生きる子どもたちに必要な力

近年の急速な科学技術の進展や国際化は、私たちの知識を爆発的に増大させ続け、やむ気配を見せません。内容を基礎・基本に限ったとしても、その量は既に膨大で、子どもや学校の許容量を超えています。カリキュラムの過積載（カリキュラム・オーバーロード）といわれる状態です。

一方で、情報技術の発達は、知識に対する革新をもたらしました。私たちは手元の情報通信端末を使って膨大な情報にアクセスし、必要な知識を簡単かつ素早く入手できるようになりました。ネット上に蓄えられた知識や情報は、その真偽はともかくとして、広範さや量は圧倒的で、個人では太刀打ちできません。かつては、知識を効率よく記憶し正確にアウトプットできることが重要な能力の一つでしたが、今やその優位性は急速に失われつつあります。

その結果、学習においては、脈絡の乏しい点としての知識の集積ではなく、**文脈としての意味を捉えることが重要とされるようになってきました**。例えば、ある史実であれば、それを「いつ」「どこで」「誰が」「何を」といった断片でとらえるのではなく、それが「なぜ」起きたのかを当時の環境や経緯に照らして脈絡の中でとらえ、他の事例などとも比較しながらその意味を深く理解することが求められます。あるいは算数・数学科であれば、公式を用いて効率よく答えを出せること、それ自体は大切な能力ですが、それだけでは不十分です。公式の意味やなぜその公式が使えるのかといった各教科等の本質に迫ること、さらにはそこで得た思考方法を他の場面でも援用できるようにすることが求められます。

ですが、それは簡単なことではありません。本質に迫るためには、「なぜ」という問いかけが必要なのですが、それは他の誰かから与えられるものではなく、子ども自身の内側から生み出されるべきものだからです。ただ知識を理解し記憶するだけでは「なぜ」という問いは生まれません。そこには、学びに対して子どもが主体的に取り組み、その意味やプロセスを振り返って自分の言葉で説明することが欠かせません。そこで生まれる「なぜ」は、**新たな知識獲得に向けた子どもにとっての価値の創出につながるものであり、深い学びそのものといえるでしょう**。

留意したいのは、「なぜ」という問いには、必ずしも正解が準備されていないということです。子どもの「なぜ」には、自分で考え、やってみて、自分なりの答えを導き出し、納得することが欠かせません。そこには、「今は答えを見出せないが、引き続き考えていこう」というものも含まれます。そこまでしっかり考えた子どもであれば、たとえその答えが誤りだったとしても、やがてどこで間違ったのか、何が足りなかったのかに気付けるでしょうし、その気付きをもとに考えを修正し、自分なりの答えに近づけるはずです。一方、学びが単なる答え合わせになってしまうと、子どもは思考することを止めてしまい、準備された正解を探し始めてしまいます。内容がもつ意味よりも正解することのほうに価値が置かれてしまうと、子どもたちは主体的に学ぼうとしなくなります。

自ら問いを生み出し、答えをつくっていけるようにするためには、何をどのように学ぶのか、学んだことをどのように生かすのかといった学びの意味や価値を意識することが重要となります。事象を文脈でとらえ、自分で学びをつくっていける優秀な学び手として子どもを育てていくことが、これからの教育に求められることであり創る科が目指すものです。

「創る科」の背景

社会のいたるところで情報活用が進み生活が便利になる一方、比較的単純な作業は、人から機械への置き換わりが進んでいます。そして、さらなるAIの進化・発達によって、人間にしかできないと思われていた場所へも機械が進出しつつあります。人間が優位といわれていた問題解決なども、特に複雑なものでなければAIで処理できるようになってきました。子どもたちが大人になる頃には、一層その傾向が進んでいるはずです。

そうしたときに必要になるのは、どのようなことでしょうか。今ある価値を損なわないことはもちろん大事ですが、それだけでは機械に追いつかれ追い越されてしまいます。優秀な機械の先を行く、あるいは協働するためには、新しく生まれてくる価値に目を向け、それを上手に受け入れたり、自らが新たな価値を創り出し提案したりすることが求められます。そうした力こそ、これからを生きる子どもたちに必要なものであり、全ての教科、学習活動を通じて育成していくべきものの一つです。そのための基盤であり、中核をなすものとして提案するのが「創る科」です。

では、創る科でどのようなことを学び、それによってどのような力が身に付くというのでしょうか。実は、創る科の内容は本来全ての教科ならびに教育活動に内在するもので、何か目新しい画期的なことをしようというのではありません。一言でいえば、「**学び方を学ぶ**」です。学習活動を中核とするさまざまな場面で得られる知識や経験は、それを得て終わりなのではなく、そこから各自が自分なりの思考や行動の在り方といった人格を形づくっていくことが求められます。そのためには、何をどのように学ぶのか、学んだことをどのように生かすのかというインプットとアウトプットを併せもった取組をし、そこから得られる気付きをもとに、自分なりの価値を形成していくことが必要です。

それには、ただ多くを学ぶより、少なく学ぶことの豊かさ、Less is more という考え方が欠かせません。一つ一つの事象ごとに細分化され最適化された学びを用意することは、ある種効果的で効率的な方法ですが、やがて膨大な量となってしまい手に負えなくなります。むしろ限られた学びであったとしても、それが十分に使いこなせるものとなっており、それをアレンジしたり組み合わせたりして事象に対応できるようなれば、そのほうがよほど強力で現実的なものとなります。**自分なりの学び方という方略を身に付け、能動的に学びを進めていけるようにすること**、それが創る科が目指す学びの形であり、「学び方を学ぶ」ということです。自分なりの学び方が獲得され、さらに使い慣れた道具となれば、それがさまざまな学びや問題場面での有効な手段となるはずです。

創る科は、こうした学び方に基軸を置いた教科です。各教科等で学ぶ内容や考え方については、それぞれに特有のものがある一方、各教科等間で相互に共通するものや各教科等を超えた普遍的なものも数多くあります。こうした各教科等を超えた普遍的なものほど意識されにくい非認知な力、すなわち学びを下支えする力であることが多いのですが、コンテンツ重視の学習の中では、意義が埋もれてしまい十分な扱いがされてこなかった気がします。「内容は教えるけれど、それをどのように生かし使いこなすかはあなた次第ですよ」というように、子ども任せの部分があったことを否定できません。

創る科は、子どもたちの学ぶ力を根幹から高めようとする試みです。特定の学問分野に関する内容ではなく、「各教科等に共通する学び方」を学習の主眼に置き、子どもたちが自分なりの学び方を獲得し優秀な学び手となることを目指します。

学びを道具化する

学びを道具化するとはどういうことなのか、機能に着目した例えになりますが、「道具とは台所の包丁であり、それを使いこなせるようにするのが創る科」ととらえるのが分かりやすいと思います。例えば、料理に使う大根には、素材としての特徴、栄養成分などがあり、それ自体を学習対象にできますし、料理のレシピを学ぶこともできます。ただし、それがこれまでに学んだ学習や経験などと十分結び付けられていなければ、そこでの学びがネギやニンジンなどの違う素材の学習に転移することは難しいでしょうし、新たなレシピを工夫するようなことにもつながりません。一方、包丁を使いこなすことができれば、大根を千切りにもイチョウ切りにもできますし、それは素材が変わっても適用することができます。縦に切ったり横に切ったりして切断面の様子を観察すれば、素材の特徴に気付くこともできます。それを学習に置き換えれば、「何を学ぶか」というより「学び方を学ぶ」といった方がしっくりきます。

このように創る科は、学び方を学んで、使いこなせる道具としていくことが特徴ですが、だからといって学び方さえ身に付けばよいわけではありません。各教科等でしっかりと素材の性質や特徴を理解しなければ、バランスのよい料理は作れません。各教科等にとっても、素材を自在に切ることができる創る科の学びは、その見方・考え方を鮮明にするための手段として生かせるものであり、各教科等の本質に迫るための有効な道具となりうるものです。このように、各教科等と創る科とは、相互に関わり合うことでより学習の効果を高めることが期待されます。創る科を軸とした教科融合的な学びの推進が望まれる理由です。

価値の創出と受容、転移について

価値の〈創出〉

創る科では、子どもが、学び方を学んで優秀な学び手となるために、「価値の創出と受容、転移」を意識した授業を展開します。ここでいう価値の創出とは、**学びの中で得られるさまざまな気付きであり、そこから派生する諸々の提案をいいます**。全ての子どもにとって学びは常に目新しいものであり、そこには子どもなりの発見や感動、周囲に訴えたくなるようなアイディアなどがあるはずです。主体的かつ深い学びであるほど、同じ知識・内容であったとしても、その意味合いは広く深いものとなり、個人によっても受け止め方が違ってきます。この違いこそ創る科で大切にしたい価値であり、多分に個人に依拠したものということができます。

他方、個人に依拠した価値であるということは、他者には理解しづらく受け入れ難い場合が少なくありません。人と違う問題解決の仕方は、とかく批判されるものですが、「当たり前」の方法で解決できないからこそ問題状況なのです。はじめから拒絶したりせず、一旦受容した後、その意味や効果を吟味してみるべきでしょう。その結果、間違いや勘違い、的外れといった場合もあるでしょうが、それらは非難されるべきではありません。誰かが決めた正解だけ、価値あるものだけしか認めないとしたら、そこに変化や多様性は生まれません。勇気を奮って提案したことを称(たた)え、互いに理解し合うことを通して新たな価値の構築を図る方が建設的です。

価値の〈受容〉

このように、価値の創出という言葉から連想される創造やイノベーションに関わる力を育成するには、新たなものや異質なものを受け入れる基盤、すなわち受容的な態度が身に付いていることが必要です。**それは自分とは異なる他者や多様な価値観を受け入れるという実践的な人権教育ともいえるでしょう**。そして、これからの変化の激しい社会を生きる子どもたちが身に付けるべき基本的な態度です。このように、子どもたちが、互いの創り出す価値を認め合い、共に考え協働することを通して新たな時代を生き抜くための力を獲得、伸長していけるよう、創る科では、価値の創出と受容をセットにしています。

なお、創る科を発想した時点では、「価値の創出と受容・評価」として、受容と評価を分けて考えていました。その後よく考えてみると、受容には適切な評価が欠かせないことに気付きました。新たな価値に対峙（たいじ）した際、創る科では、食わず嫌いのようなことはせずに一旦は受け入れるべきとしますが、それは無条件に同意せよということではありません。その価値をとるかとらないか、どの程度価値を認めるかといったことは、受け入れる側の判断に任されます。そうした意味で、受容と評価は不可分であり、受容の中に評価を組み入れることが適切だと考えています。

価値の〈転移〉

では、転移についてはどうでしょうか。学習の転移がどのようにして起こるのか、はっきりとした結論は出ていないようですが、ただ頭に知識を貯め込んだだけでは、なかなか転移は起こらないようです。今学んでいることが、後の学習の基礎となりいつか何かの役に立つ、それはそうなのでしょうが、あまりに不確実すぎると学習に向かう気持ちを維持しにくくなります。「なぜ勉強しなくてはいけないの」という子どもからの質問を受けることがありますが、こうしたことが学習に対する疑問を生む一因といってよいでしょう。

それでも、社会の変化が比較的緩やかであれば、子どもが自ら学習の成果を実感するのを待つことができたかもしれません。厳しい現実というべきか、激しく変化する現代社会の中で、そうした余裕は急速に失われようとしています。ある学習が他の学習や場面で役に立ったという実感が自然に生まれるのを待つだけでなく、より積極的に学習の転移が生じるように学習活動を工夫・改善していくことが求められます。子どもたちにとっての学びを、「教えられたとおりにできる力」ではなく、**「教えられたことをもとに、自分なりに考えて生かす力」へと変えていく必要があります**。そのための取組が創る科であり、優秀な学び手を育てるために欠かせないものです。

そのために、創る科では、学びや経験を思考の道具としてとらえ直し、それを使いこなすための基礎的な練習を繰り返し取り入れるようにしています。先に、学習の転移がどのようにして起こるのか、はっきりとした結論は出ていないと書きましたが、知識を文脈でとらえることや類推を重ねることが効果的というのは確かなようです。それには、複数の教科や単元の学習の中で共通する内容や似た方法を意識したり、関連付けて考えたりするような工夫が必要で、そのためのカリキュラム開発は避けて通れないものです。ただし、ご存じのように教科融合的な学びというのは、必要だと分かっていてもなかなか進まないのが実情です。この対策として、附属山口小学校では、各教科等を結び付けるための手段として新たな教科「創る科」を創設し、カリキュラムの軸に据えました。

「創る科」を軸とした学びの展開

各教科等の融合

下図は、創る科構想当時に描いた「創る科をコアとした各教科等の融合」のイメージです。

図1の左端は、創る科が機能する前の状態を示しています。各教科等が、それぞれに独立したままの状態で、なかなか各教科等の融合は進みません。左から2番目の図は、どの教科等にも偏らない新たな教科「創る科」が機能し、その学習活動の中に各教科等の学びを取り入れる様子を表しています。創る科の中に各教科等の要素を取り入れ混ぜ合わせることを通して各教科等の融合を図るイメージで、第一段階の教科等の融合に当たります。続いて3番目の図では、創る科

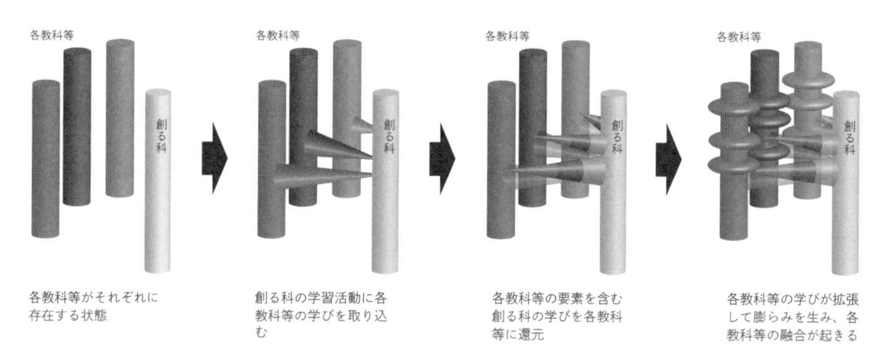

図1　創る科をコアとした各教科等の融合

に取り込まれ混ぜ合わされたものをそれぞれの教科等に還元します。間接的ですが、この段階で各教科等には、他教科等での見方や考え方が取り込まれることになります。図の右端は、新たに取り込まれた見方や考え方によって各教科等の学びが拡張し襞のような膨らみを生じた状態です。単独に存在していた教科等同士が襞によって接触し合うことでさらなる教科等の融合が触発され、教科等同士が有機的につながりを生じることを期待しています。少々回りくどいやり方ですが、創る科を介在させることで、ある教科での学びが他教科等に生かされやすくなり、転移が促されるにちがいないという考え方で、第二段階の各教科等の融合に当たります。各教科等での取組については、第4章をご確認ください。

創る学びのスパイラル

創る科は、その名が示すように子どもの創造性や問題解決力の育成を重要な目的に置いています。創造というと、ともすれば天賦の才能のように思われがちですが、決してそんなことはありません。誰もが創造力をもっているし、それを発揮することが可能です。子どもたちにとっての発見や創造は、日常や学習に内包されているものなので、それらを覆っている意識の蓋を開け、中から取り出せばよいだけです。

とはいえ、その蓋を開けるのはそう簡単なことではありません。それには、その蓋がどこにあるのかを自分の足で探し出し、自分の手で開けるための練習が必要だからです。創る科は、一人一人の子どもがそうした力を身に付けるための教科であり、基底にある考え方を「**創造的な思考やアプローチは、慎重に計画された教育活動を通じて段階的かつ着実に育成できる**」としています。

この考え方に基づいて作成したのが、「創る学びのスパイラル」で、幼稚園から中学校までの授業ならびに指導に関わる内容を創る科の視点で整理したものです。ただし、この図はまだ仮説にすぎません（図2）。これが適切かどうか、今後の創る科に関する研究等を通して検証されていく必要があります。

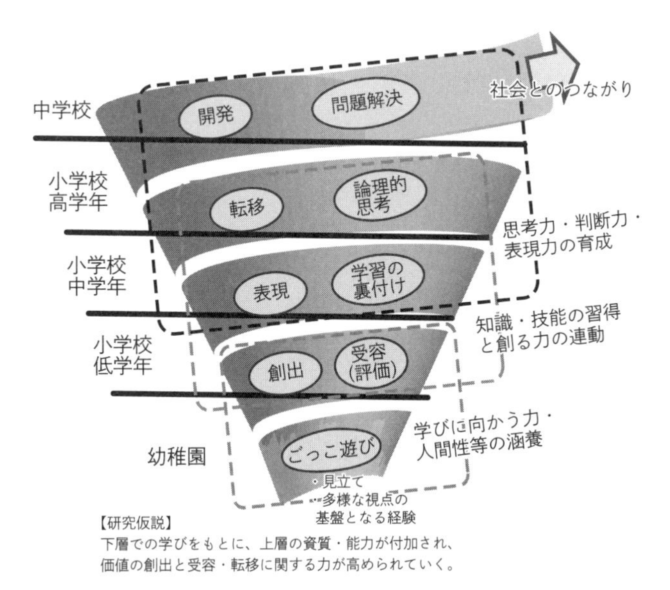

図2　創る学びのスパイラル

この図の見方ですが、下から上に向かって徐々に必要な資質・能力が獲得され、価値の創出と受容・転移に関する力が高められていくと想定しています。その基盤となるのは、幼稚園での「ごっこ遊び」で、特に重要なものとして位置付けています。「ごっこ遊び」では、積み木を車に見立てたり、布切れをまとって自分がテレビのヒーローになったりしますが、そこには観察や類推、遊びの工夫があり、創造や問題解決に必要な思考や態度の原型が繰り返し見られます。それらを幼児らしい無邪気さに帰結させるのではなく、そこには何かしらの理由があるととらえ、やがてそれを明確に意識し、使いこなせるようにしていくというのが創る科の重要な視点です。とはいえ、「ごっこ遊び」のもとになった発想は曖昧で、それを言葉にするというのは、幼児にとっては難しい作業です。無理にそんなことをさせるよりも、遊びに集中させることのほうが大切でしょう。

続く小学校以降では、「ごっこ遊び」のきっかけになったものを曖昧なままにせず、〈創出〉〈受容〉のプロセスを通して意識できるようにし、その後、各教科等での学びと関連付けながら論理的思考力を身に付け、開発や問題解決につながっていくことを目指します。

認知能力と非認知能力に関する教員の意識と「創る科」

次ページの資料は、創る科の性格や位置付けを明確にすることを目的に、各教科等（創る科を除く）で学習させたい力とはどのようなものかを附属山口小学校の教員に調査したものです。各教科等に必要と思われる資質・能力を挙げていき、共通しているものや類似しているものを整理すれば、各教科等の性格や相互の関係性、さらには創る科の位置付けが見えてくるのではないかという提案がもとになっています。調査は、質問紙調査とし、各教科等の観点で、示された項目内容がどの程度学習に必要かを１～６の６件法で回答するようにしています。項目内容は、認知能力に関するもの24項目、非認知能力に関するもの11項目です。

因子分析の結果、まず認知能力因子については、五つに整理することができました。各因子と各教科等との関係は、表「因子の関係」のとおりです。分類された項目内容から因子１を「言葉にする力」、因子２を「見極める力」、因子３を「とらえる力」、因子４を「試行錯誤する力」、因子５を「開発する力」と命名しています。

一方、因子負荷量が小さく、ここで分類されなかった内容項目（太線で囲んだ因子が99となっているもの）として、妥当性を探る力や選択・判断する力、気付く力といったものが見られました。これらは、学びを支える基盤的な力であり、獲得が強く望まれるものですが、各教科等という観点で見ると、相対的に重要度が低くなってしまうことに気付かされました。

認知能力因子と各教科等の関係

認知的能力因子

No	項目内容	因子
02	他者の考えを受容する力	1
05	言語感覚	1
06	場面や相手に応じて言葉を選ぶ力	1
14	問題を見出す力	1
18	情報を収集する力	1
24	他者に伝える力	1
08	批判的思考力	2
10	比較する力	2
11	関連付ける力	2
01	多面的・多角的に考える力	3
04	自己を見つめる力	3
23	身体全体の感覚を働かせる力	3

No	項目内容	因子
03	自分事として考える力	4
16	試行錯誤する力	4
21	構想する力	4
22	発想する力	4
07	情報を処理する力	5
09	論理的思考力	5
13	発展的に考える・応用する力	5
12	妥当性を探る力	99
15	選択・判断する力	99
17	気付く力	99
19	先を見通す力	99
20	解決方法を考える力	99

因子１：言葉にする力　因子２：見極める力　因子３：とらえる力
因子４：試行錯誤する力　因子５：開発する力

学びを進める力として認知能力因子に加える

教科と認知的能力因子の関係

	因子 1	2	3	4	5
国語	4.29	4.58	3.58	3.25	4.19
社会	3.58	4.25	3.33	2.08	4.19
算数	3.28	4.11	3.28	3.67	5.04
理科	2.54	4.17	2.92	3.75	4.56
生活	3.20	2.87	3.47	4.07	2.70
音楽	2.50	3.00	4.33	4.83	2.94
図工	2.33	2.42	4.33	5.58	3.00
家庭	2.88	3.50	3.25	3.42	4.00
体育	2.90	2.67	4.33	3.20	3.20
総合	3.61	3.22	3.44	3.33	4.00
外国語	4.46	3.75	3.75	2.50	3.00
道徳	3.54	3.42	4.25	1.75	3.19

非認知能力因子と各教科等の関係

非認知的能力因子

No	項目内容	因子
01	道徳性	1
02	人とつながろうとすることができる	1
03	互いに思いやることができる	1
05	自己理解・他者理解することができる	1
06	協働することができる	1
08	対象に対する愛情	1
09	喜びを味わうことができる	2
10	没入・没頭することができる	2
11	生涯にわたって親しむことができる	2
04	地域（国民・国際社会）の一員としての自覚をもつことができる	99
07	主体性	99

因子１：人と上手くやる力　因子２：おもしろいと感じる力

教科と非認知的能力因子の関係

	因子 1	2
国語	2.90	2.63
社会	3.75	1.50
算数	2.60	2.67
理科	2.05	3.38
生活	4.28	4.30
音楽	3.40	5.50
図工	2.90	5.31
家庭	2.80	4.00
体育	3.84	4.85
総合	3.20	2.75
外国語	4.60	2.75
道徳	5.10	2.44

資料　認知能力と非認知能力に関する教員の意識

これまで各教科等では十分な扱いがされておらず、かつ重要で汎用的な力というものがあると分かった以上、それを放置しておくのは問題で、それを積極的に扱っていく仕組みや工夫が求められます。創る科では、こうした学びを支える基盤、すなわち「学びを進める力」を教科の特質とし、教科融合カリキュラムのコアに据え、より積極的に取り扱うこととしました。

非認知能力因子（資料下段）については、因子1を「人と上手くやる力」、因子2を「おもしろいと感じる力」と命名しました。OECDでは、非認知能力に近い概念として「社会情動的スキル」を提唱していますが、その中で「認知的スキルと社会情動的スキルは、密接に関連している。さらに一般的には、高いスキルをもつ者は、学習環境からより多くのものを引き出す可能性が高く、またスキルの高い子どもは、知識を向上させるような手段を選択したり、成長のためのさらなる機会（例：課外活動）を求めたりする可能性が高い」(1)としており、子どもを優秀な学び手にする上で非認知能力と認知能力の相互作用が大切なことを示唆しています。一方、興味深いことですが、調査時の教員の意識では、いわゆる実技系教科や道徳などを除いて、多くの教科等で非認知能力にあまり関心が払われていませんでした。なおさらのこと、創る科の学習活動を通して子どもの非認知能力を向上させ、各教科等へも敷衍していく必要があります。

「創る科」の学習で扱う価値（汎用的認知スキル）

先に、創る科の内容は本来全ての教科ならびに教育活動に内在するもので、何か目新しい画期的なことをしようというのではないと書きました。当然ながら、「価値の創出と受容、転移」という過程も創る科に特有なものではなく、他の教科等の学習にも内在します。裏を返せば、創る科の学習で扱う価値とはどのよう

(1)　経済協力開発機構（OECD）編著、ベネッセ総合研究所［企画・制作］『社会情動的スキル　学びに向かう力』明石書店、2018、p.61

なものなのか、具体的にしておく必要があるといえます。

このことに関連し、附属山口小学校では、創る科の学習で扱う価値（汎用的認知スキル）として以下の８項目を整理しました。

具体化・抽象化する力、比較する力、他者に伝える力、問題を見出す力、情報を収集・処理する力、関連付ける力、批判的思考力、先を見通す力

これらは、研究に携わった教員たちが、５年間の教育実践を通して精選していったもので、その経緯や詳細については、第４章をご確認ください。スキルとして挙げた項目の内容や数、発達の段階での取扱いと効果など、さらに検討が必要ですが、各教科等の指導に対しても示唆の多いものとなっています。

なお、既にお気付きでしょうが、ここに挙げた８項目は、学びを文脈としてとらえていく際に必要となるスキルばかりです。そして文脈的な学びでは、学習者自身の経験や心情といった内面との向き合い方も必要になるため、情動面すなわち非認知能力の向上も併せて図っていく必要があります。これらは一度で身に付くものではないため、根気強く繰り返し学んでいくようにしなければなりません。何度も繰り返す学び方が創る科の特徴といえるでしょう。

創る科の授業実践

「創る科」の目的や考え方は、本来全ての教科ならびに教育活動に内在するもので、何か目新しい画期的なことをしようとするのではないと書きました。ただし、今のところ、指導に関する明確な指針などがある訳ではありません。この作成を目指して、附属山口小学校では、どのような内容や方法が望ましいのか、実践を通して模索している最中です。

特に苦労している点として、創る科の性格上、粘り強さや他者との協働、自ら学ぶ意欲といった非認知スキルの育成が重要な教育目標となってくることが挙げ

られます。ご存じのように、非認知スキルを直接指導することはとても困難であり、一つの方向性として見えてきたのが、八つの汎用的認知スキルの設定とこれを育む指導です（汎用的認知スキルとその定義については第４章の冒頭をご確認ください）。その名のとおり、どの教科等においても有用な認知スキルばかりであり、特に注意していただきたいのが、八つのいずれもが対象を文脈でとらえるために必要な基盤としての力だということです。

例えば、第４章の「『具体化・抽象化する力』を１年生から育てる」という事例では、おいしくなさそうなケーキという題材を用いて、文脈でとらえる大切さを子どもたちに気付かせようとしています。子どもたちは、いつの間にか自分の経験や周囲の大人から教わったことをもとに思考することを当然のように受け入れてしまっています。そこにある暗黙の了解や当たり前という前提は、価値を共有する者同士でしか成立せず、しかも物事の一面を都合よく切り取ったものであることには気付けていません。本質に迫る学びを行うためには、具体化したり抽象化したりする中で見えにくくなってしまうものがあることを知り、必要に応じてそれを再度明示化する、すなわち文脈としてとらえ直すという非認知スキルの伸長が伴わなくてはなりません。

また、「『先を見通す力』を学びに生かす」という事例では、学校での一場面を取り上げ、その意味を子どもたちに考えさせています。子どもたちの行動は、先を見通したもののように見えても、そのことへの自覚が不十分であったり、単に習慣化されたものだったりすることが少なくありません。何気なく行動するのではなく、その先にあるべき姿を具体的に思い描き、到達に必要な観点に気付いて計画を立てることが、さまざまな学習や活動の質を高める上で有効な手段となります。このような汎用的認知スキルを育成することで、子どもの自己効力感や自ら行動するといった非認知スキルも高められると期待されます。

「『関連付ける力』を働かせて、よりよい判断を行う」という事例では、生活の中で無自覚に行っている関連付けを意識させることから始めます。例えば、何か買い物をする際、子どもたちは、対象同士を比較したり、自分の経験に照らすなどして対象をよく観察し、その品が自分にとって満足いくものであるかを検討しています。ただし、多くの場合、そこで用いた観点やその意味には気付けていません。「対象と対照」「対象と自分」を関連付ける力とは、こうしたさまざまな場面における思考を自覚化させるもので、よりよい判断を行うために欠かせないものです。さまざまな場面で関連付けを意識することは、文脈で思考する力、すなわち非認知スキルの伸長につながるものです。

「『問題を見出す力』を育てる」という事例では、さまざまな問題を提示し、これに関する考えを子どもたちに問うています。子どもたちは、日常の中でさまざまな問題に遭遇していますが、それを問題と認識できるのは、身近なほんの一部に過ぎません。自分に直接関わらない問題であっても、何度もそれを真剣にとらえることで、問題は誰かから与えられるものではなく、自らが意識して見出すものであることに気付けるようになります。そのためには、何がどのように問題なのか、あるべき姿とはどのようなものかと考える姿勢を身に付けることが欠かせません。これは、物事を文脈でとらえることと言ってもよく、自ら考え、行動するという非認知スキルの獲得につながるものです。

以上、四つの事例に触れましたが、他の汎用的認知スキルについても、その育成が非認知スキルの伸長を促すことを期待しています。子どもたちの学ぶ意欲や他者と協働する力などを育み、さまざまに転移していくことを願ってやみません。

（岡村吉永）

第4章
汎用的認知スキルを自在に使いこなす力を育む

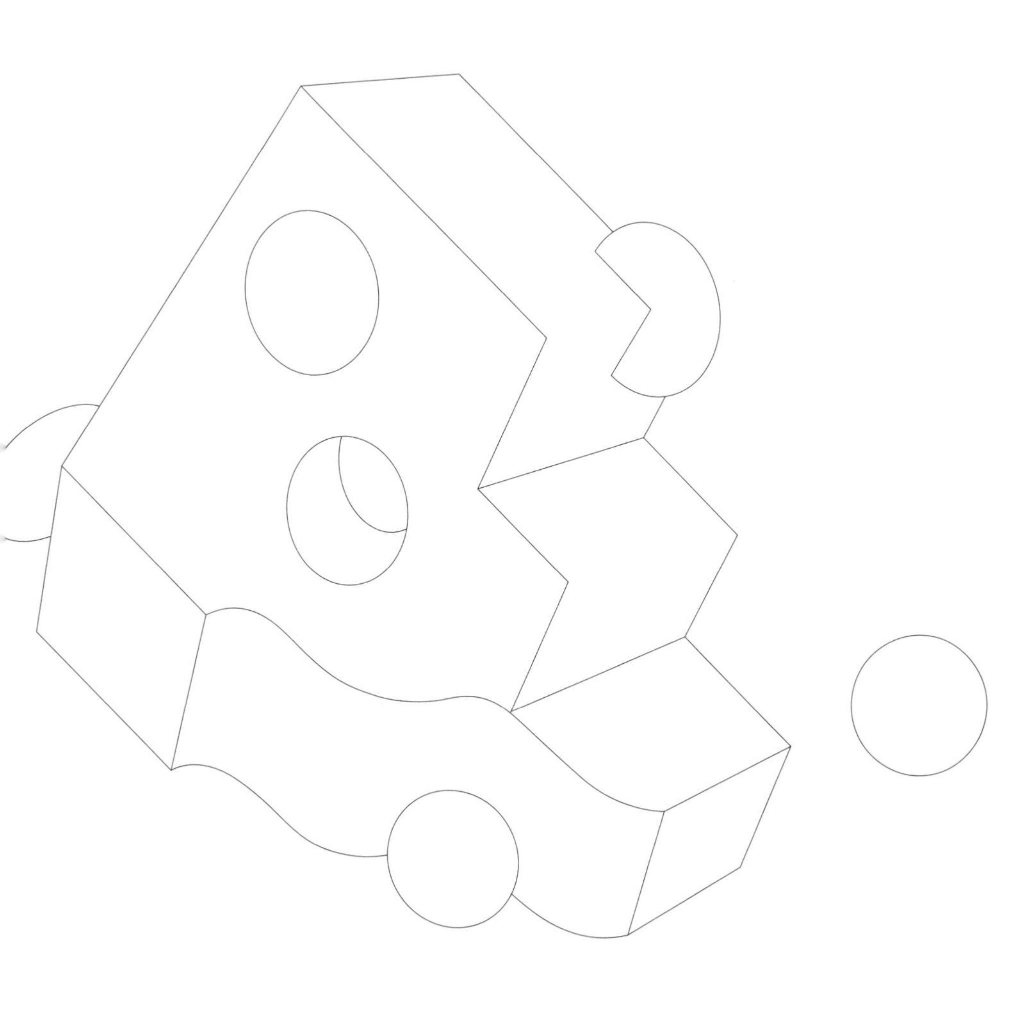

汎用的認知スキルに向き合い、学びの質を高める

2018年度より研究開発学校として指定を受け、5年間の月日が経ちました。研究を進める中で、方向性や内容は少しずつ変わっていきましたが、研究初年度から変わらないものがあります。それは、本研究の目的で、2030年以降の社会を生き抜くために必要な力の育成と、カリキュラム・オーバーロードの解消という二つです。

子どもたちが活躍するこれからの社会は、一層変化が激しく、予測困難だと言われます。これに関連し、『小学校学習指導要領（平成29年告示）解説　総則編』では、「教科等を越えた全ての学習の基盤として育まれ活用される力」や「今後の社会の在り方を踏まえて、子供たちが現代的な諸課題に対応できるようになるために必要な力」の必要性が述べられています（p.48）。そこで、2030年以降の社会を生き抜くために、子どもたちに必要な力とはどのようなものなのか、そしてそれを育むための教育とはどのようなものかを探ることとしたのです。

次に、カリキュラム・オーバーロード、すなわち学校や教師、子どもにとってカリキュラム内容が過多になっている状態の解消です。こうした過大な負担によって子どもにとっての学びが「浅い」ものとなれば、本質的な理解に至らないままに学習を終えてしまう可能性を否定できません。“Less is more”（少なく教えて豊かに学ぶ）を原理とし、各教科等の時数を削減しながらも学びの質を向上させることで豊かな学びを実現することが求められているのです。

以上の目的を踏まえ、我々にできることは何かを模索し続けました。そこでたどり着いた一つの答えが、子どもの「汎用的認知スキル」を育むことです。汎用

的認知スキルとは、本校が取り組む創る科の研究の中で整理されてきた、「具体化・抽象化する力」「比較する力」「批判的思考力」「問題を見出す力」「情報を収集・処理する力」「関連付ける力」「他者に伝える力」「先を見通す力」の八つをいいます。授業はもちろんのこと、学校生活全体を通してこれらの汎用的認知スキルを育んでいきます。それぞれの定義を以下に示します。

汎用的認知スキル	定義
具体化・抽象化する力	具体例を挙げ、要素に分けたり（具体化）、法則を挙げ、一つにまとめたり（抽象化）する力
比較する力	複数の対象について、ある視点から共通点や相違点、一般法則を明らかにする力
批判的思考力	ある情報に対して、その正しさを根拠に基づいて、客観的、論理的に評価したり、多様な視点から考えたりする力
問題を見出す力	自分なりのあるべき理想像を思い描き、見つけた問題を提起する力
情報を収集・処理する力	目的に応じて課題に関する情報を幅広く収集し、整理・分析し、新しい情報を創り出す力
関連付ける力	複数の対象がどのような関係にあるのかを見つけたり、ある対象に関係するものを見つけて増やしていったりする力
他者に伝える力	自分の考えや主張、調べたことなどを相手に分かりやすく正しく伝える力
先を見通す力	事柄に対して、自分の経験から先に起こることを推測し、よりよい結果に向け判断したり行動したりする力

その名のとおり、「汎用的認知スキル」なので、さまざまな文脈や場面で汎用性があるということが前提となっています。八つの汎用的認知スキルを一つ一つ見ても、これからの社会に求められる力であり、各教科等の学習にも必要な力であることがお分かりいただけるのではないでしょうか。

新教科「創る科」

—汎用的認知スキルを直接的に扱う—

本校では、全ての学年で年間35時間を創る科の授業に充てています。ここで扱う八つの汎用的認知スキルは、各教科等における「汎用性」を重視しており、例えば「比較する力」は国語科の文章比較、理科の比較実験、体育科における演技の比較などさまざまな場面で子どもたちの学習を支える力となるものです。創る科では、これらの汎用的認知スキルを各教科等によらない教材を通して直接的に学びます。

さて、ここで、各教科等で扱われている汎用的認知スキルをわざわざ新教科を創設してまで学ぶ必要があるのか、と疑問をもたれた方もいるでしょう。しかし、例えば理科で子どもたちが体験している「比較」とは、あくまで理科の世界における「比較」なのです。銅やアルミニウムといった物質について、重さを「比較」し、それらの性質を明らかにすることができたとしても、その「比較」が国語科での文章比較に活用されることはまずありません。このように、ある一定の教科、文脈でしか働かないような認知スキルでは、これからの時代に必要とされなくなる恐れがあります。今私たちが生きている、そしてこれから子どもたちが生きていく時代は、何をすればよいのかが明確ではなく、ただ何かの真似(まね)を効率よくすればよいという時代ではありません。先の見えない、誰もやったことのないところから新たな価値を生み出せる人材こそが求められる時代なのです。だからこそ、各教科等によらない汎用的認知スキルを学ぶ機会が必要であり、学びを文脈でとらえて汎用的認知スキルを育もうとする創る科が必要だと考えています。子どもたちは、各教科等によらない文脈の中で、八つの汎用的認知スキルについて意味や方法を考え、繰り返しの中で使いこなせるようになっていきます。その際に大切にしていることが、各教科等と同様、創出、受容、転移の学習過程を仕組むことです。以下に定義を示します。

創出：無自覚ではあるが、汎用的認知スキルを生み出したり、示された汎用的認知スキルについて考えたりする過程
受容：無自覚であった汎用的認知スキルを自覚的にとらえていく過程
転移：①受容した汎用的認知スキルを他の文脈や場面においても活用できるのかを考えたり実践したりする過程
②創る科の学習で創出と受容、転移した価値を各教科等の学習に活用できるのかを考えたり実践したりする過程

創る科の学習では、ノートの振り返りから、子どもの学習状況や成長の様子を個人内評価として見取っています。評価をする際に大切にしていることは、子どもへの励ましや次への意欲につなげるための評価という側面だけでなく、それぞれの汎用的認知スキルについて考えたことや意味、方法を重点的に見取ることです。そうすることで、子どもが創る科で学んだ汎用的認知スキルを各教科等の学習や日常生活に転移させていくことができるようにしています。

創る科によって「比較する力」を自覚的に働かせることができるようになった子どもたちは、自ずと比較の意味や方法を考え、意図をもってそれを活用しようとし始めます。各教科等の中で明示されなくても、理科であれば、自発的に銅やアルミニウムの重さを比較したり、体育科であれば、友達の演技を比較したりするようになるのです。「創る科で学んだ『比較する力』って理科でも役立つのだね」「理科だけでなく、国語や体育でもやっぱり『比較する力』は使えるのだね」「これからの生活の中でもどんどん使っていこう！」と汎用的認知スキルを各教科等や日常生活の中で生かしていこうとする姿が見られます。汎用的認知スキルを育むことは、一見遠回りのようですが、子どもたちの思考に柔軟性をもたせ、学びに対する意欲や粘り強さといった非認知能力を育成・伸長することにつながります。すなわち、各教科等の学習を加速化させ自立的に学ぶ子どもを育成することができると考えます。

非認知スキルに向き合い、学びの原動力を育む

本校では、「見方・考え方」と「汎用的認知スキル」を育むことを研究の中心に据えて取り組んできました。その中で、目の前の子ども一人一人の「見方・考え方」が成長したり、「汎用的認知スキル」が育まれたりしていく姿をたくさん見てきました。その効果は、各教科等の時数削減や単元の圧縮など、目に見える具体的な形となって表れています。学力調査等の結果を見ても、子どもたちの学力は十分に担保（むしろ向上している）されており、子どもの学びが加速しつつあることが分かります。このことは、“Less is more”の実現を目指す本校の研究の大きな成果ともいえます。

「見方・考え方」と「汎用的認知スキル」を育むことは、“Less is more”の実現だけに寄与したわけではありません。これまでの事例の中でも子どもの姿として述べてきましたが、「見方・考え方」と「汎用的認知スキル」の〈創出〉と〈受容〉、〈転移〉の過程を通して、子どもは達成感や充実感、自信を高め、主体的に学習に取り組むようにもなりました。これらの情意や態度は自立的に学びを進める子どもを育むためには欠かせません。現行の学習指導要領でいえば、学びに向かう力、人間性等を涵（かん）養することに該当します。本校の取組に関連する要点を、『小学校学習指導要領（平成29年告示）解説　総則編』（p.38）から抜き出します。

児童が「どのように社会や世界と関わり、よりよい人生を送るか」に関わる「学びに向かう力、人間性等」は、他の二つの柱をどのような方向性で働かせていく

かを決定付ける重要な要素である。

この記述にある二つの柱とは、言うまでもなく「知識及び技能」「思考力、判断力、表現力等」のことで、認知スキルに関わりの深い資質・能力を指します。「学びに向かう力、人間性等」という非認知スキルが、二つの柱を方向付け、駆動させる重要な要素であることが分かります。本校で育もうとする「見方・考え方」や「汎用的認知スキル」は、認知スキルに関わりが深いものですが、これを自在に使いこなすために、「非認知スキル」が重要です。冒頭で述べた研究の成果は、創る科の学びを通して、子どもが効果的に非認知スキルを獲得していったことが下支えになったと考えています。

本校では問題解決や探究的な学習の過程で、創出と受容、転移を繰り返し行いますが、そこでは、さまざまな困難に直面しながら他者との協働を通して粘り強く取り組むことが求められます。特に、受容や転移の過程はまさにそのものです。〈受容〉の過程では、他者の考えや思いを受け入れたり、自分の思考や行動を客観的に把握し認識したりすることが欠かせません。〈転移〉の過程では、学習したことが活用できるか試したり実践したりする際に、何度も教材や問題に働きかける粘り強さなどが必要です。結果として達成感や充実感、自信をもって学習に取り組むなどの「非認知スキル」を育むことにつながるのです。

また、各教科等への好意的な心情や態度も同時に育まれ、自ら課題を発展させて学習したり、挑戦し続けたりするようになっていきました。2年生の3月に算数科の学習に対する意識調査を行いましたが「算数はどんな教科ですか？」という質問項目に対して、「みんなで考えてむずかしいもんだいでもがんばってちょうせんする教科」と回答した子がいました。

この子は、翌年度、算数オリンピックや算数の自由研究に挑戦したり、自分で作った問題を昼休みに教師に持ってきたりするなど、主体的に学んでいました。子どもが自立的に学びを進められるようになるためには、「見方・考え方」や「汎用的認知スキル」を育むことと同時に、学びを推し進める原動力である「非認知スキル」を育むことが重要であることが分かります。

創る科事例

「具体化・抽象化する力」を1年生から育てる

1年生から創る科を始める意味

創る科の授業は入学してすぐの1年生から行っています。これについて、教科の学習が十分でないうちから始めるのは早すぎるのではないかと疑問をもたれるかもしれません。しかし、教科の学習が十分でない1年生のこの時期だからこそ創る科を学ぶよさが大いにあると考えています。そのよさとは、創る科と各教科等の学びが自然とつながり合うということです。

創る科は教科の文脈によらない教材を扱うことを大切にしつつ、子どもがイメージしやすい内容、例えば「買うならどの筆箱にするか」「学級の習い事調べ」など、どこか生活場面に出てきそうな場面を教材として取り上げます。そんな創る科の学習を教科の枠組みが確立していない1年生から始めると、国語や算数の時間でも「これって創る科と同じではないかな」「創る科でやったことが使えそうだよ」と子どもたち自らが各教科等と創る科をつなげるようになるのです。

それぞれの教科等をバラバラに学んでいくのではなく、創る科という教科を一つの柱にして各教科等を学んでいくことは、まさに汎用性のある生きた力を獲得することにつながるのではないでしょうか。そんな大切なスタート地点に立っているという考えのもと、1年生から毎時間大切に創る科の学習を進めています。

自然と働く「具体化・抽象化する力」

「具体化・抽象化する力」として、本校では以下のように定義しています。

学年	定義
第１・２学年	対象についての具体例を挙げること。
第３・４学年	目的や場面、状況に応じて、具体例を挙げ、要素に分けたり、法則を挙げ、一つにまとめたりすること。

発達の段階を踏まえ、第１・２学年では学習内容を具体化する力に絞っています。この段階の子どもにとっては、一括りにされた大きな概念ではなく、子どもたちがもっている経験や知識を使って、例を挙げたり、数や場所、時間などの情報を付け足したりしてより詳しく、多様な視点で対象をとらえようとする力が大切です。

「具体化する力」は１年生の子どもたちも、さまざまな場面で自然と働かせている力です。例えば、休日をどのように過ごしたのかを友達に話す場面。「とっても楽しい休みを過ごしたのだな」と友達に知ってもらうために、「どこに行ったのか」「何をしたのか」「誰と過ごしたのか」など、楽しさを具体化して伝える姿がよくあります。

また、子どもたちはこの力を各教科等の学習でも自然と働かせています。算数の文章問題で式の適切さを伝える場面では、子どもたちは自然と絵カードやブロックを使って詳しく説明します。道徳の授業で「親切とは何だろう」と考える場面では、自分が行ったり、してもらったりした親切のエピソードを例として話すことで、親切という抽象度の高いものでも自分の言葉で思いを語ることができます。

以上のように自然と働いている「具体化・抽象化する力」を自覚化できるようにすることが創る科のねらいです。ただし、自然に働くからといって成り行き任せの計画ではいけません。「具体化・抽象化する力」を働かせるのに時間がかかったり、ねらいとする力とは別の力を働かせてしまったりします。一つの汎用的認知スキルを子どもたちが創出し、そのよさを受容し、子どもが異なる場面へと転移させていく過程を教師がしっかり計画することが重要です。

「具体化・抽象化する力」を創出するための「学習材」と「ゆさぶり」

子どもたちが「具体化・抽象化する力」を自然と働かせること〈創出〉ができるように学習材と問題場面を使ったゆさぶりを工夫しました。

学習材を考える際に意識したのが、各教科等によらない文脈の学習材をつくるということです。今回の実践では、「ケーキ屋さんに、ケーキを注文する」「テレビのインタビューに楽しかったことを話す」という学習材を選定しました。どの学習材も子どもたちが直接・間接的に経験したことがありそうなものです。そんな学習材を設定すれば、先行知識に関係なく、どの子も参加できます。

問題場面を使ったゆさぶりを行う際に大切にしたことが、子どもたちの当たり前を崩すということです。ケーキを注文する場面では、「おいしいケーキ」といえば、いちごやチョコレートでかわいくトッピングされたおいしそうなクリームケーキが出てくることが当たり前だと子どもたちは素朴に考えています。このような子どもたちに、ケーキの実践では「おいしいケーキをください」と注文したことによって、少し極端な見た目のケーキ（写真1）を提示しました。

写真1　緑色と紫色のケーキ

おいしいケーキが当たり前のように出てくることを予想していた子どもたちからは「え～！」「緑色と紫色でおいしくなさそうだよ！」などの反応が生まれます。そして、その反応に対して「どうしておいしくなさそうなケーキになってしまったのかな」とたずねることで、「だって、『おいしい』だけでは上手く伝わらないからだよ。クリームケーキをくださいなど、色をしっかり伝えるとよいと思うよ」と具体化する力を自然と働かせる姿が表れました。ケーキなら具体的に言わなくても伝わるという当たり前を崩した結果、「具体化・抽象化する力」の必要感が生まれ、実際に意識して使うようになったのだと考えます。

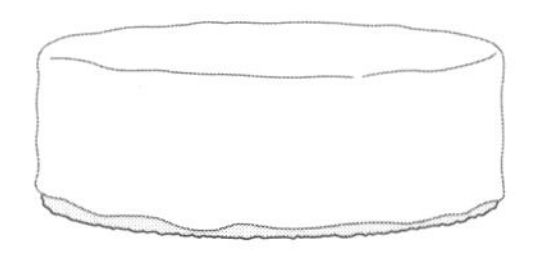
図1　何ものっていないケーキ

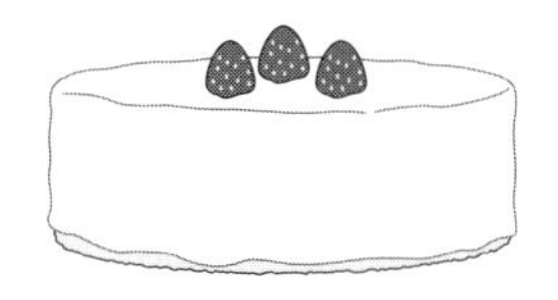
図2　いちごが三つのケーキ

このような極端な例を使ったゆさぶりは、授業を通して繰り返し行います。例えば前述した「クリームケーキをください」など、ケーキの表面しかイメージできていない際に、クリーム以外に何ものっていないケーキ（図1）を提示してゆさぶります。そうすることで、まだ具体化する必要性があることに気付き、「だったら、いちごがいっぱいのったクリームケーキをください」と注文内容を変化させました。それに対して今度はいちごが三つしかのっていないケーキ（図2）を提示してゆさぶります。これによって「いっぱい」が抽象的な表現であることに気付き「だったら10個など数を伝えて……」と具体化する力を使った多様なアイディアがその後も出てきました。

以上のように、各教科等によらない文脈の学習材に、問題場面を付け足し、繰り返しゆさぶりをすることによって、子どもたちは一つの汎用的認知スキルを何度も何度も創出させるのです。

見えない思考の見える化

学習材との出合いを仕組んだ後、教師は子どもたちが自然と働かせている「具体化・抽象化する力」を見えるようにすることに重点を置いて授業を展開していきます。その際大切にしていることは二つです。

一つ目は、子どもたちが頭の中で働かせている「具体化・抽象化する力」を表

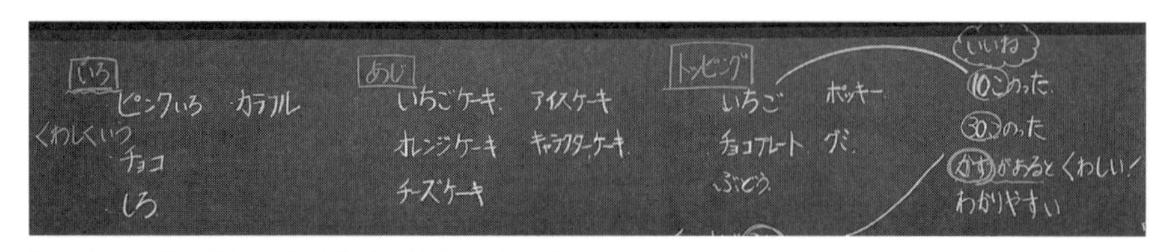

写真2　板書に残した「具体化・抽象化する力」

出させるための問い返しです。例えば、おいしいケーキを注文するための話合いの際、子どもたちは、「チョコケーキをください」「いちごケーキをお願いします」などさまざまな注文方法を語ります。子どもたちがこれらの注文方法を考えているとき、まさに頭の中で働いている「具体化・抽象化する力」のほうにこそ目を向けさせたいのです。だからこそ、子どもの発言に対して「どうしてそのような注文をしようと思ったの？」といった問い返しが必要です。実際、「チョコケーキ」と発言した子に問い返すと、「だって、おいしいだけではどうなるか分からないけれど、チョコって注文すればおいしそうな茶色いケーキに絶対なるからだよ」と答えました。「おいしさ」という曖昧なものを、「味」「色」を伝えることでより詳しくしようとしたという「具体化・抽象化する力」が表出した瞬間です。この表出の機会を繰り返しつくり出すことを授業の展開で意識しています。

二つ目は、黒板に思考の跡を残しておく、ということです。問い返しによって語られる「具体化・抽象化する力」も、話したり聞いたりするだけではすぐに消えてしまいます。おいしさという曖昧なものを「味を詳しく」「色を詳しく」「数を詳しく」しているということに気付くことができるよう、板書に分けて並べておきます（写真2）。

文脈に浸ることで生まれる変化を味わわせる

問い返しや板書を通して「具体化・抽象化する力」を働かせていたことに気付かせるとともに、その力を働かせるよさを感じさせる学習過程〈受容〉も必要です。よいものだからこそ、次からも使っていきたいという意思が生まれてくると考えているからです。そのため、子どもたちをどっぷりと教材の文脈に浸らせ、「具体化・抽象化する力」を働かせたことによる変化を体験的に味わわせるようにしています。

どっぷりと文脈に浸るために、ケーキの授業では、教師がケーキ屋さん、子どもが注文する側になりきることを意識しました（写真3）。例えば、子どもたちが考えた注文を提案する場面では、電話をかけるところから始めます。

写真3　電話をかける子

子ども「プルプルプル。プルプルプル」
教師「ガチャ。はい、こちらケーキ屋さんです」
子ども「えっと、いちごやフルーツがたっぷりのった見た目も中身も全部おいしいケーキをくださいな」
教師「お待ちくださいませ。ガチャ」「シャカシャカ。トントントン」
子ども「店長。まだですか？」
教師「もう少々お待ちくださいませ。カチャカチャ、グッグッ（かき混ぜたり、タイマーをかけたりする音）、チーン。出来上がりました。はいどうぞ（図2のケーキを提示）」
子どもたち「えええ～！」

図2のいちごが三つのケーキを登場させた瞬間に生まれた「えええ～！」という反応こそ、子どもたちがどっぷり文脈の中に浸っている証拠であり、子どもたちは、自由に発想を広げていきます。

最終的な注文として、子どもから「いちごやフルーツがのったケーキをください。いちごやフルーツは隙間なく置いてください。形は四角にしてください」という注文が出てきました。ここでも教師はケーキ屋さんになりきって、図3の

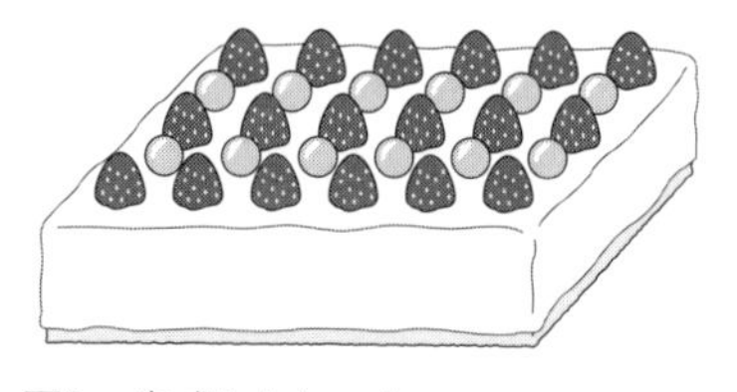

図3　完成したケーキ

ようなケーキを提示しました。すると、子どもたちからは「おおお〜！」という歓声とともに拍手が起きました。はじめの極端な見た目のときに出てきた「えええ〜！」という反応が「おおお〜！」という反応に変化したのです。具体化する力を働かせることによって、おいしくなさそうだったケーキがおいしそうになったという変化を体験することができたのです。

「具体化・抽象化する力」を受容するための「振り返り」

よさを体験した子どもたちに学びの過程を振り返るように促します。しかし、ここで「今日の授業で大切なことは何でしょう？」という促し方では、子どもたちが混乱してしまい、「どういうこと？」「何を書いたらいいのかな」となってしまいます。原因は文脈です。低学年は特に文脈の中で語る存在です。だからこそ、文脈のまま振り返ることが重要だと考えます。ケーキの事例では、最初はおいしそうに見えなかったケーキが「どうしておいしいケーキになったのかな？」という視点で振り返りを促しました。すると子どもたちから「おいしい、だけではなくて味や色を伝えたからだよ」「『10個』や『隙間なく』とか、詳しく注文したからだよ。そうするとおいしそうなケーキにちゃんとなったからね」と文脈で体験したことをもとに、ケーキが変化した理由を分析する子どもたちの姿が見られました。この場面こそが〈受容〉の場面です。

よさに気付くための「繰り返し」

ここまで「具体化・抽象化する力」を受容するための流れを「ケーキを注文す

る教材」を使った１時間の授業を通して説明してきました。しかし、この１時間の授業だけで子どもたちが十分に「具体化・抽象化する力」のよさに気付くことはできません。教材を変え、創出と受容を繰り返すことが大切です。例えば、「休みの日の出来事を取材記者にお話しする」という場面を使います。ここでは「休みの日はどうでしたか？」という記者の質問に対して、３人の人物が「楽しかったです」だけしか伝えない、という問題場面を付け足して提示します。

授業のポイントは、ケーキの授業と似たような展開を行っていくということです。まず、曖昧さのせいでよく分からないという問題場面を提示します〈創出〉。次に、子どもたちが思いついた考えに対して「どうしてそのように伝えたの」という問いを行います。そして、はじめと終わりの答え方を比較して「どうしてよい答え方になったのかな」と変化した理由についての振り返りを行います〈受容〉。

この創出と受容の学習過程を繰り返していくことで、「やっぱりここでも、よく分からないものは詳しく伝えるとよいのだね。具体化する力はどこでも使えそうだね」と、その力を働かせるよさを子どもたち全員が気付くことができるのです。

「具体化する力」の〈転移〉

よさを感じた汎用的認知スキルを多様な学習場面、生活場面で働かせることができるよう最後に転移の学習過程を仕組みます。今回の実践では、どのような場面で具体化する力が使えそうか話し合うように促しました。

「保健室に行ったときに使えそうだよ。ケガしました、だけでは分からないからどこでケガしたのか、どこが痛いのかを詳しく伝えると保健室の先生もしっかり治してくれると思うよ」「生活科で、育てている花の観察をするときに役立ちそうだな。大きくなりました、だけではなくて、葉っぱが手のひらくらい大きいですって言うとよく分かりそうだね」などさまざまな場面で使えそうだという見通しをもっている子どもたちの姿が見られました。

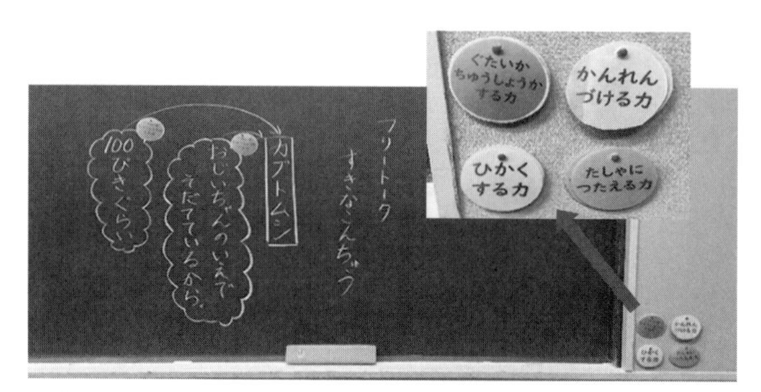

写真4　繰り返し登場する汎用的認知スキル

転移の授業が終わった後でも、教室の黒板横（写真4）には、学習が終わった汎用的認知スキルの磁石カードを掲示して残します。そうすることで、実際の各教科等の授業の中でも「6年生を送る会で何が楽しかったのかがもっと伝わるように、具体化する力を使ってみよう」と積極的に自らの学習に活用したり、「Aくんは好きな昆虫を詳しく言っていて分かりやすいね。これは具体化する力を使っているね」と友達の発言の中に「具体化する力」を見つけたりする姿が何度も生まれます。このような学びを繰り返すことで、汎用的認知スキルを使いこなす子どもたちになると考えています。

（中川　穂）

創る科事例

「先を見通す力」を学びに生かす

「先を見通す力」とその背景にある思考の枠組み

本校では、「先を見通す力」を「事柄に対して、自分の経験から先に起こることを推測し、よりよい結果に向け判断したり行動したりできる力」と定義しています。この力の背景には、先（現在よりも未来の時間）のことを考え、生き生きと自分が活動するイメージを心の中に創造していく思考、すなわち先を見通す思考があります。

この先を見通す思考を身に付けるために、〈創出〉の段階ではさまざまな場面において先を見通す力を無自覚なままに発揮し、〈受容〉の段階では力を発揮するために先を見通す思考の枠組みを自覚的にとらえ、〈転移〉の段階では先を見通す思考の枠組みを意識しながら自立的に力を働かせるように配慮しました。特に、先を見通す思考の枠組みを自覚的にとらえていく〈受容〉の段階では、この思考の着眼点に気付く過程と先を見通す思考の対象とはそもそも何であるのかとらえる過程とが同時に含まれます。この思考の対象をとらえる過程を見逃さず、丁寧に取り扱うことが、「先を見通す力」を自在に発揮できるようにする土台であると考えます。

写真１は、社会科の教科書とノートが置いてあるただの児童用机に見えます。先を見通した準備、すなわち次の授業で使う教科書とノートを準備していたことを褒めたくて、第１時の体育の授業と第２時の社会科の授業の間に撮りました。

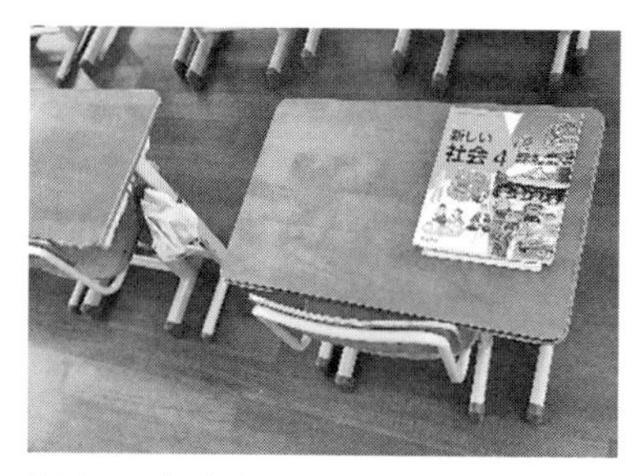

写真1　無自覚に先を見通す力を発揮しているであろう子どもの机

同じように準備していた子に「どうして先に教科書とノートを出しているの？」と聞いてみました。「体育の授業が終わった後はね、移動教室とか水筒（お茶）を飲むことで、せっかくの（学習準備の）5分間がなくなっちゃうから」との答えが返ってきました。

この答えを聞いたとき、私は、子どもたちの思考の枠組みを垣間見たような気がしました。5分間という単位時間が着眼点ではあるものの、そこから移動教室やお茶を飲むなど、身の回りの時間の流れに視点を移し、具体的な場面を想像していくという枠組みがあるのだと。

単位時間という着眼点は、日々の私たちの生活を切り取る視点の一つです。しかし、私たちが一般的に用いている○時○分○秒などの単位時間は、時計によって均等に刻まれた時の流れであり、誰もが共有できる一方、内容、すなわち一つ一つの出来事としての視点が切り捨てられてしまいがちです。

例えば調理においては、煮たり焼いたりする時間は○分と示されていますが、そこには下準備の時間、例えば、野菜を一口大に切ったり、魚をさばいたりするなどは示されません。料理の種類や材料によって切り方やさばき方が異なるため、時間は目安にすぎず、作業内容のまとまりである手順のほうがより意味をもつといったことがあるにもかかわらずです。単位時間を意識することは大切ですが、変化の激しい社会を生きる子どもたちにとっては、その場の出来事ならではのまとまりで時の流れをとらえていけるようにすることがより重要なのではないでしょうか。

思考の枠組みを明らかにしていく過程

先を見通す思考の枠組みを明らかにしていく過程は、各教科等における見方・

考え方の自覚化といった思考の認識と重なります。

外国語活動・外国語科における子どもの姿を例に取りましょう。互いに好きなスポーツを伝え合う際に‘I like soccer.’と発話する子どもは、サッカーが好きである、ということを伝えるために、(‘I like 〜.’で好きなものを伝えることができるから、‘I like’と‘soccer’という表現を用いよう)と頭の中で考えているはずです。もちろん、言語活動中は具体的な発話を伴いながら相手とのコミュニケーションに没頭しているので、このとき、見方・考え方は無自覚に働いています。〈創出〉の段階です。このような言語活動を繰り返した後、振り返りの場面で教師が「‘I like 〜.’を使うと、どんなことができるの？」と問うと、子どもは「‘I like 〜.’で好きなものを伝えることができるよ」と‘I like 〜.’という表現の働き、すなわち、言語の働きを答えます。この発言で子どもは、‘I like 〜.’で好きなものを伝えることができるという言語の働きに着目する見方・考え方を自覚します。〈受容〉の段階です。これらの〈創出〉と〈受容〉の姿から、子どもはコミュニケーション中の言語行為を思考の対象とし、言語の働きを着眼点に〈…のために、〜という表現を用いよう〉という枠組みで思考していることが分かります。

このように、各教科等の学習活動における見方・考え方を自覚化していく過程においては、教師が子どもたちと共に思考の背景を追究することで、思考の着眼点や思考の対象を認識していくことができます。先を見通す思考についても、子どもたちと先を見通す思考の背景を追究することで、子どもが思考の着眼点や思考の対象を認識していくことができると考えました。

先を見通す思考の枠組みを明らかにしていく子どもの姿

子どもたちは、これまでの学年で「先に起こることを、似た経験などの知識や状況から予想する」という「先を見通す力」を身に付けており、〈創出〉の段階を経ています。そこで、授業に入る前に、子どもたちの「先を見通す力」のとらえを生活場面でどのように生かせているのか確認しました。子どもたちは、「授業が始まる前、自分が自由な時間にどう動けばよいか想像することで、余裕をもてる」という先を見通した結果とともにその力を生活場面で用いたことを自覚していました。しかし、これはあくまで先を見通した結果からのとらえであり、どのような思考をどう用いたのかといった思考の枠組み――思考の着眼点や思考の対象そのもの――までを理解しているわけではありません。そこで、子どもたちの「時間」や「どう動けばよいか」「想像」といった言葉をもとに思考結果について話し合っていくことで、子どもたちと共に先を見通す思考の枠組みを明らかにしていくことができるのではないかと考えました。

授業ではまず、子どもたちがこれまでに学んでいる「先を見通す力」を深めていくことを確認した後、B5サイズの画用紙とコスモスの花の写真を提示して、

画用紙に、写真を参考にしながら水彩画をかこうと思います。時間は90分あります。どのようにかいていきますか。

と、先を見通す思考を働かせる話題を子どもたちに投げかけました。一見、図画工作科の構想段階を問う課題に見えます。しかしここで問うているのは、「絵をかき上げるまでの活動過程をどのくらいの時間を取って行うか」という活動の計画です。「先を見通す力」を学習すること、そして子どもたちが想定しやすい2時間分の授業時間（90分）を単位時間として示すことで、先を見通す思考について話し合うことを子どもたちと共有しました。

話合いでは、まずA児が「下書きを10分、絵の中心部分に35分、風景に25分、友達の作品の鑑賞に4分、自分の絵の修正に6分、片付けに10分かける」という絵をかく際のそれぞれの活動にかかるおおよその時間を設定する発言をします。これに対して、B児は「色づくりと下書き、絵付けで70分、片付けで20分。時間じゃなくて、絵をかくことにこだわっている」という、時間よりも絵をかく活動をもとに設定するのだと返しました。予想していなかった発言なので「どういうこと？」と問い返すと、B児は続けて「時間があっても、自分のペー

スに合わせないと先を見通せないと思う。自分が絵をかくペースはだいたい70分で、自分の片付けのペースであとの20分を使うって考えてる」と時間よりも絵をかくことにこだわる理由を語りました。これらの発言から、子どもたちの先を見通す思考には、単位時間で活動を分けていく思考と、その反対に、活動内容や手順をベースに時間を設定していく思考とがそれぞれ存在していると見取ることができます。A児と同様に単位時間で活動を分けていく思考をしていたC児に、どうして時間を中心に考えたのか理由を話すように促しました。単位時間を着眼点とする思考の枠組みが話合いの場に表れてくると思ったからです。C児は「時間を考えてなかったら、いつの間にか下書きとかに30分くらい使っちゃったりして、あと50分くらいしかなくなって、で、なかなかいい感じの絵がかけなくて終了ってなっちゃう。それだったら先を見通してないじゃん」と語りました。

しかし大半の子どもたちは、この二つの思考を、いまだA児やB児、C児ならではの思考だととらえています。他の子どもたちが、これらの二つの思考について考えていくことができるように、「時間を考えたほうがいいんだよね。じゃあ、絵付けのための色づくりで、絵の具を出すのに20秒、筆を水につけるのを3秒にしようか」と子どもたちをゆさぶりました。○分ではなく、さらに細かい○秒にすることで一層単位時間で考えるという観点へと思考を偏らせる発問です。これによって、相対的に、子どもたちが無自覚に行っていた思考とその価値へと目を向けることができます。すぐに「先生、やりすぎ！」と多くの子が答えました。「どうしてやりすぎなの？」と問い返すと、子どもたちは口々に「秒単位で決めていたら、1秒ずれたらすごくずれてしまうから」「細かくぴったりにしたら、逆に自分のペースに合わせられない。だから何秒とか、そんなに細かくしすぎたら絶対分かりにくい」と話を続けていきました。

D児は、「この○分っていうのは“約”でしょ。だから、あくまで目標として自分のペースに合わせて、このくらいでできたらいいなという時間をつくっておいたらいいんじゃないかな」と話しました。活動を切り分けるための基準として絶対視するのではなく、相対的なものとしてとらえ直す発言です。この発言に、

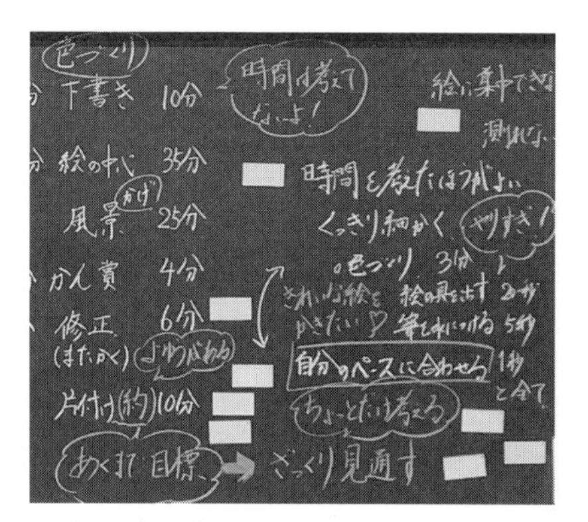

写真2　〈受容〉を促す板書

E児が「ざっくり見通す。そのときになってみないと分かんないのもあるから。例えば、絵の中心に35分ってあるけど、意外と迷っちゃって、40分かかってしまったとしてもずれないように、そこも含めてざっくり先を見通す」とつなげます。このとき私は、子どもたちのいう“自分のペース”という言葉が、単位時間の配分について述べているものではなく、子どもたち自身が生きて活動している感覚だと感じました。先ほど単位時間で活動を切り分ける思考を行っていたC児が、このことを証明するかのように「20秒やら5秒やら何秒やら、そういうのを聞いていて、秒では、『すぐ終わる、測ってられないじゃん』って思った。体内時計だったら、『5分だったらこれくらいだな』って分かるじゃん、何となくね」と語ります。“体内時計”という言葉には、この子自身の生きている時の流れの実感が表現されていました（写真2）。

このように、子どもたちは先を見通す思考の枠組みにおける着眼点を認識していきました。しかし、先の話合いでは何を対象に単位時間で切り分けたのか、思考の対象がぼやけています。思考を自在に働かせるためには、単位時間で切り分ける対象はそもそも何であるか明確にすることが必要です。そこで、「先を見通すための“時間”とは何だろう」というさらなる追究を仕組みました。

先を見通す思考の対象を追究する話合いでは、F児が「時刻って、時計のほうの時間でしょ。時計がないほうで考えるとどうだろうって。時計がない世界だったら時間が何かって疑問が出るから。“時間”は何を表しているのか。自分だけの時間を表しているのか」と単位時間という着眼点を引き合いに出して、相対的に浮かび上がってきた自分だけの時間、すなわち生きている時の流れという思考の対象にも目を向けます。F児の発言の意図をとらえていたのでしょう、G児が

「例えばなんだけど、何もなかったらこの瞬間とかさ、『あ、3分35秒くらいだね』って言うことができるんだよね。だからこの瞬間、この場面ってことを言うわけだから、そこでその“場面”ってのが出てくるから、時計の時間と時計なしの時間ってことで変わってくるんじゃないかな」と“場面”という言葉を用いて思考の対象を表現しました。子どもたちが、先を見通す思考の着眼点である単位時間を時計の時間、単位時間で切り分ける生きた時の流れを“場面”と言語化したことが分かります。

先を見通す思考で加速化する自立的な学び

この「先を見通す力」の学習を経た後に、子どもたちが「先を見通す力」を転移させているといえる学習場面に出合いました。総合的な学習の時間におけるスペインのカデナ小学校に学校の一日を動画で紹介するプロジェクトに子どもたちが取り組んでいる際のことです。

子どもたちは、外国語活動で学習した一日の行為を表す英語表現を用いてカデナ小学校に自分たちの学校の一日を紹介する動画を作成していました。このプロジェクトの発端となる授業で、私が子どもたちに動画で示した学校の一日の紹介は、電子黒板とプレゼンテーションソフトを用いたスピーチ形式でした。しかし子どもたちは写真3のように、教室を出て実際に登校している様子や清掃活動に取り組んでいる様子、なわとびをしている様子を撮影し始めました。

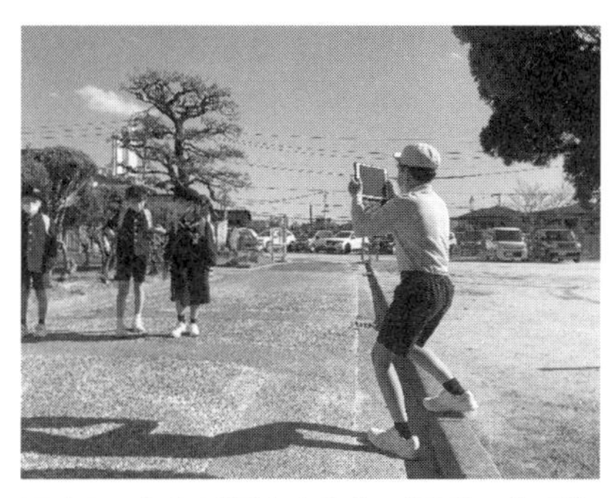

写真3　先を見通す力を他の場面に〈転移〉させる子ども

数人の子に「先生があなたたちに見せたのは、電子黒板を使ってその場でスピーチする動画だったのに、どうして実際に登校や掃除、なわとびをしている様子を撮影しているの」とたずねると、一人の子どもが「えーと、実際にカデナ小学校の人たちは、この動画を見るんですよ。で、カデナ小学校の人たちに、あの学校と自分の学校は違うなっていうのを比べさせるために、実際の場面を撮影して学校の一日を紹介しています」と答え、別の子が「カデナ小学校の人たちが見るときのことを考えて撮影しています」とまとめて答えてくれました。これらの子どもの意識から、子どもたちは自分たちの作成した動画をカデナ小学校の子どもたちが見るという場面——相手の生きている時の流れ——を見通し、すなわち「先を見通す力」を自在に働かせて、学習を自立的に進めていると見取ることができます。

おわりに

このように、子どもの姿から「先を見通す力」の背景には、思考する対象がそもそも何であるか、と深く認識していくことが必要であると分かります。思考の対象を深く認識した子どもは、発揮する範囲の広さとともに、どのように発揮するのかという思考する深さにも心を配りながら、各教科等や学校生活において、より自在に「先を見通す力」を発揮していくことができると考えています。

（後藤大雄）

創る科事例

「関連付ける力」を働かせて、よりよい判断を行う

生活の中で無自覚に使われている「関連付ける力」

「関連付ける力」と聞くと、目の前にある情報同士の差異や類似を考えたり、因果関係を見出したりしながら関係を整理していくことを思い浮かべるのではないでしょうか。これは一般に、「関連付ける」ということが対象や概念を増やす際の思考の仕方だととらえられているからです。私たちは、さまざまな情報同士を「関連付ける」ことを通して自分の考えを広げたり深めたりすることができます。

では、「関連付ける」という思考は生活の中のどのような文脈の中で働いているのでしょうか。そこには、大きく二つの文脈が考えられます。

一つ目は、私たちが生活の中で出会う人、もの、出来事といったさまざまな対象や概念同士を無自覚に関連付け、自分の考えを拡大していくという文脈です。「情報同士の関連付け」ともいえます。前述の「関連付ける」ことの解釈はこの文脈に当てはまります。

二つ目は、さまざまな対象や概念を目の当たりにした私たちが、何かしらの目的をもって判断を行うという文脈です。情報同士の関連付けを通して自分の考えを拡大した私たちは、自らの考えと目の前にある対象や概念とを関連付けることで自分なりのよりよい判断を行っているととらえられます。このような関連付け

は、「自分とつなぐ関連付け」であるともいえるでしょう。

創る科では、生活の中で無自覚に行われている「関連付ける」という思考を上記の二つの文脈でとらえます。同じ「関連付ける」でもその意味は異なります。

私たち教師が、両者の「関連付ける」ことの意味の違いを意識することで、子どもたちの姿を見取るまなざしも変化していきます。多くの教科や生活指導の中で「○○さんは関連付けて考えたね」のように関連付けという一言で済ませていた事象について、関連付けによって考えが拡張されたことを価値付けるのか、あるいは、よりよい判断が導けるようになったことを価値付けるのかなど、その意味は一様ではありません。教師がその違いを見極め、適切な価値付けを行うことで、子どもたちは、自分たちが働かせた思考が「関連付ける」ことであると知るとともに、その思考が「考えの拡張」なのか、それとも「よりよい判断」なのかを吟味し、その思考が自分にどのような成果をもたらしたのかを気付くことができます。

教師が子どもたちにその汎用性や価値を伝えていくためには、思考の段階、思考の成果、思考の価値といった思考そのものへの理解を深めておくことが大切です。このことが、子どもたちへのより具体的な思考の価値付けへとつながり、無自覚な思考を自覚的な思考へ導いていくのです。

創る科における「関連付ける力」とは

上述を踏まえて、本校では、創る科における「関連付ける力」を次のように設定しました。その際、学年の発達区分に合わせて「関連付ける」を思考の段階や成果、価値の観点から考察し、適切に子どもたちが受容していけるように整理しています。以下は、発達の段階に合わせて設定した「関連付ける力」の内容です[(1)]。

---

(1)　令和3年度研究開発実施報告書（第3年次）p.6

［第1学年および第2学年］

思考する際、自らの経験や知識とつなげて関係を見出すこと。

［第3学年および第4学年］

経験や知識とつなげて考え、対象を増やしたり関係を整理したりすること。

［第5学年および第6学年］

よりよい判断のために、さまざまな経験や知識をつなげて対象や概念を増やしたり、関係を整理したりすること。

本節の冒頭、生活の中で無自覚に使われている「関連付ける力」には、「情報同士の関連付け」と「自分とつなぐ関連付け」の二つがあると述べましたが、ここでは、前者の関連付けを主に低・中学年で身に付ける力とし、後者の関連付けを主に高学年で身に付ける力としました。

発達の段階を意識して子どもたちが身に付けるべき思考を整理してみると、目の前の子どもたちのどのような姿が「関連付ける力」を働かせている姿なのかが明確となり、どのような教材を投じ、学習を展開していくべきなのか、より具体的なイメージを教師はもつことができます。

低・中学年について、図1をもとに考えてみましょう。低学年では、例えばAとBという二つの対象に対して、子どもたちは自分の経験や知識をもとに、共通点や相違点、因果関係など見出し、両者の関係を見出そうとします。そこには、二つの対象をよく観察し、自分たちがもつ知識や経験と照らし合わせることが必要です。これによって、目の前の情報同士を関連付けるとともに、自らの考えを拡張していく思考の基礎を身に

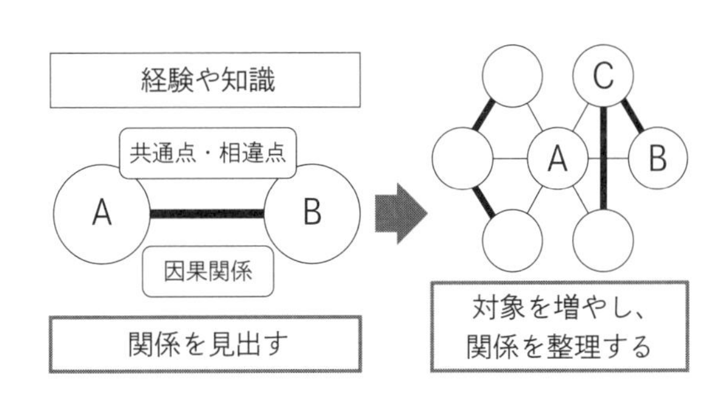

図1　低・中学年における「関連付ける力」

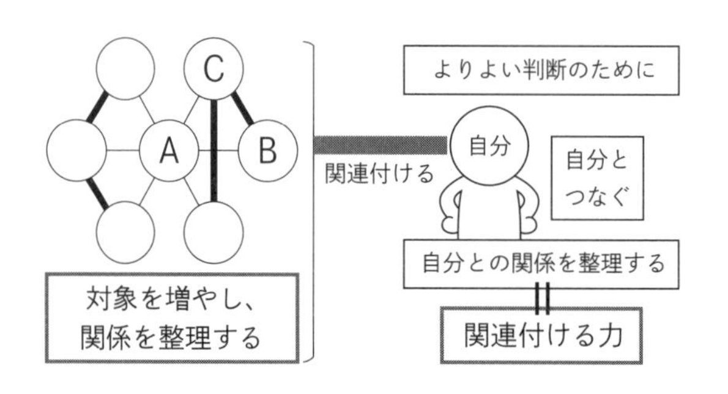

図2　高学年における「関連付ける力」

付けることができます。

中学年になると、低学年で身に付けた思考をもとに、AとB、AとCなどさまざまなものや事象同士の関係を見出しながら、次々とその対象を増やしていくことができます。Aを仲介とした関係から、新たにBとCという関係付けへと発展し始めます。「関連付ける力」を働かせることで自らの考えを拡張できると学んだ子どもたちは、さらに自覚的に拡張の範囲を広げていくことでしょう。教師が提示した教材の範囲を超えて、自ら学び始める子どもへと成長していく兆しが見え始めます。

次に高学年を、図2に照らして考えます。高学年では、「よりよい判断のために」という目的が学習内容に加わります。ここでは、判断を行う自分と目の前の対象や概念との間を関連付けます。これが「自分とつなぐ関連付け」です。よりよい判断のために、自らの経験やこれまでの学びなどをもとに対象を分析し、自分との関係を整理していく段階です。

次に述べる創る科の授業実践では、第5学年における「自分とつなぐ関連付け」の学習において、子どもたちが、「関連付ける力」を創出、受容、転移させていくために必要な支援や見取り方を紹介します。

「関連付ける力」の授業実践（第5学年）

創出—「関連付ける力」を働かせる際の思考方法に気付く—

私たちが何かの判断を迫られたとき、まず頼りにするのは自身の知識や経験です。〈創出〉の過程では、よりよい判断をするために、目の前の情報と自分とをつなぐ関連付けを意識し、自覚的な思考へ移行することを目指して授業を行いました。

実施した授業では、「文具の『のり』を選択して買う」という場面を取り上げました。「買い物」という行為は、子どもたちにとって身近で判断が必要な場面です。子どもたちはこれまでにさまざまな「のり」を使用した経験があり、これを基に「この『のり』がよい」といった漠然とした基準のようなものを有していますが、初期の段階でその根拠を明確に自覚できている例は少ないと考えられます。

授業では、まず子どもたちに、「あなたはどの『のり』を選びますか？」と問い、いくつかの「のり」の写真を掲示しました。この時点では、ただ何となく「のり」を選ぼうとしているだけで、選択する際の視点や根拠について無自覚な状態です。しかしすぐに子どもたちは、文具店等で「のり」を買った経験などを想起しながら、購入という具体的な場面における思考を始めます。教師が提示した「のり」の写真を指しながら、「いくらかが知りたいです！」という声が上がりました。まず「値段」という視点が判断材料に加わった瞬間です。全体に意識付けるため、値段が知りたい理由をたずねると、ある子が、「まずは、値段が分からないと決められないんです」と答え、周囲から「そうそう！」という支持の声が聞こえました。教師がそれぞれの「のり」の値段を提示すると、すかさず一人の子が「私は安いのがいいから110円のやつを選ぶよ」と言い、何人かが同意を示しました。

値段の話題を進めている中、それぞれの「のり」がどのような性能をもつのかを疑問に思い始めた子がいました。この辺りから、子どもたちは値段以外の視点が気になり始めてきます。「先生、値段以外の情報はないんですか？」と質問する子に、「どうして、他の情報が知りたいの？」と問い返すと、その子は「値段が高いってことは、その分何かよい性能があるはずだ」と答えました。子どもたちの思考は、「値段」という視点から「性能」という視点を求め始めていました。

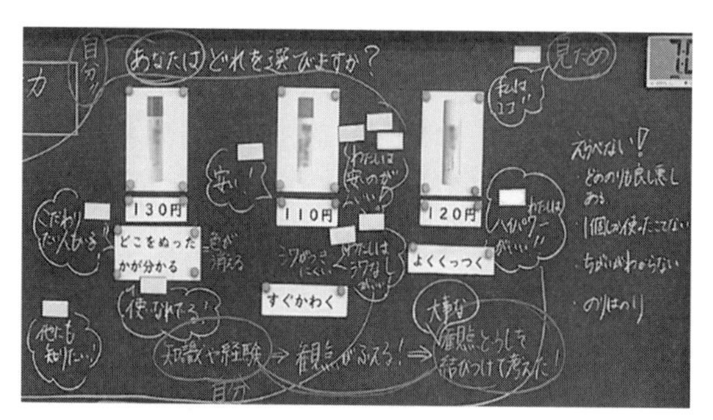

写真1 「関連付ける力」を働かせていく子どもの言葉と思考の流れ

性能を提示してみると、ある子が、今度は「性能」の視点から「普段から使い慣れているから高くても130円の『のり』を選ぶよ」と言いました。この子は、これまでにのりを使った自分の経験から語っています。この子の発言をきっかけに、いろいろな子が「私はよくくっつくハイパワーの『のり』を選ぶよ」「シワができにくい『のり』を選ぶよ」「性能にこだわりたい人もいるはずだ」と自分が大事にしていることを語り始めました。中には、「ここにはない『のり』なんですけど、私はキャラクターが描いてあるかわいいやつがいいんですよ」と新たな視点を提供した子もいました。「見た目」という視点も大切な判断材料です。

振り返りでは、どのような考え方をしたのかを問いました。選ぶための視点を増やしたり、出てきた視点から大事だと思うことを自分の経験と結び付けたりすることが、選択につながったと気付くことができました。

受容―思考方法を用いて「関連付ける力」を働かせるよさを考える―

〈受容〉に当たる学習では、「今日の夕食を選ぶ」場面を設定し、子どもたちはまず、判断に必要な視点を求め始めました。〈創出〉の時間に「関連付ける力」の思考方法に気付いている子どもたちは、早速その思考方法を試してみようとします。

〈受容〉の過程で大切にしたいことは、この力を発揮するよさを自覚することです。自分なりの判断につながるよさを自覚してこそ、未知の場面においても子どもたちは自ら「関連付ける力」を働かせて問題解決に臨んでいくのではないでしょうか。

実際に夕食を選ぶ場面では、みんなで視点を出し合っても決められないと悩む子どもが現れました。この子は「大事にしたい視点がいくつかあるから悩んでいるんです」と言います。するとある子が、「視点同士の順位付けをしてみたらいいんじゃない？」と案を出しました。「決められないかもしれないけど、今自分が大事にしたいものをランキングにすると、本当に食べたいものが分かるかもしれない！」とのことです。その後、悩んでいた子が順位を付けて考えた結果を教えてくれました。どうやらこの子は１番に「昨日の夕食」で何を食べたか、２番に自分が好きなものを食べたい、という順位付けを行い、お寿司を食べるという判断をしたそうです。大事な視点を考え、それでも判断に迷ってしまうときには、自分にとって大事なことの順位を付けてみることで、よりよい判断に結び付いていくのかもしれません。

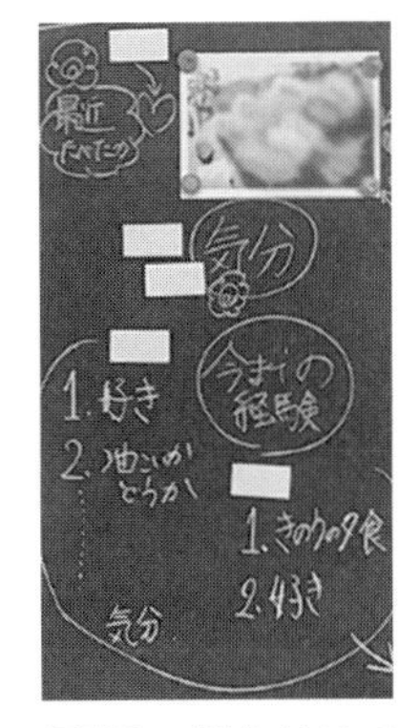

写真2　順位付けで判断を行おうとする子どもの言葉

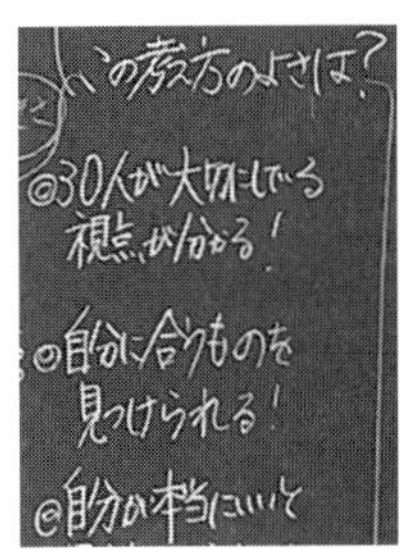

写真3　「関連付ける力」を働かせるよさ

振り返りではこの考え方のよさを問いました。子どもたちは、「みんなが大切にしている視点が分かる」「自分に合うものを見つけられる」「自分が本当によいと思うものを選べる」といった言葉で「自分とつなぐ関連付け」を行うことの価値を感じていました。迷ったり悩んだりしながらも自分が大事にしたいものを選ぶからこそ、納得のいく自覚的な判断を下すことができるのです。

転移―自覚的に「関連付ける力」を働かせようとする―

〈転移〉の過程は、受容した「関連付ける力」を自覚的に活用したり、その有効性を考えたりする過程です。何かを判断する際には、自覚的に視点を増やそうとするとともに、自分にとって大切なことを考え、判断をする姿が期待されます。

授業では、「あなたは制服と自由服のどちらを選びますか」という場面を提示し、その場で選ぶ活動を設定しました。制服やその着用に関する校則に関しては、近年、その是非が問われることの多いテーマです。子どもたち自身がそれぞれどうしたいかを考えていくことにしました。

制服については、その子なりの明確な視点をもっている子がいる一方、すぐには決められないという子もいます。そんな一人に「どうして迷っているの？」と聞くと、「自分でいくつか視点を出しているんだけどなかなかいいと思うものが見つからない」とのことでした。すると、それを聞いたある子が、「みんなの視点を聞いてみたらいいんじゃない？」と続けました。友達の視点も参考にするようにアドバイスをする子の姿には、自覚的に視点をとらえている様子がうかがえると同時に他者と協働するための非認知能力の伸長が認められます。その後、子どもたちは各々が大事にしたい視点を次々に紹介していきました。制服を選んだ子は「統一感」や「(服を）選ぶ時間」「学習への集中」といった視点を、私服を選んだ子は「放課後に着替える手間」や「動きやすさ」「値段」というように、互いの意見を共有し刺激し合うことで瞬く間に10以上の視点が見つかりました。各々の視点を全体で集約・整理する過程を通して、一人一人が考えを拡張させていくとともに、数ある視点の中から自分が大事だと考える視点を見つけ始めています。

迷っていた子の一人が「制服を選びたい」と言い始めました。その理由は、「私は1番が服を選ぶ時間で、2番に統一感が大事だと思ったから」とのことでした。同様に迷っていた別の子からは「ぼくは1番が値段で、2番が着替える手間、そして一番最後に統一感だから私服にしました」と続けました。制服にするか私服にするか、自分の立場を決められず迷っていた子た

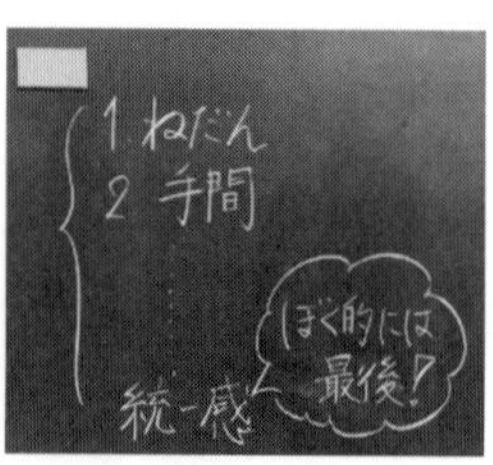

写真4　順位付けを行う子どもの言葉

ちは、10以上出た視点の中から、自分が優先したい視点は何なのか、を順位付けることで、自分にとってよりよい判断ができると気付き始めたようです。「一番最後に統一感」と述べた子からは、自分にとって優先順位の低い視点も有力な判断材料となりうることが分かります（図1）。他者の考えを受容し、それを新たな判断材料として自分の納得できる解へと昇華させていくものが「関連付ける力」であり、自分と事象とをつなぐための関連付けを行っている姿に他なりません。

振り返りの活動では、多くの子どもたちが「やっぱり」という言葉を多用していました。子どもの「やっぱり」は、もともともっていた自分の考えを新たな視点で評価し直し、それを肯定できたときに発せられる言葉です。判断の場面において、「当初考えていたとおりだ」「最初から自分は、○○がいいんだ！」と自己との対話を通して自らの考えを再確認できたときに発せられるものです。

その後の総合的な学習の時間では、「子ども地域おこし協力隊」としての任命を受け、活動してきた学習の最後に商店街マップ作りを行いました。子どもたちは、自分が関わったさまざまな人や場所、見つけたものなどの対象から感じ取った魅力や自らが大切にしたいと決めた思いに強くこだわりをもち、保護者や地域に向け幅広く発信するためのマップ作りに何度も試行錯誤を重ねながら没頭していました。さまざまな対象との関わりの中から視点が増え、自分が納得できる何かを見つけたからこその、思いの表れた判断・行動の姿であると考えます。

これからの時代は、今よりさらに膨大な情報に囲まれた不確実で複雑な時代だといわれています。自らが確かに納得のできる判断を行い、よりよく生きていくことができるよう「関連付ける力」を働かせ続けてほしいものです。

（久保田大貴）

創る科事例

「問題を見出す力」を育てる

普段から発揮している「問題を見出す力」

子どもたちは普段生活する中で、しばしば「もっとこうすればよくなるのではは？」という場面に出くわしています。例えば、学校生活の中では、給食の準備を行う場面などです。これらの場面で準備をすばやく行うことは、目的とする活動に十分な時間を確保できるよさがあり、子どもたちは、これまでの経験からその意味を理解していると思われます。ただし、はじめのうちは準備を早く行おうとするのですが、時間の経過とともに慣れが生じ、以前より準備に時間がかかってくることがあります。子どもたちがよりよい学校生活を送る上でそれを「問題である」と気付けるようにすることが必要です。さらに、よりよい生活を送るためにどうすればよいのか、普段から考えられるようにしていくことも大切と考えます。生活場面における「問題を見出す力」は、みんなが困っていることや、もっとこうしたほうがよいということに気付く力であるといえます。

学習場面においても、子どもたちは「問題を見出す力」を働かせています。国語科の学習を例に挙げてみます。ある物語をはじめて読んだ際、子どもは登場人物の言動に対して「なぜそのような行動をしたのだろうか」「○○しなかったのはなぜだろうか」といった疑問を抱く場合もあるでしょう。これは、子どもの中に「普通だったらこうする」という経験等に基づいた考えが存在し、これに合致しない言動を、物語の人物がしていることから生じる疑問です。気付いた問題をしっかりと自覚できれば、子どもは、それを解決しようと、主体的に物語を読むことに取り組むことでしょう。子どもが主体的に学習に取り組むために、物語文を読んで疑問をもつことは重要なポイントになります。理科の学習においても、自然の事物や現象を観察したり実験したりする中で「なぜそうなるのだろう」といった疑問を自覚できれば、子どもはそれを解明するための活動に主体的に取り組むと期待されます。

以上から、学習場面における「問題を見出す力」は、子どもたちが疑問をもったり課題を見出したりすることであると考えました。

「問題を見出す力」を働かせている姿

子どもたちは、学校生活や各教科等の学習の中で、無自覚の内に「問題を見出す力」を働かせる場面に囲まれています。ただし、それが十分に自覚化され、学びに向かう子どもの背中を押してくれるものになっているとは言い切れません。そのことを受け、創る科の学習では「問題を見出す力」の有用性に子ども自身が気付いたり、活用する場面を考えたりすることで、よりよい生活や学びの促進につながるよう、問題を自覚化できる子どもの育成を目指します。以下に目指す子どもの姿の具体を述べます。

○低学年…「不足した状況から問題を見つける」姿
○中学年…「『望ましい状態』を想像し『現在の状況』に対する問題を見出す」姿
○高学年…「自分の身の回りだけでなく、社会の情勢や○○といった抽象的なものに対して、よりよい理想像を描き、問題を提起している」姿

上記のような姿のために、例えば、低学年の創る科では、対象への気付きや配慮が不十分なことによって生じる困った場面を提示して、そこに何が不足しているのかを考えるという学習活動が挙げられます。中学年では、問題を見出すためには、

望ましい状況を想像してそこから問題点となることを考えるという、問題を見出すためのスキルとなることに着目した授業の展開が、高学年では、自分の身の回りだけでなく、一般化した力として、どのような場面で「問題を見出す力」を発揮できるのかを子ども同士が話し合うような学習内容の展開が考えられます。

実践における〈創出〉〈受容〉〈転移〉の流れ

子どもたちが「問題を見出す力」を、創出、受容、転移する姿を目指して学習計画を立て、実践を行いました。対象は６年生の児童です。

まずは、〈創出〉の姿を目指した授業です。子どもたちは、学校生活の中から問題を見出すという活動を行いました。題材は「給食時間」です。子どもたちは、最近の給食時間を振り返り、気付いたことを交流しました。あえて「問題」ではなく「気付いたこと」を交流するように促した理由は次のとおりです。「問題」を挙げるよう促すと、子どもは「よくないこと」ばかりに意識が向きます。「問題を見出す」ことには２種類あると考えます。一つ目は、実際に起こっている問題を挙げること、二つ目は、まだ問題が起こってはいないけれど、これから起こりそうな問題を見つけることです。これらを意識することで、問題を見出すことのよさに気付くことができると考え、あえて「気付いたこと」を交流するように促したのです。

子どもたちは、最近の給食時間を振り返って、次々に気付きを挙げていきました。それらの気付きを踏まえて、問題だと思うことを問うと、子どもたちは「以前よりも準備に時間がかかることがある」ことを挙げました。さらに、これから問題が起きそうなことを問うと、ある子どもが「給食には何がどれくらい入っているのか」という意見を述べました。このとき、ほとんどの子どもたちは、この意見がどのような問題につながっていくのかがとらえられていませんでした。そこで、なぜ問題になりそうなのかをたずねると、その子どもは「もし、地元の産物があまり使われていないとしたら、それが地元の生産として問題になると思うから」と答えました。意見を聞いた子どもたちからは「確かに！」「言われてみればそうだ」といった共感の声が上がりました。

授業の終末で、そのような子どもたちに、問題を見つけるために必要なことを問いました。子どもが挙げたのは、「現状を振り返ること」や「普段の生活の中で問題を見つけようとすること」といった意見です。このように子どもたちは、普段の生活の中で問題を見出そうとする意識が必要であること、現状を見つめることで問題が見えてくることがあると気付くことができました。

このことを受けて次の時間では、子どもが挙げた「準備に時間がかかる」ことについて、なぜそれが問題だと思うのか、意見を交流しました。子どもから挙がったのは、「準備が遅くなることで休み時間が少なくなる」「活動の時間が十分に取れない」などといったデメリットでした。

さらに、これらの問題点に気付くことで自分たちの学校生活はどうなるのか、これから起こりそうなことを考えるよう促すことで、「問題に気付くことで、自分たちの生活を改善することができる」といった、問題を見出すことのよさを発言する子どもも現れました。

この学習の振り返りの際、ある子どもはこのように記述しています。「問題を見つけると、自分にも学級にもプラスに働きます。これからは問題を見つけて、最高の学級にしていきたいです」。この他にも、「問題を見つけることに前向きになった」というような記述が多く見受けられました。

このように、学校生活の場面を振り返り、問題を見出すとはどのようなことかを話し合ったり、問題を見出すことの具体的なよさを考えたりすることを通して、子どもたちは問題を見出すことのよさを感じている様子でした。

次は、「問題を見出す力」のよさを受容できるよう、そして子ども自身が「問題を見出す力」をさまざまな場面で活用できることに気付くよう、学習内容を構成しました。そこで、学校生活という身近な場面から離れて、今日の社会問題について考えるという学習を行いました。

題材としたのは「あだ名禁止」と「野犬の増加」についてです。これらの題材を選んだ理由は、広く知られている時事問題であり、子どもたちの関心も高く、一人一人が考えをしっかりともつことができると考えたからです。

まず行ったのは、「あだ名禁止」を題材とした授業です。はじめに、子どもたちに「あだ名禁止」についての新聞記事を提示しました。記事の内容は「あだ名がいじめの原因になる可能性があるため、あだ名を禁止する学校がある」というものでした。記事を読んだある子どもは「いじめの原因はあだ名だけにあるのではないから、あだ名を禁止するだけでは意味はない」と発言しました。そこから、あだ名を禁止することの問題を、次のように見出していきました。

・現在仲のよい友達と呼び合っているあだ名が使えなくなってしまう
・友達との距離が広がり、学校が楽しい場所でなくなる
・「禁止」がストレスとなり、逆にいじめが起こりやすくなる

このような子どもたちに、「どうしてこれらの問題を見出すことができたのでしょう」と問いました。そうすると、「あだ名が使えなくなってしまった学校と、今の状況を比較したからだよ」「ぼくの思う楽しい学校を想像したからだよ」「まだ起こってはいないけれど、これから起こりそうなことを考えたからだよ」という意見が挙がりました。これらは問題を見出す方法であるといえるでしょう。

見出したこれらの問題について、子どもたちは、学校が楽しい場所であるために、あだ名をこれからどのように扱うべきかを考えていきました。その際の子どもたちの反応は次のとおりです。

・禁止をするのではなく、お互いの納得をもってあだ名を楽しむとよい
・あだ名を使うときは、起こりそうな問題を想像してみる

ある子どもからは、「問題になっていることに対して、まず何が問題なのかを考えることで、よい案を考え出すことができた」という意見が出されました。以下は、この学習を振り返っての子どもたちの感想です。

・これからは、当たり前のように見えることでも、問題がないかなと立ち止まっ

て考えてみようと思います。今の状況とよりよい状況を想像して比べると問題を見出すことができそうです。

・問題を見つけると新しい考えも見つけることができて、よりよい学校生活を送ることができると思いました。「問題を見出す力」はすごいなと思いました。

このように、問題を見出すことのよさに気付く姿〈受容〉が見られたことが分かります。

さらに、受容した「問題を見出す力」を転移する場面として、県内のある地域で起こっている「野犬の増加」を題材に学習を行いました。「野犬の増加」は「あだ名禁止」と比べて、それほど子どもたちにとって身近な問題ではありません。むしろそのような題材のほうが、「問題を見出す力」を意識的に活用しなければならず、子どもが学習の意味に気付きやすいのではと考えたのです。

授業では、まず県内のある地域で問題となっている、野犬が大量に繁殖していることについての新聞記事を提示しました。新聞記事を読んだ子どもが抱いた問いは、「なぜ野犬が増えたのか、原因は何か」というものでした。子どもたちは、その答えを新聞記事に求めたり、あるいは経験を思い起こしたりして、原因を探っていきました。

子どもたちが挙げた原因の一つである餌やりをする人がいることについて、教師から「餌をやらなければ解決するのではないか」と問いました。すると、子どもたちは口々に「それはかわいそうだ」「別の問題が起きてしまう可能性がある」と発言しました。これを受けて、さらに「では、どうなることが人にとっても犬にとってもよいのか」と問うと、子どもたちは「野犬が幸せに暮らせること」「野犬が保護されて里親のもとで暮らすこと」といった、ある種の理想を述べました。

しかし、理想を述べただけで問題は解決しません。そこで続けて問うたのは、「理想とする姿に近づくために、根本的な問題は何か、今後解決しなければならない問題は何か」ということです。すると、子どもたちは、野犬が増えていることについて「人間の行為に問題がある」という問題の原点を見出しました。これに気付くことで子どもたちは、この問題に対する具体的な解決法をさまざまに考えることができ始めたようです（写真1）。

最後に子どもたちは、これまで行った「問題を見出す力」の学習を通して、問題を見出すために必要だと思ったことを振り返りました。子どもの記述には次のようなものが見られました。

・なぜその問題が起こるのか、原因を突き止めて、その問題を解決し、どのようなものにしたいか目的を考えると、正確に問題が見出せると思った。

・問題を見出すには、今の状況を把握して、解決法を考えていくことが大切だと思った。これからは問題を見つけるときには内容をしっかり理解したい。

このような意見から、子どもたちは「問題を見出す力のよさ」を創出、受容し、最終的に他の場面にも生かそうとする姿勢〈転移〉が見えます。

「問題を見出す力」の学習を通して、「問題を見出す力のよさ」を創出、受容、転移していった子どもたちが、各教科等の学習や生活場面でどのような姿を見せるようになったのか、少し紹介します。

総合的な学習の時間で、自分の将来について考えたことや調べたことをスライドにまとめ、プレゼンを行うという活動を行ったときのことです。活動の中盤で、一度プレゼンを発表する場を設けました。この中間発表を行って、どのような気

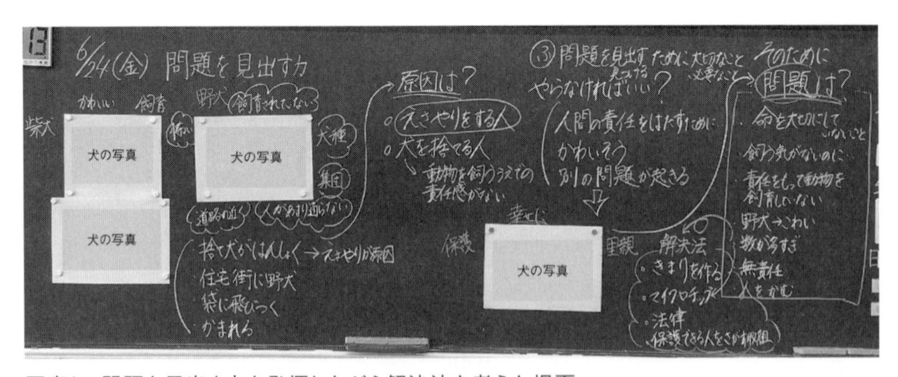

写真1　問題を見出す力を発揮しながら解決法を考えた場面

付きがあったのかを問うと、「もう少しスライドの枚数を増やして、もう少し具体的な内容にした方がよいと思った」「文字数が多いので少なくし、あとは自分で話した方が自分の気持ちが伝わりやすい」というような改善点を挙げる子どもの姿が多く見られたのです。そこで、なぜそのことに気付いたのかを問うと、「実際にやってみることで気付いた」「友達からのアドバイスによって気付いた」という意見の他に、「友達のプレゼンと比較することで気付いた」といった発言が上がりました。なぜそのことに気付けたかという問いに対して、子どもたちから上がったのは、「あ、『問題を見出す力』だ！」という声でした（写真2）。

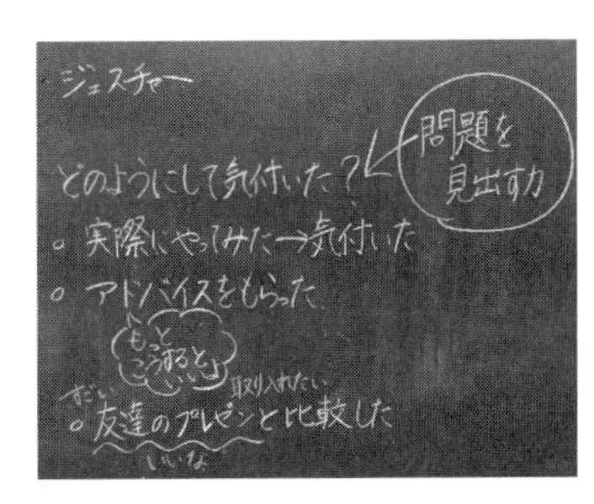

写真2　自覚化する場面

このように、子どもたちは「問題を見出す力」を自身のプレゼン作りにも転移させ、もっとよりよいものを作ろうという意欲であったり、実際にどのような改善策を講じるとよいのかを考えたりすることにつなげることができました（写真2）。

このような姿は、他にも以下のような場面で見られました。

・学校生活の中で問題が起こったときに、表面的な解決方法を考えるのではなく、その原因を探り、そこから解決方法を話し合って決める姿
・国語科の学習で、作文を推敲（すいこう）する際に、教科書の例文や友達の文章と自分の文章を比較し、そこから問題点を挙げ、修正する姿
・国語科の学習で、文学的な文章の教材を読む際に、教材を読み深めることのできる「問い」を自ら考えたり、選んだりすることができる姿

このような姿を見ると、「問題を見出す力」が子どもたちの中で生きて働く力となり、生活場面や教科の学習に確実に転移されているということを感じます。「問題を見出す力」をさまざまな場面で転移することができると、子どもたちの生活がよりよいものになったり、学びを促進したりすることにつながることでしょう。

（池永亜由美）

各教科等に内在する汎用的認知スキル

―各教科等の学びを俯瞰する―

本校に限ったことではありませんが、各教科等を俯瞰して見てみると、実は汎用的認知スキルが、どの教科等にも内在していることが分かります。例えば、社会科ではどの単元であっても問題解決型の学習を行っていくことが大切です。問題解決型学習には三つの段階があります。「つかむ」「調べる」「まとめる」です。それらの過程において、「創る科」で扱う八つの汎用的認知スキルを子どもたちが使うことができれば、さらに学びが深まり、少ない時間で豊かに学ぶことができます。「つかむ」段階では「問題を見出す力」と「先を見通す力」が使えますし、「調べる」段階では「情報を収集・処理する力」「関連付ける力」「比較する力」の三つ、「まとめる」段階では「他者に伝える力」「具体化・抽象化する力」「批判的思考力」が使えます。各過程の中で、これらを複合的に発揮させていくことができれば、社会科で大切な「見方・考え方」を生かして、さらに社会的な事象を自分事としてとらえ、公民的資質・能力を養うことができると考えます。

このように「創る科」で八つの汎用的認知スキルを獲得していけば、子どもたちが自然と社会的事象を比較して考えたり、関連付けて考えたりすることができ、公民としての資質・能力の基礎を育成していくことにつながります。また、反対に各教科等で育まれた汎用的認知スキルを「創る科」でさらに強固なものにしていくという側面もあります。社会科を例に挙げましたが、全教科・領域において同様のことがいえます。次の表は、各教科等の中で、八つの汎用的認知スキルのうち、特に色濃く内在していると考えられる汎用的認知スキルをまとめたものです。

各教科等	特に内在している汎用的認知スキル	
国語科	批判的思考力	関連付ける力
社会科	批判的思考力	関連付ける力
算数科	比較する力	具体化・抽象化する力
理科	問題を見出す力	関連付ける力
生活科	比較する力	関連付ける力
音楽科	関連付ける力	比較する力
図画工作科	関連付ける力	先を見通す力
家庭科	問題を見出す力	批判的思考力
体育科	比較する力	問題を見出す力
外国語活動・外国語科	他者に伝える力	具体化・抽象化する力
特別の教科　道徳	関連付ける力	批判的思考力
総合的な学習の時間	情報を収集・処理する力	関連付ける力

各教科等の指導でも、このように汎用的認知スキルを意識して指導することで、見方・考え方の成長に大きく寄与し、資質・能力を育むことができるのではないでしょうか。

国語科

文学的な文章を読む際、子どもたちは、登場人物の心情や場面の様子などを想像しながら読み深めていきます。作品の中には、登場人物の心情が直接的な表現ではなく、情景描写などを通して暗示的に表現されているものもあります。子どもがそのような作品に出合った際、登場人物の心情や場面の様子を具体的に想像するために、「関連付ける力」を働かせていると考えます。

第6学年「海の命」（光村図書）において、子どもが疑問をもつのは、太一がクエをもりでうたなかった場面と「もちろん太一は生涯だれにも話さなかった」場面だと考えます。どちらの場面も、太一の行為の理由が、直接的な表現で文章に表されてはいません。そのため、周辺人物である与吉じいさやおとう、母と太一の心情を関連付けながら読むことで、文章に直接表されていない太一の心情を読み解く必要があります。他にも、太一の言動を自分の経験と関連付けたり、前時までに読み取ってきたことや他の場面と関連付けたりしながら考えることも、心情を具体的に想像するために有効な手段です。このように「関連付ける力」は、文学的な文章を読み深める際に必要なスキルであるといえます。

説明的な文章を読む際にも、子どもはさまざまな力を働かせながら筆者の説明の仕方を読み取っていきます。例えば、筆者の説明に対して「自分はそうは思わない。なぜなら……」と考えながら読むことがあります。この場合、子どもは書かれている内容を客観的にとらえる「批判的思考力」を働かせているといえるでしょう。

子どもは文章を読むことを繰り返す中で、文章から具体的に想像したり、書かれている内容を正確に理解したりする力を付けていきます。その中で大切なことは、関連付けたり、批判的思考をしたりしながら文章を読み解いていったことを、子ども自身が自覚することだといえます。そうすることで、他のさまざまな文章を読む際に、どのように読むとよいのかを子ども自身が選択しながら、主体的に読むことにつながると考えるからです。

社会科

社会科について、ここでは単元レベルで考えてみましょう。社会科において、特に色濃く内在している汎用的認知スキルは「批判的思考力」「関連付ける力」です。「批判的思考力」とは、「よりよい判断のために、さまざまな観点に着目して事象をとらえ、多面的、多角的に考えること」です。これを社会科に当てはめると、一つの社会的事象をさまざまな観点からとらえ、多面的、多角的に考えることとなります。一方「関連付ける力」は、「よりよい判断のために、さまざまな経験や知識をつなげて対象や概念を増やしたり、関係を整理したりすること(高学年)」です。

例えば、第4学年の地域の伝統工芸の学習では「保存に係る費用」「生産性」「後継者問題」「職人技」「思いや願い」などの観点を子どもの言葉にして、地域の伝統工芸について多面的、多角的に考えていくことになります。また、それらをバラバラにして考えるのではなく、関係を整理して知識をつなげていくこと、つまり「関連付ける力」も大切です。第3学年の消防の学習も同様です。消防の働きについて「消防隊の働き」「服装」「1日のスケジュール」などに加え「校区内にある消火栓」や「学校にある消火器」などについても授業で取り上げます。これらを「批判的思考力」でとらえ、知識を「関連付ける」ことが重要です。

その他にも他教科等と同様「比較する力」もよく使いますし、問題解決をしていく過程で「情報を収集・処理する力」も多く見られます。また、第6学年になると SDG_S や基本的人権の尊重といった抽象的な用語が多く出てきます。これを具体化して、自分事としてとらえることこそが社会科の目標である「公民としての資質・能力の基礎を養う」ことにつながるものと考えます。

このように、社会科は、汎用的認知スキルを存分に発揮して社会的事象をとらえることで、公民としての資質・能力の基礎を養うことにつながるのです。

算数科

算数科の学習では、比較する場面が多くあります。比較する際に、「揃える」という単位・基準の見方を子どもが働かせることが大切です。「観点を揃えると比べられる」ということは、「創る科」で扱う汎用的認知スキルの一つ「比較する力」を使っています。2年「かさくらべ」の学習を例に挙げます。2種類の大きさの違う水筒に入る水のかさを比べます。「どちらが多く水が入るのかな？」と投げかけると、子どもから二つの考えが表出されました。一つは、同じ容器を二つ用意し、それぞれの水筒から水を移します。容器に入った水の高さで比べる考え方、つまり、直接比較の考えです。もう一つは、コップを用意し、その何杯分かで比べるという考え方、つまり、間接比較の考えです。どちらともに共通していえることは、容器の大きさを「揃える」ということです。水のかさを比べるためには、容器の大きさという観点を揃えることが大切であることに気付きました。このように、「比較する力」を使いこなすことによって、子どもから引き出したい算数科の見方を引き出すことができるのです。

また、算数科の学習では、図、数、式、表、グラフといった数学的な表現の方法を用いることに特質があります。このような多様な表現を問題解決に生かしたり、思考の過程や結果を表現して説明したりすることを学びます。特に、式は数量やその関係を簡潔に表すことができる表現方法です。式の意味を読み取ったり、説明したりするためには、図や表、グラフ等を用いて、表現を変換することが重要です。この変換に、「具体化・抽象化する力」が発揮されているのです。3年「三角形と角」の学習においても、三角形の定義を理解するためには、さまざまな三角形から共通の性質を見出すことが大切です。辺の長さの相等に着目してさまざまな三角形を同じと見ることで性質を見出し、二等辺三角形や正三角形へと抽象化していきます。「具体化・抽象化する力」を使うことで、子どもから集合の見方を引き出し、二等辺三角形や正三角形の定義をとらえる姿につながるのです。

理科

理科の学習で使う汎用的認知スキルは、特に「問題を見出す力」と「関連付ける力」です。理科の学習では、「問題」「予想」「実験方法」「結果」「考察」「振り返り」といった問題解決の過程が重要視されています。その問題解決の質を高めるのは、子どもたちにとって必要感のある問題との出合いから始まるといっても過言ではありません。大前提として、子どもたちはさまざまな生活経験や学習体験の中で獲得した既有概念をもって理科の学習に臨みます。そのような既有概念と関連付けながら学習を進めていくと、子どもたちは「え？」「どうして？」といった既有概念との矛盾に出合います。これこそが子どもたちにとって必要感のある問題となるのです。既有概念と関連付けながら、問題を見出すことを繰り返し、なおかつ、「問題を見出す力」と「関連付ける力」を使って学習していることを教師と子どもが自覚しながら授業を進めることで問題解決の質の向上につながっていくのです。

第4学年「ものの温まり方〜金属はどのように温まるのか〜」の学習を例に挙げてみましょう。水や空気の温まり方の学習を終え、教科書のとおりに「水平にした金属棒」「水平にした金属板」「斜めにした金属棒」の三つの金属の温まり方を学習しました。その後、教科書にない「斜めにした金属板」の温まり方を演示実験で行いました。「熱したところから順に温まる」という三つの金属の温まり方とは違う「斜め上のほうだけが早く温まった」という結果を目にした子どもたちは、「え？」「どうして？」という声を上げます。まさに既有概念と「関連付ける」ことで矛盾が生まれ、「どうして斜めにした金属板だけが、上のほうが先に温まったのか」という「問題を見出す」ことができたのです。自分たちで見出した問題を解決していく際にも、子どもたちはそれまでに学んだ「空気の温まり方」や「三つの金属の温まり方」と関連付けながら、「上のほうは金属と空気の温まり方のダブルパワー、それ以外は金属の温まり方のワンパワーである」と考えていました。

生活科

生活科の学習で使っている汎用的認知スキルは、八つの力全てといっても過言ではありません。なぜなら、子どもたちが思いや願いを実現する学習過程の中でこれらの力を使うことは必要不可欠だからです。中でも、特に活用しているのは「関連付ける力」と「比較する力」だと考えます。

花を育てる学習を例に挙げてみましょう。育てる際に「水をたくさんあげるから大きくなってね」「ぼくの芽はどうして出てこないのかな？」「きれいな花が咲いてうれしいよ」という言葉が子どもたちから聞かれます。これらは生活科で最も大切にしている「自分との関わりで対象をとらえる」という見方です。そこに「関連付ける力」を使っていることは当然のことといえるでしょう。また、「ハートの形をしているからアサガオの葉っぱだ」「パン屋さんの前に咲いているのを見たことがある」等、これまでの自分の経験と結び付けながら語る子どもの姿も「関連付ける力」を使っていることは言うまでもありません。

花を育てていく上では「比較する力」も発揮されます。例えば、6種類の花の中で自分が育てたい花を決めたとします。子どもたちは、種を配ると同時に、自分の種と友達の種との比較を始め、「すごく小さい」(大きさ)、「茶色」(色)、「アーモンドみたい」(形)、「真ん中にハートがある」(模様)、「ざらざら」(触感) などの言葉を発します。同じようなことは、芽が出たときにも起こり「芽が出るまでにかかる日にち」「葉の形」等で子どもたちは比較します。大きく育ったときにも、芽が出たばかりのときと比べてどこが大きくなったかということを「前は○○だったけれど、今は○○」と時系列で比べます。他にも、ツルがある植物とない植物とを比べたりしますし、花が咲いたときの「色」「形」「触感」、種ができる場所等、「比較する力」は随所で活用されているということができます。

この二つの力を取っても分かるように、汎用的認知スキルは、生活科の学習において欠かすことができないものなのです。

音楽科

音楽科の学習で育成を目指す資質・能力は「生活や社会の中の音や音楽と豊かに関わる資質・能力」です。この資質・能力の育成に寄与する主な汎用的認知スキルとして、まず挙げられるのは、「関連付ける力」です。見方・考え方の中にも「関連付ける」という言葉が出てくるほど、音楽で多くの関連付けが行われています。音楽を形づくっている要素の働きに目を向けるだけでなく、その働きとイメージや感情、生活や文化とを関連付けることは、曲想をとらえることへとつながります。

次に、「比較する力」です。音楽科では、曲の特徴をとらえるために他の曲と比較をしたり、強弱を変化させ比較をしたりするなど、多くの場で比較を用いた学習を行います。その際、「なぜAの曲とBの曲を比べるのか」と比較する必要性に目を向けたり、「Cの曲とも比べてみたい」と新たな比較対象を見つけ、音楽を形づくっている要素の働きを見出したりすることが重要であると考えます。

この二つの「関連付ける力」「比較する力」が子どもたちにとって身近な思考となり、使いこなすことができるようになれば、音楽をとらえるスピードが上がったり、より深く音楽をとらえたりすることができるようになります。すると、音楽科の少ない時数の中でもより深い学びが実現すると考えます。

この他にも、音楽を形づくっている要素の働きに目を向ける際に働く「具体化・抽象化する力」や、音楽づくり分野で自分が考えた音楽を吟味する際に働く「問題を見出す力」なども、汎用的認知スキルとして音楽科に内在しています。教師にとっても、子どもたちにとっても「リコーダーを上手に演奏する」という「音楽＝技能」ととらえられがちですが、創る科で培った汎用的認知スキルを音楽科に転移させることにより、音楽をより深くとらえることのできる思考活動へとつながると考えます。

図画工作科

図画工作科における表現の活動では、「発想」や「構想」が大切であり、その考え方は、「関連付ける力」や「先を見通す力」に支えられています。

表したいイメージをもつための「発想」の段階では、目の前の題材と出合った子どもたちが、自分の経験や体験、思い、願いなどと「関連付ける力」を働かせることでイメージを膨らませ、自分の表したいことを見つけていきます。この「関連付ける力」は、「発想」の段階だけでなく、製作中にも繰り返されます。

表したいイメージをどのように表現するかを考える「構想」の過程では、子どもたちは、どのような形をどのような色で描き、そうするとどのような感じになるのかと、常に「先を見通す力」を働かせながら学習を進めます。また、工作に表す活動でも、使用する材料や用具、その組み合わせ方などを考える際に、先に起こることを予測しながら製作するという「先を見通す力」を働かせます。

図画工作科では、この他にも、身の回りのものの中から必要な材料を集めたり整理したりする際に「情報を収集・処理する力」を、作品を鑑賞したり表現したりする際に「比較する力」や「具体化・抽象化する力」を働かせることになります。

また、絵や立体、工作に表す活動においては、低学年から高学年へ進むにつれて、感じたことや想像したことを互いに伝え合うことを意識する必要があるため、「他者に伝える力」を働かせることも必要となってきます。「先生、これでよいですか」と、作品の完成の判断を教師に委ねようとする姿が見られる場合には、「問題を見出す力」や「批判的思考力」を適切に働かせることができるようにすれば、自ら試行錯誤を繰り返しながら、さらに自分のイメージに近づけていくことができそうです。このように、図画工作科に内在する汎用的認知スキルを適切に働かせることは、子どもたちの表現や鑑賞の豊かさを高める支えになります。

家庭科

家庭科の学習で育成を目指す資質・能力は「生活をよりよくしようと工夫する力」です。それを発揮させることがこの資質・能力の育成に寄与する主な汎用的認知スキルを以下に述べます。

まずは「批判的思考力」です。生活をよりよくする工夫の仕方はさまざまです。その視点として「協力・協働」「健康・快適・安全」「生活文化の継承と創造」「持続可能な社会の構築」が挙げられますが、一つの視点だけからでは、十分に生活をよりよくしようと工夫することはできないでしょう。「批判的思考力」が発揮されれば、偏りなく考えたり、重要度をもとに考えたりすることができるので、題材や課題に応じて、視点を使いこなすことで、生活をよりよくするための工夫の質が高まると考えられます。

次に、「問題を見出す力」です。生活をよりよくしようと工夫するためには、「何を目指して、どこをどのようによりよくするのか」を考えることが重要です。その際、「問題を見出す力」を発揮させれば、日常生活の中から、適切に問題を見出し、課題を設定することができます。また、課題解決のための実践の評価・改善を行う際も同様です。

この他にも、調理実習では「先を見通す力」を、着方や住まい方の学習では「比較する力」や「関連付ける力」を発揮させたいものです。そうすることで、調理を手際よく進める力、あるいは気候や場面、状況に応じて服や家での過ごし方を考える力などを育成することができると考えます。授業で、折を見て、子どもたちに「家庭科の学習をするとどのような力がつくと思う？」とたずねるようにしています。子どもたちの多くは、「料理が作れるようになる」「将来、子どもの服を自分で作ることができる」など、家庭科の個別の技能について答えます。それを支えるのが汎用的認知スキルであり、子どもたちと共有し、自覚化させながら学習を進めていくことが求められます。

体育科

走り幅跳びの学習で、「より遠くに跳ぶためにはどうしたらよいだろう」という学習課題をもって取り組んでいたときのことです。「助走のスピードを速くしてみるとさっきよりも遠くに跳ぶことができたよ」という発言がありました。「比較する力」を用いて、助走という観点から他者の跳び方を観察し自分と比較しながら、コツをつかんでいました。その後、「Aさんはぼくより遠くに跳んでいるな。跳び方をよく見ていると、力強く踏み切って斜め上に跳んでいるよ」という発言もありました。友達の跳び方と自分の跳び方を比較することで、新たなコツを発見しています。このように、観点をもって比較することで、よりよい動作のためのポイントを自ら発見することができるようになります。

「問題を見出す力」が発揮されることで、体育科の学習がより深い学びになることがあります。体の動きを高める運動の学習では、柔軟性や巧緻性といった体力の必要性や運動の行い方を理解し、自己の体力に応じた運動を行っていきます。「柔軟性を高めると、マット運動でぼくが苦手な前転がもっとしやすくなるな」と発言していた子どもがいました。自己の体力の課題を見出すことで、柔軟性を高める運動に意欲的に取り組む姿が見られました。その結果、マット運動の学習で、前転や開脚前転も見事に行うことができるようになりました。問題を見出すことで、学習課題が自分事となっていき、単元を超えた学びが実現するのです。

これらの経験を重ねていくことで、運動やスポーツにより親しむことができるようになっていくのだと思います。そして、体育科の目標である、豊かなスポーツライフの実現につながっていくのではないでしょうか。そのためには、運動やスポーツの中で子どもたちが無意識に使っている汎用的認知スキルに着目していくことが大切だと考えます。

外国語活動・外国語科

外国語活動・外国語科には「他者に伝える力」が次の二つの理由で内在しているといえます。一つ目は、基本として学習対象とする英語の性格が私たちの母語である日本語の性格と異なること。二つ目は、外国語活動・外国語科で子どもたちが働かせる見方・考え方が他者に伝える思考であることからです。

学習対象である英語と日本語は、他者への伝達性という点で異なる面があります。英語では主語が明示されていることから「誰が何をした」という他者への伝達が重視されていると考えることができます。逆に日本語は、「誰が何をしたのか」が周知の前提となっているとき、主語が明示されるかどうかは問われません。このように、他者への伝達性をもつと考えられる英語という言語そのものに「他者に伝える力」が内在しているといえます。

この英語を学ぶ外国語活動・外国語科の学習では、実際に英語を使用して、「自分の考えや気持ちが伝わったよ！」と子どもたちが体感していく過程があります。子どもたちがコミュニケーションの際に自然と働かせる「……と伝えたいから、〜という表現を用いよう」という抽象と具体を往還する見方・考え方は、「他者に伝える力」の一部と見ることができます。実際、“I want 〜.”の表現を子どもたちが学んだ際、子どもたちに「今日の授業にタイトルをつけるとどうだろう」と問うてみました。すると、「『相手に伝わりやすく会話をするために大切なこと』だよ。“I want 〜.”で、“私がほしいと思っている”ことを伝えることができるからだよ」と返ってきました。外国語活動・外国語科の学習は、ただ伝えればよいという表面的なものではなく、互いのことを思いやった上で伝えるという「他者に伝える力」が大切であると分かります。

【参考文献】
廣瀬幸生・長谷川葉子『日本語から見た日本人：主体性の言語学』開拓社、2010年

特別の教科　道徳

子どもたちの道徳性を養うために自己を見つめたり、多面的・多角的に考えたりする学びを目指しています。その学びの中で内在している主な汎用的認知スキルが「関連付ける力」と「批判的思考力」です。

自己を見つめる学びでは、教材の登場人物の気持ちや考え方を想像したり、人物の行為の善し悪しを判断したりする際、自分が今まで生きてきた中で知っていることや経験したことをもとにして考えをもつことが大切だと考えています。知識や経験を登場人物の気持ちや考えとつなぐ力が「関連付ける力」です。

一方の「批判的思考力」は子どもたちが多面的・多角的に考える際に欠かせない力です。例えば寛容の心について考える際に、自分だったら許せないという立場に立ちながらも、批判的思考力を働かせることで、許すという反対の立場の気持ちも想像したり、異なる道徳的価値をもとに寛容の心をもつよさを考えたりすることができます。「批判的思考力」によって、道徳的価値について多面的・多角的にとらえ直すことができるのです。

「特別の教科　道徳」の学びに内在する二つの力を子どもたちが自覚的に働かせることができれば「特別の教科　道徳」の授業はさらに深い学びになると考えます。「関連付ける力」を使いこなす子どもは、教師から教材と子どもをつなぐ発問をしなくとも、「○○（登場人物）さんはうれしかったと思うよ。だって私も前に掃除当番で友達が掃除道具を片付けてくれたとき、とっても温かい気持ちになったからだよ」と自己を見つめて考えました。「批判的思考力」を使いこなす子どもは、「ゆさぶり発問」等を使って教師が授業を引っ張らずとも、自らさまざまな立場、道徳的価値をもとに考え、自分なりの納得解にたどり着く姿が見られました。

このような子どもは、普段の生活でも二つの力を自覚的に働かせることが期待できます。汎用的認知スキルの自覚化は、人間としてよりよく生きるためにどうすべきか考え、行動する姿へもつながっていくと考えています。

総合的な学習の時間

総合的な学習の時間で行われる探究的な学習は、「①課題の設定→②情報の収集→③整理・分析→④まとめ・表現」の大きく四つのプロセスで展開されます。これらのプロセスを発展的に繰り返していく中で、子どもたちは探究的な見方・考え方を働かせ、自覚し、自在に使いこなすことができるようになるのです。

四つの探究プロセスのうち、「③整理・分析」「④まとめ・表現」に対する取組が不十分であったことがこれまでの総合の課題の一つとして挙げられています。そこで、現行学習指導要領では、言語により分析し・まとめたり表現したりする学習活動の充実のために、「比較する」「分類する」「関連付ける」などの「考える技法」を活用することや、コンピュータ等を使って「情報を収集・整理・発信」する学習活動の必要性が示されました。元来、探究のプロセスの中に内在し、子どもたちが無自覚に働かせていた思考法をより具体的に明示したのです。これらの技法は、創る科で育まれる汎用的認知スキルとも関連します。

探究的な学習の中では、「関連付ける力」を働かせることが顕著に内在しています。それは、総合的な学習の時間における目標が、「よりよく課題を解決し、自己の生き方を考えていくための資質・能力」の育成を目指しているためです。探究課題を解決するために、子どもたちはさまざまな対象（人・もの・こと）と出合い、集めた情報同士を関連付けながら、考えを拡大したり、俯瞰したりすることができるようになります。また、自己の生き方について考えていくために、さまざまな対象と自分たちがもつようになった思いや願いとを関連付けながら、これからの自分の関わり方や行動を考えていくことができるようになります。

「関連付ける力」をはじめ、総合的な学習の時間に内在するさまざまな汎用的認知スキルを子どもたちが自覚し、そして活用していくことで、探究的な学習はさらに加速し、学びを豊かにしていくことができるでしょう。

教科融合カリキュラム

―見方・考え方と汎用的認知スキルで編成する―

昨今、カリキュラム・オーバーロードが叫ばれ、毎日6時間、もしくは7時間目までの授業実施を検討する学校も出てきています。これらは、学習内容が増加しているからであり、学習内容を網羅しようとするとどうしても時間が不足してしまいます。これまで述べてきた「各教科等の見方・考え方」を意識することは、カリキュラム・マネジメントにおいても大切です。各教科等のカリキュラムを「各教科等の見方・考え方」で整理し、各単元や題材において、子どもが働かせる中心的な見方・考え方をカリキュラムに位置付けるのです。

例えば、図画工作科の学習では、多くの時数をかけて取り組む作品製作が少なくありません。その際、子どもたちが働かせる造形的な見方・考え方として、「形や色などに着目して、発想したイメージを表すこと」が挙げられます。これは、絵や立体などのさまざまな題材で働かせることが期待できるもので、図画工作科全体を通じて使える「見方・考え方」です。題材に特有な内容はありますが、こうした他の題材でも使える見方・考え方をしっかりと働かせる授業づくりを心がければ、相当の時間数を削減できるだけでなく、教科の本質に迫る深い学びを実現することもできるでしょう。単に作品の製作を目的とするのではなく、見方・考え方を働かせる子どもの姿をもとに各題材をとらえ直しカリキュラムを編成することで、時間を大きく削減しながらも、資質・能力を豊かに育むことが期待できます。

このように編成されたカリキュラムの運用に当たっては、子どもたちが自覚的に「各教科等の見方・考え方」を働かせるよう工夫することが求められます。そのためには、創る科で扱う「汎用的認知スキル」を教科等横断的な視点としてカリキュラム・マネジメントを行うことが大切であり、効果を高める方法だといえます。

例えば、「比較する力」や「問題を見出す力」などの「汎用的認知スキル」は、どの教科等においても子どもたちが働かせることが期待されるものです。各教科等のカリキュラムを、創る科で育む「汎用的認知スキル」の視点から捉え直すことで、子どもたちの学びを進める力を最大限に高めることができるでしょう。

あるいは、創る科で「関連付ける力」について創出と受容、転移を行い、そのよさや活用の可能性を自覚した子どもたちは、他の教科等の学習の際にも、「関連付ける力」を働かせて問題を発見したり解決したりしようとするでしょう。各教科等で「関連付ける力」が有効に働く単元を見出し、カリキュラムを編成しておけば、その単元の学習を効率的に進めることができるはずです。同時に子どもたちは、汎用的認知スキルを生かそうとする自分たちの構えが有効であると知り、他の教科等やさまざまな場面で繰り返し使う中で、使い慣れた道具として身に付け、そのよさを実感するでしょう。この経験は、さらに他の汎用的認知スキルの活用にも波及し、それぞれの子どもが、より柔軟で洗練された自分の学びを獲得していくことにつながります。

ここまで述べてきたように、本校では、カリキュラムを「各教科等の見方・考え方」と「汎用的認知スキル」の二つの視点から見直しています。そして、教科融合カリキュラムを次のように定義しています。

教科融合カリキュラム：各教科等の学習を見方・考え方で整理し、創る科の学習で育む汎用的認知スキルを教科等横断的な視点として編成したカリキュラム

その際、大切なことは、学校全体で各教科等のカリキュラムを見直し、学びのつながりや加速化をイメージしてカリキュラム・マネジメントを行うことです。教科融合カリキュラムの編成は、学校全体が組織として、カリキュラム・オーバーロードの解消や“Less is more”を実現していくために重要なのです。

創る科＋国語科事例

教科融合カリキュラムで「比較する力」を育む

創る科「比較する力」

本校では、「比較する力」を「複数の対象について、ある視点から共通点や相違点、一般法則を明らかにする力」と定義しています。そして、発達の段階に応じて「比較する力」を発揮している姿を以下のように設定しています。

○第１学年および第２学年：観点を揃えて比較すること
○第３学年および第４学年：目的や場面、状況に応じて、観点を決めて共通点や相違点を見出すこと

研究を進めていく中で、この「比較する力」は、子どもたちが学びを進める上で、とても重要な力であることが見えてきました。

その理由の１点目は、「比較する力」は他の汎用的認知スキルを支える力となっているからです。「具体化・抽象化する力」では、抽象化をするために複数の対象を比較して共通点や相違点を見出す必要があります。また、「情報を収集・処理する力」では、収集した情報を比較して見出した観点をもとに分類していきます。さらに、「問題を見出す力」では、あるべき理想像と現在の状態を比較することによって、問題となっていることが見えてきます。ここに全てを述べることはできませんが、このように、「比較する力」は、他の汎用的認知スキルを支える力となっています。

理由の２点目は、各教科等の学習において、「比較する力」を用いる場面が非

常に多いからです。例えば、国語科では、物語の登場人物の最初と最後の姿を比較して変容をとらえる、社会科では、自分たちが住んでいる地域と他の地域を比較して地域の特色をとらえる、算数科では、図形同士を比較して図形の性質を見つける、理科では、複数の実験結果を比較することで共通点を見出す、などがあります。また、友達の考えと自分の考えを比較して話合いの論点を見出す、授業の前と後の自分を比較し成長に気付く、などもあるでしょう。各教科等の学習において、「比較する力」を用いる場面を挙げていくと、きりがありません。

このように、「比較する力」は、学びを進める上でとても重要な力となっています。しかし、「比較する力」は学びの中だけで用いる特別な力ではありません。兄弟でおやつの量を比較するといったように、子どもたちは普段から「比較する力」を用いています。複数の対象があると、まずは「比較する」というアプローチをしているのではないでしょうか。

ところが、「比較する力」を普段から用いているものの、「比較することで共通点や相違点が見出されること」や「比較するためには観点を決める必要があること」といったことはあまり意識されていません。おやつの例のように、比較をしているにもかかわらず、その量といった結果に目を奪われがちです。

だからこそ、「比較する力」の創出と受容、転移を行うことで、各教科等の学びの中で、子どもが「比較する力」を意識的かつ自在に活用できるようになることが必要です。このことにより、学びの加速化が期待できるのです。

創る科「比較する力」の実践

第4学年の教科融合カリキュラムでは、「比較する力」を4月に位置付けました。それは、「比較する力」が学びを進める上で重要な力であるととらえ、年度当初に学んでおくことが望ましいと考えたからです。これがどのような効果を生むのかを確かめるため、5月の説明的な文章を読む学習への転移を図りました。

まず、4月の「比較する力」では、最初にイカとタコを比較していきました。

提示した二つのイラストを見て、子どもたちは、「イカは足が10本で、タコは８本ある」や「イカは白くて、タコは赤い」など、イカとタコの相違点を指摘していきました。

ところが、共通点はなかなか出てきません。相違点のほうに目が向きやすいようです。そこで、私は、

「そうか、イカとタコはまったく違うんだね」と、発言しました。

すると、子どもたちが、次のようなことを語り始めました。

「いや、同じところもあるよ！　両方とも食べることができる！」

「それに、どちらも色を変えられる！」と、今度は、イカとタコの共通点に目を向けて語り始めました。比較するとは、ただ違いを見つけるばかりでなく、共通点を見つけることも必要なのだと気付くことができた瞬間です。

写真１は、イカとタコの比較を表に整理していった板書です。表の左上の部分が空白のままになっています。そこで、「ここってどんな言葉が入るのかな？」と、たずねてみました。すると、「比べているところ」という発言が上がり、「確かに！」と同意する声が聞かれました。この発言をもとに、「比べているところ」が「観点」なのだとしっかりと押さえました。各教科等の学習に「比較する力」を転移させていく際に、「観点」を意識できるようになっておくことが非常に重要となるからです。

写真２はある子どもの振り返りです。観点の重要性に目を向け始めていました。

次の時間は、「ゴールデンウィークに４年１組でピクニックに行くなら、山と川のどちらがよいか」について話し合いました。

写真３はある子どもが山と川を比べて作った表です。

このような表をノートに書いて話し合っていくと、ピクニックに行く場所を選ぶとき

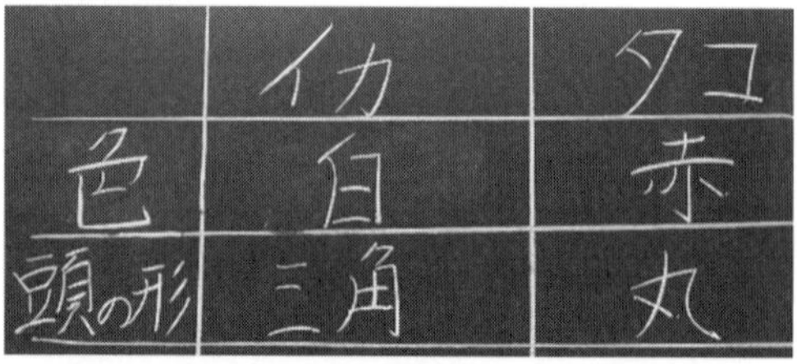

	イカ	タコ
色	白	赤
頭の形	三角	丸

写真1　イカとタコの比較（板書）

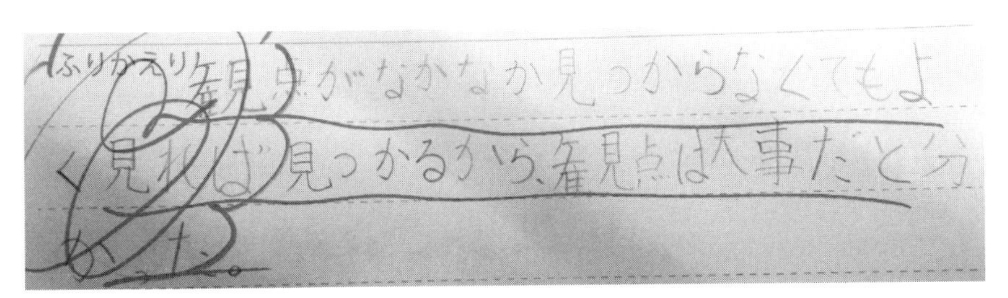

写真2　観点の大事さに気付いた子どもの振り返り

つり	××	◎○
きけん生物	×熊、	×モクズガニ
虫	？よう虫	？水生生物
水遊び	××	◎○
食物	◎熊、鹿、うさぎ	×少ない

写真3　山と川を比較した表（子どものノートより）

に大切な観点とそうでない観点があることが見えてきました。例えば、「ピクニックに行ってケガをしたらいけないから、危険生物の観点は大切」などです。選ぶという行為は、教科等の学びの中で頻出するものですが、「目的に応じた観点で比較する必要がある」と意識することは重要です。

創る科での「比較する力」の授業の後は、各教科等の学習で比較をする場面があるたびに、「また、比較してる！　観点は何だろう？」といった声が上がるようになりました。創る科での学習を通して、子どもたちの中で「比較する力」が意識されていることがうかがえました。

「言葉の働き」に着目することの実践

創る科の「比較する力」と同じ4月に、国語科では、見方・考え方の一つである「言葉の働き」に着目することの実践を行いました（「言葉の働き」の詳細については、第2章の国語科事例〔p.126 〜〕を参照）。

接続語の働きについて学ぶ「つなぎ言葉のはたらきを知ろう」（光村図書4年上）は、本来は6月に位置付けられています。しかし、接続語に限らず「言葉の働き」に着目することは、「話すこと・聞くこと」「書くこと」「読むこと」のどの領域の学びにもつながるため、教科融合カリキュラムでは4月に位置付けました。

本時では、「そして」「けれども」といった接続語を用いて例文を作った後、それらの接続語の働きを考えていきました。すると、子どもたちは、「『けれども』がなかったらどうなる？」といったように接続語を外して比較していました。その中で、「また、『比較する力』じゃん」という声が上がったのは、「比較する力」の転移が見られた場面といえるでしょう。比較することで、「文と文がどのようにつながっているかが分かる」という接続語の働きに子どもたちが気付き始めた瞬間です。

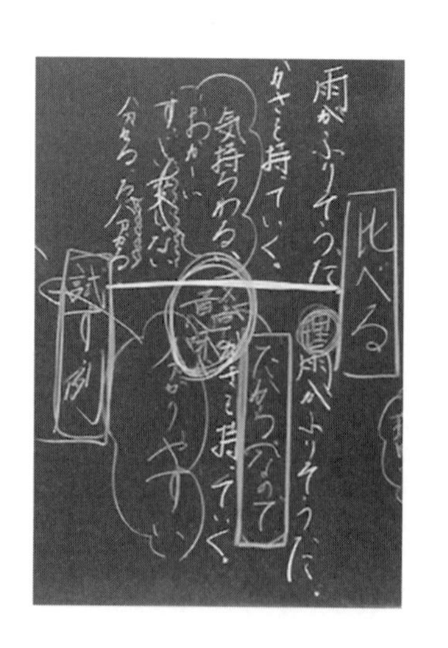

その後、接続語に限らず「言葉の働き」に着目することが、今後の国語の学びにどのように役立つと思うかたずねました。すると、「文章を読むときに、内容がよく分かるかもしれない」「文章を書くときに、言葉を選ぶことにつながりそう」といった考えが出てきました。比較することをきっかけに、「言葉の働き」に着目することが国語の内容理解に有効であるという見通しを子どもたちがもち始めました。

「比較する力」と「言葉の働き」への着目の単元を超えた〈転移〉

さて、第４学年の４月に学んだ「比較する力」と「言葉の働き」への着目は、５月の説明的な文章「アップとルーズで伝える」（光村図書４年上）を読む学習に転移させることができると考えて、教科融合カリキュラムを編成していました。

まず、「比較する力」の転移です。

「アップとルーズで伝える」の文章は、アップとルーズを「分かること」と「分からないこと」の観点で対比して説明する構造となっています。この文章をはじめて読む子どもにとっては、少し複雑な構造となるかもしれません。ここで、「比較する力」が活躍します。創る科「比較する力」で「比較するために観点を決める必要があること」を学んでいることで、子どもたちは文章の中からアップとルーズの対比の観点を見つけようとするでしょう。そして、見つけ出した観点をもとに内容を整理していくことで、文章の構造をとらえやすくなるのではないか、と考えました。

実際の授業では、「アップとルーズで伝える」の文章を読むと、次のような言葉がすぐに上がりました。

「この文章の問いの文は『アップとルーズでは、どんなちがいがあるのでしょう。』だね」

「『ちがい』ってことは比較じゃん！」

「ちがい」という言葉から、「比較する力」がすぐに意識されています。続けて、

「ということは、何か観点があるんじゃない？」

という発言も出てきました。創る科での学びを生かし、まずは「観点を探す」べきだという見通しをもてています。

このように文章を読み返していくことで、４段落と５段落にアップとルーズが対比されていること、そして、アップとルーズの対比の観点は「分かること」と

「分からないこと」であることを子どもたちは見つけ出しました。

するの子どもが創る科での経験を生かし、ノートに対比の表を書いて4段落と5段落の内容を整理し始めました。結果的に大半の子どももこれを真似て対比表を自力で完成させたことから、教室全体で対比の構造をとらえることができました。

このように、適切に「比較する力」を転移させることができれば、子どもたちは、難しい対比構造を自分たちで整理し明瞭にとらえることができます。

次に、「比較する力」を転移させて対比構造をとらえた子どもたちは、筆者の伝えたいことに目を向けていきます。

ここからは、国語科における見方・考え方の一つである「言葉の働き」に着目することの転移場面です。

筆者の伝えたいことを見つける際には、「題名の言葉」や「繰り返される言葉」などがヒントになりますが、有力なヒントとなるのは「言葉の働き」です。筆者が説明に用いている接続語や文末表現などの言葉の働きに着目していくと、筆者の強い思いが込められた部分が見えてきます。

子どもたちに、筆者の伝えたいことを探す際のヒントをたずねてみました。すると、「題名の言葉じゃないかな。やっぱり大切だし」「繰り返されている言葉がヒントになるかも」「文章の終わりのほうにあるんじゃない？」といった発言が出てきました。

これらをヒントに筆者の伝えたいことを探していくと、子どもたちが注目したのが「だからこそ、送り手は伝えたいことに合わせて、アップとルーズを選んだり、組み合わせたりする必要があるのです。」という文です。その理由として、「文章の『終わり』にあるから」「題名と関係あるから」などが挙がりました。しかし、納得の声が多く上がっていたのが、次の発言です。

「『だからこそ』って言葉があるから、このことを伝えたいって感じがする。つなぎ言葉のときにやったみたいに、『だから』と比べると、『だからこそ』って『こそ』があるから、強い感じがする」

ここでは、４月の「つなぎ言葉のはたらきを知ろう」の学習で学んだ「言葉の働き」への着目を転移させ、接続語「だからこそ」の働きを見出すために、「だから」という別の言葉と置き換えて比較していました。

また、次のような発言もありました。

「それに、文の終わりの『あるのです』って『あります』より、もっと伝えたいって感じがするね」

「やっぱり『あるのです』も強調してるんじゃない。だから、筆者はここが伝えたいんじゃないのかな」

今度は、「あるのです」を「あります」と比較することで、「強調する」という働きを見出していました。

このように、「言葉の働き」に着目することを転移させて、接続語「だからこそ」や文末表現「あるのです」の働きに着目することで、筆者の伝えたいことを見つけることができました。

おわりに

以上のように、説明的な文章「アップとルーズで伝える」を読む学習では、文章の構造をとらえるために「比較する力」を、そして、筆者の伝えたいことを見つけるために「言葉の働き」への着目を転移させることができました。また、これらを転移させることで、子どもたちは、「比較する力」や「言葉の働き」に着目することの有用性に改めて気付くことができました。

このように、教科融合カリキュラムを編成、そして、実施することで見えてきたことは、「汎用的認知スキル」や「各教科等の見方・考え方」を〈創出〉と〈受容〉、〈転移〉させることで子どもたちは学ぶ力を手にすること、そして、学ぶ力を手にした子どもたちは自ら学びを加速させていく、ということです。

（五十部大暁）

創る科＋理科事例

教科融合カリキュラムで「批判的思考」を使いこなす

近年注目されている「批判的思考力」

「批判的思考力」は近年、よく耳にするようになった言葉の一つです。「批判的思考」は、相手を非難する考え方ととらえられがちですが、宮元博章らは、E.B. ゼックミスタが述べた「クリティカル・シンキング」の日本語訳に当たる「批判的思考」を「適切な基準や根拠に基づく、論理的で、偏りのない考え方」(1)と示しています。「批判的思考力」は、国立教育政策研究所「21 世紀型能力」、OECD「キー・コンピテンシー」などにも位置付けられている、これからの多様化・複雑化する社会において重要視されている力の一つといわれています。

また、「批判的思考」は、各教科等をはじめとした学校生活のさまざまな場面で活用されることが期待できる、汎用性の高い思考です。他者の立場の尊重といった態度に関わるものもあるため、「批判的思考力」を高めることは非認知能力の育成にもつながると考えられます。本稿では、第 6 学年において「批判的思考力」をもとに教科融合カリキュラムを編成した効果について述べます。

---

(1) E.B. ゼックミスタ、J.E. ジョンソン著、宮元博章、道田泰司、谷口高士、菊池聡訳『クリティカル・シンキング入門編』北大路書房、2020 年、p.4

創る科「批判的思考力」の実践

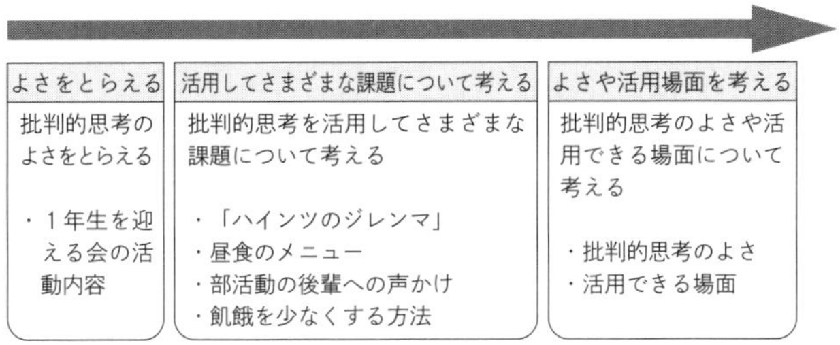

よさをとらえる	活用してさまざまな課題について考える	よさや活用場面を考える
批判的思考のよさをとらえる ・1年生を迎える会の活動内容	批判的思考を活用してさまざまな課題について考える ・「ハインツのジレンマ」 ・昼食のメニュー ・部活動の後輩への声かけ ・飢餓を少なくする方法	批判的思考のよさや活用できる場面について考える ・批判的思考のよさ ・活用できる場面

図1　指導計画

本単元では、「批判的思考力」の学習内容を、本校の定義および楠見孝が提唱した「批判的思考の構成要素」(2)をもとに「さまざまな観点に着目し、解を偏りなく検討すること」と設定しました。さらに、解の検討に向かうために、「複数の観点を挙げること」「目的に応じて観点を吟味すること」「観点をもとにマトリックスを用いて解を検討すること」を要点として整理しました。指導に当たって意識したことは、子どもたちが「意思決定の質を高めることができる」という「批判的思考」のよさをとらえることができるようにしたことです。また、単元は全4時間で構成し、さまざまな課題について「批判的思考」を使って考えることで、子どもたちが、帰納的に「批判的思考力」が汎用性のあるものであることをとらえるようにしました（図1）。

第1時は、子どもたちが「批判的思考」の定義「偏りなく考えること」およびそのよさをとらえる時間です。ここでいう「偏りなく考える」とは、自分の立場や見方だけではなく、多様な観点をもとに解を検討するということです。今年度、6年生が1年生を迎える会の企画・運営を行った経験をもとに「来年度の1年生を迎える会の活動内容」について話し合う学習に取り組みました。活動内容を列挙していく中で、ある子どもが、「活動内容を決めるには大事なポイントが

(2)　楠見孝「批判的思考への認知科学からのアプローチ」『認知科学』25（4）、2018年、pp.461-474

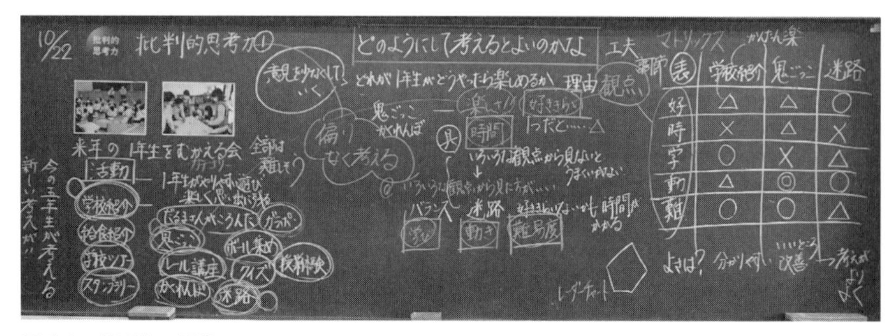

写真1　第1時の板書

ある」と発言しました。すると、「しかも、それは一つじゃない」と続く子どもも出ました〈創出〉。ポイントが一つではない理由をたずねると、「ポイントを一つにすると、楽しめる人と楽しめない人がいるから」と、さまざまな子どもの立場を踏まえていることを明らかにしてくれました。これぞ観点を一つに限定せず、偏りなく考える「批判的思考」です。そこで、そのポイントのことを「観点」というのだと子どもたちに伝え、複数の観点から活動内容を考えていこうと声をかけました。その後、マトリックスを使って観点および活動内容を整理し、話し合った結果が写真1の板書になります。振り返りでは、「『批判的思考』を使ったら、よいところや改善点が見えて、よりよい考えになる」という意見が挙がり、子どもたちは「批判的思考」のよさをとらえていました〈受容〉。

第2・3時は、さまざまな課題について「批判的思考」を使って考えていきました。第3時に取り上げた課題の一つを以下に示します。

> 世界で栄養不良の人は8億2,160万人います。世界で起こっている飢餓を減らすためにはどのようなことをしたらよいと思いますか。

これは、現在進行中の社会的な課題です。写真2に見られるように、複数の観点を見つけ出して、有効な方策を検討していくことが出来ました。興味深かったのは、できるだけ偏りがないように観点を探す中で、「重視したらよい観点」

があることを子どもたちが見出したことです。

ある子どもが「偏りなく考えたけど、人によって重視する観点というものがある」と言い出したのです。同様な思いを抱いていた子どもは少なくなかったようで、他の子どもたちから、「決められないときには重視したらよい観点をもとに決めたらよい」「マトリックスにも重要だと表していくとよい」と発言が続きました。繰り返し「批判的思考」を使ってきたからこそ生まれた、重要な子どもの意識です。子どもが自覚的に「批判的思考」を使おうとする姿が見られるようになってきたといえるでしょう〈転移〉。

最後に第４時で、この時間のテーマは、「批判的思考力」そのものについてです。単元を通してとらえた「批判的思考」のよさおよび「批判的思考」の活用場面について考えました。写真３に見られるように、子どもたちは「決めやすい」「適した答えを求められる」「自分の考え以外のものが見つかる」など認知面でのよさに加えて、活用場面として、「物を買うとき」「授業の話合いのとき」などを挙げました。さらに、「相手のことが考えられる」「言い争いを解決することができる」といった非認知面に関するよさも出てきました。さらに授業後には、ある子どもが「先生、『批判的思考』を使ったら、いろいろな立場に立って考えられるから、誰とでも仲よくなれると思うよ」と話しかけてくれました。

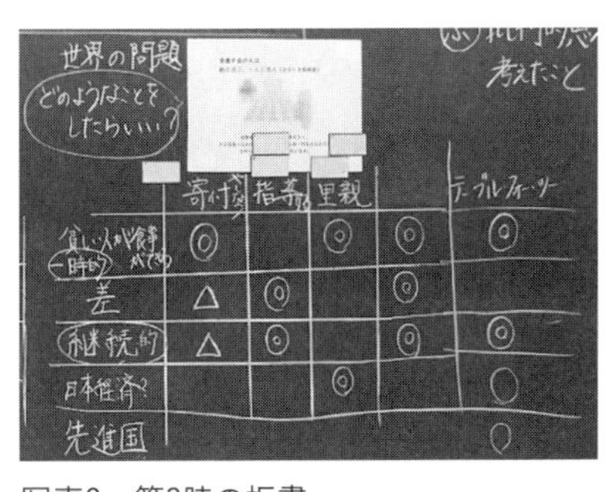

写真2　第3時の板書

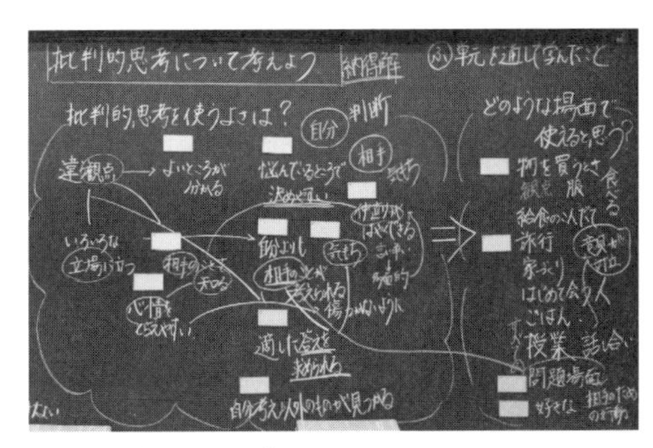

写真3　第4時の板書

板書（写真３）の活用場面を見ると、右下隅に「相手のための行動」という言葉が見つかります。子どもたちは認知、非認知の両面から、とても価値のある学習をしたのだなと実感しました。このような、学んだことのよさや活用場面を考える時間や場は大変重要です。そのことを改めて感じた時間となりました。子どもの振り返りの一部を紹介します。

- 「批判的思考」のよさは、自分では気付けなかったメリットやデメリットを見つけられるところです。一つの意見だけもっているのでは、他の観点から見られないし、偏りが出る。でも「批判的思考」を使うことによって、深く物事を考えられるようになります。
- 「批判的思考」を使えば、同じ選択をしたとしても、相手に最大限の配慮ができます。

学級活動への〈転移〉とカリキュラム・マネジメント

ここからは、「批判的思考力」をもとに教科融合カリキュラムを編成した効果として、ここでは学級活動への転移について紹介します。本学級では、学級活動の時間に、「学級におけるよりよい人間関係の形成」を目的として、レクリエーションを行うことにしました。その計画について話し合う時間を、創る科「批判的思考力」の単元の後に設定しました。年間の計画にはなかったものですが、創る科の学習がどのように生かされるかを知るため、意図的にカリキュラムを修正しました。その時間の冒頭、子どもたちが開口一番、「レクリエーションの内容を、マトリックスを使って決めよう」と言い始めたのです。その理由は、「みんなが納得できるから」でした。レクリエーションの目的と「批判的思考」のよさをきちんととらえ、その上でマトリックスを使えばよいと考えたのでしょう。まさに「批判的思考」を転移させた姿といえるでしょう。話合いの結果が、写真4です。教師が指示したり促したりすることなく、マトリックスおよび記号を使って偏りなくレクリエーションの内容を検討していることが分かります。写真の左側の縦に並んでいる観点も「時間」「費用」「理解」「安全性」「男女」などと、しっかりと目的に応じたものになっています。観点を定める力も備わってきていることを感じさせられます。また、さまざまな観点の中でも、レクリエーションの目的を達成する上で特に重要な観点は何かということについても話合いが行われました。最終的には、マトリックスを使っての検討結果と多数決を合わせたものでレクリエーションの活動内容を決めることができました。

ここで紹介した転移では、直接的に学級活動の授業時数が削減されたわけではありません。これだけの観点をもとに内容を検討しているのですから、当然時間はかかります。しかし、子どもたちは、この時間の話合いの後に「決まったことに納得した」「活動内容がよく考えられた」と話していました。レクリエーションの目的、そして学級活動の目標である「よりよい人間関係を形成すること」の達成につながる発言で、学習の質が高まったといえます。さらに、他教科等でも「批判的思考」が使えることも強く実感したことでしょう。このことは、さらなる転移を促し、場合に応じてさまざまな力を活用する力の育成にもつながると考えます。

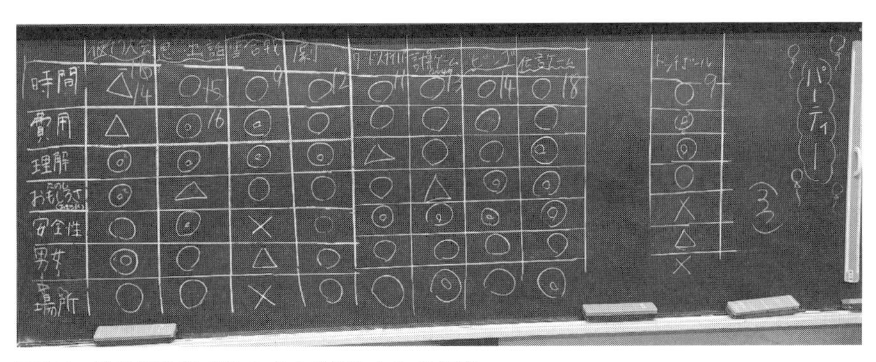

写真4　学級活動「お楽しみ会を計画しよう」の板書

理科への〈転移〉とカリキュラム・マネジメント

続いては理科への転移です。写真5は、「水溶液の性質」の学習において、四つの水溶液の性質を考察するための方法を考えた時間の板書です。

この時間の冒頭、教師が四つの水溶液を提示し、「四つの水溶液の性質を知るためにはどのようにしたらよいかな？」と子どもたちに問いかけました。私も経験がありますが、通常このように問いかけられた子どもたちは、各自が思いついたことをとにかく発言しようとするばかりでまとまりがつきません。ある程度意見が出揃ったところで、教師が「どれがよいかな？」と問いかけ、数や種類をコントロールしながら水溶液の性質を調べる方法を決定していくことになります。

しかし、創る科で「批判的思考力」を学習した子どもたちは、最初に「見た目、色を見たらよい」と話した子どもに続けて、「**一つだけではだめ**。においもよいと思う」と発言したのです。注目したいのは「においもよいと言う前に、「**一つだけではだめ**」と話していることです。これは、一つの方法だけでは偏りがあり、水溶液の性質を深く考察することができないという気付きであり、これこそ、「批判的思考」を転移させた姿です。

実際、教師が「どうしてそのように思ったのかな？」と問うと、その子どもは「一つだけだと、性質がよく分からないから」と答え、このやり取りをうなずきながら聞く多くの子どもたちの姿も見ることができました。「複数の方法から水溶液の性質を考察することが必要」という考えは即座に学級全体に共有されたのです。あっという間の出来事でした。この後は、妥当性や多様性の観点が中心となり、方法が効率的に検討されていきました。課題追究の方法の検討時間が従来よりも短縮され、なおかつ、質も高めることができたのです。

このように、理科への転移がスムーズに起こった背景には、創る科の「批判的思考力」をもとに教科融合カリキュラムを編成したことがあります。具体的には、「批判的思考力」の学習が終わる頃に、理科の本単元および方法を検討する授業

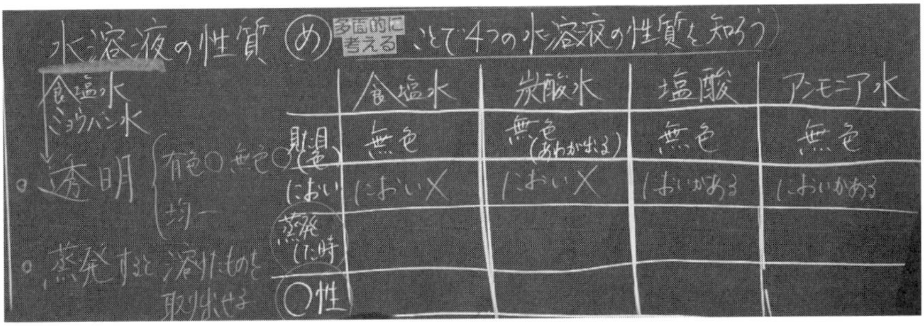

写真5　水溶液の性質を考察する方法を考えた時間の板書

（本時）を位置付け、転移を促すカリキュラムを組みました。今回紹介したのは、課題を追究するための方法を探る場面ですが、予想の場面や考察の場面においてもこの「批判的思考力」が発揮される効果は小さくありません。

このことは、理科に限ったことではありません。他の教科の場合も、「批判的思考力」の発揮が望ましい単元や授業を、創る科の「批判的思考力」の学習の近くに設定し、その効果を期待しています。これによって、学習の質を落とすことなく、少ない授業時数で学習を達成できるようにしています。

「批判的思考」を使いこなす教科融合カリキュラムや場の設定

「批判的思考力」の授業後、子どものノートを見ていると、一人の振り返りが目に留まりました。そこには、「『批判的思考』を使うと時間はかかるけれど、満足できる話合いになると分かった。大事な話合いで使っていきたい」と記されていました。この子どもは、「批判的思考」のメリットとデメリット、さらにはそれらをもとにした活用場面まで考えることができています。実際に、この子どもには、各教科等や本校が伝統的に取り組んでいる「フリートーク」などさまざまな場面で、繰り返し「批判的思考」を試す姿が見られました。子どもが達成感や充実感を味わい、自立的に学びを進める力を高めることにつながる姿です。

学習したことを活用することが叫ばれていますが、何事もとにかく使う、教師の立場からいえば「使わせる」のではなく、その本質をとらえて、「どのような場面で使えるのか」「使うときにどのようにアレンジすればよいのか」を子どもたち自身が理解しながら使っていくことの大切さを改めて感じました。子どもがこのような意識をもつことができたのは、創出と受容、転移を学習過程に位置付けてよさや活用場面を考えたり、教科融合カリキュラムを編成して転移させる場を設けたりしたからでしょう。このことが子ども一人一人の学ぶ力を高めることにつながり、結果として授業時数を削減することが可能になるのです。これらのことからも、創る科をもとに教科融合カリキュラムを編成した効果があったということがいえるのではないでしょうか。

(重枝孝明)

おわりに

『転移する学力』をご一読いただきありがとうございます。

ここまでお読みいただいたことで、ご理解いただけたのではないかと思いますが、全ての実践は子どもを主役としています。学習しているのは子どもですから主役となるのは当然のことです。しかし、私たち教員は、子どもの成長を願うあまり、無意識に「教える」ことに偏ってしまい、子どもが主役であるという当然の事実を置き去りにしてしまうことがあります。これまで、私自身も含め、多くの教員がこの落とし穴に陥り、その中で日本の学校教育が進められてきた側面があるのではないでしょうか。一斉指導の中で「教える」ということにより、学習に対して子どもを受動的にしてしまったかもしれません。

このことは、コロナ禍により明らかになったともいえます。2019年の終わり頃から始まった新型コロナウイルスの感染拡大により、2019年度の3月から2020年度の5月末まで、約3か月にわたり、多くの学校が一斉休校となりました。この時期、多くの学校が、学習プリントを準備したり、学習の進め方について家庭に連絡したり、さらには、オンライン授業に取り組んだりしました。全ては、子どもの学びを止めないためです。しかしながら、このことは、学習を教師から子どもへ与えていたということを示しているようにも思います。ある意味、教師の働きかけがあってはじめて子どもの学習が成立していたといえます。真の意味で子どもが主体的に学ぶ力を備えることができていたとすれば、約3か月の休校期間中、学校の働きかけがなかったとしても、子どもたちは学びの歩みを止めていなかったことでしょう。しかし、現実として、休校期間の子どもたちの学びの多くは、学校発信など他者からの働きかけで進められていたことを否定することはできません。

もちろん、コロナ禍の休校の時期に自ら学習を進めていた子どもたちも多く存在したはずですし、これまでの社会における日本の教育が間違っていたとも考えていません。しかし、「教える」ということが、子どもたちの学びを受動的なものにし、子どもたち自身の力を抑えていた可能性も否定できないと思います。予測不可能なこれからの社会において、子どもたちは、正解のない問いに対する答えを自ら創り出していかなければなりません。そこには、さまざまな困難に対応できる強さ、自身の知識や生き方をバージョンアップしていけること、創造性、他者と協力しながら問題解決等に取り組む力などが、より一層求められます。こうした力は、学校教育において、子どもが主役となった学びの中で得られるものだと思われます。

そして、子どもが学びの主役になるためには、子ども自ら、計画し、学習を進め、問題があれば修正するといった力が必要です。この力のもとになるものが、本書で示している「転移する学力」であると考えています。そして、教師はこうした「転移する学力」を子どもたちに育むために、子どもたちの学びを適切にコーディネートしていかなければなりません。本来、子どもの心には、さまざまな疑問や興味・関心が湧き上がっており、その子どもの心を刺激すれば、自然と学び始めます。そして、そこに「転移する学力」が備わっていれば、子どもたちは学びを加速させていきます。このような学びを経験した子どもは、大人になっても学び続ける存在となるでしょう。すなわち、自立した学習者となっていくのです。子どもたちが自立した学習者となってこそ、正解のない問いに最適解を見つけ出すことのできる力を身に付け、よりよい社会を創り上げることができるのだと考えています。本校の取組がその一つの方法となり、また、お読みいただいたみなさまの進める教育活動の一助になれば幸いです。

最後になりましたが、読者のみなさま、本書を手に取っていただきありがとうございました。ご感想やご意見等、よろしければお知らせいただき、本校の今後の教育活動にご示唆をいただくことができれば、うれしく思います。

2023年10月

山口大学教育学部附属山口小学校教頭　中村裕司

[編著者]

奈須正裕（第1章）

上智大学総合人間科学部教育学科教授

神奈川大学助教授、国立教育研究所教育方法研究室長、立教大学教授などを経て2005年より現職。第12期中央教育審議会委員。主著に『「資質・能力」と学びのメカニズム』『個別最適な学びと協働的な学び』（ともに東洋館出版社）、『次代の学びを創る知恵とワザ』『「少ない時数で豊かに学ぶ」授業のつくり方』（ともに、ぎょうせい）など。

岡村吉永（第3章）

山口大学教育学部大学院担当教授

2011〜2013年度および2017〜2019年度に山口大学教育学部附属山口小学校長を務め、新教科「創る科」を創設する。専門は、技術科教育（木材加工分野）。2009年に山口大学教育学部が新設した小学校教育コースの企画設計に関わり、発足時より主任。国立教育政策研究所「教員の質の向上に関する調査研究」（2010〜2011）所外委員など。

[著者]

山口大学教育学部附属山口小学校（第2章・第4章）

子どもの意識を大切にした授業をもとに、2018年度から文部科学省の研究開発指定を受け、「価値の創出と受容、転移をコアにした教科融合カリキュラムに関する研究開発〜『創る科』の創設を通して〜」をテーマに、学びの自覚化と学習の転移に関する研究に取り組んでいる。

（　）内は執筆箇所

[附属山口小学校事例執筆者一覧]

岡本貴裕（算数科事例p.30～）

志賀直美（生活科事例p.39～）

津守成思（理科事例p.50～）

田中　博（体育科事例p.59～）

田島大輔（社会科事例p.70～）

今津圭佑（図画工作科事例p.79～）

後藤大雄（外国語活動・外国語科事例p.88～、創る科事例p.189～）

林　絵梨（算数科事例p.98～）

重枝孝明（家庭科事例p.106～、創る科＋理科事例p.238～）

小林弘典（総合的な学習の時間事例p.114～）

五十部大暁（国語科事例p.126～、創る科＋国語科事例p.230～）

石田千陽（音楽科事例p.133～）

原田　勝（体育科事例p.142～）

中川　穂（創る科事例p.180～）

久保田大貴（創る科事例p.197～）

池永亜由美（創る科事例p.206～）

＊執筆者の所属は2021年3月時点のもの

転移する学力

2023（令和５）年11月16日　初版第１刷発行
2024（令和６）年４月24日　初版第２刷発行

編著　奈須正裕
　　　岡村吉永
著者　山口大学教育学部附属山口小学校

発行者　錦織圭之介
発行所　株式会社東洋館出版社
〒101-0054 東京都千代田区神田錦町2丁目9番1号
コンフォール安田ビル2階
代表 TEL:03-6778-4343　FAX:03-5281-8091
営業部 TEL:03-6778-7278　FAX:03-5281-8092
振替　00180-7-96823
U R L https://www.toyokan.co.jp

イラスト　せいのみわお
ブックデザイン　nimayuma Inc.
印刷・製本　藤原印刷株式会社

ISBN978-4-491-05286-1 Printed in Japan

本書をお読みになった感想を下記サイトにお寄せ下さい。
https://www.toyokan.co.jp/products/5286